MATEMÁTICA FINANCEIRA
EDIÇÃO UNIVERSITÁRIA

O GEN | Grupo Editorial Nacional – maior plataforma editorial brasileira no segmento científico, técnico e profissional – publica conteúdos nas áreas de ciências sociais aplicadas, exatas, humanas, jurídicas e da saúde, além de prover serviços direcionados à educação continuada e à preparação para concursos.

As editoras que integram o GEN, das mais respeitadas no mercado editorial, construíram catálogos inigualáveis, com obras decisivas para a formação acadêmica e o aperfeiçoamento de várias gerações de profissionais e estudantes, tendo se tornado sinônimo de qualidade e seriedade.

A missão do GEN e dos núcleos de conteúdo que o compõem é prover a melhor informação científica e distribuí-la de maneira flexível e conveniente, a preços justos, gerando benefícios e servindo a autores, docentes, livreiros, funcionários, colaboradores e acionistas.

Nosso comportamento ético incondicional e nossa responsabilidade social e ambiental são reforçados pela natureza educacional de nossa atividade e dão sustentabilidade ao crescimento contínuo e à rentabilidade do grupo.

ASSAF

MATEMÁTICA FINANCEIRA

EDIÇÃO UNIVERSITÁRIA

2ª edição

- O autor deste livro e a editora empenharam seus melhores esforços para assegurar que as informações e os procedimentos apresentados no texto estejam em acordo com os padrões aceitos à época da publicação, *e todos os dados foram atualizados pelo autor até a data de fechamento do livro*. Entretanto, tendo em conta a evolução das ciências, as atualizações legislativas, as mudanças regulamentares governamentais e o constante fluxo de novas informações sobre os temas que constam do livro, recomendamos enfaticamente que os leitores consultem sempre outras fontes fidedignas, de modo a se certificarem de que as informações contidas no texto estão corretas e de que não houve alterações nas recomendações ou na legislação regulamentadora.

- Data do fechamento do livro: 20/12/2022

- O autor e a editora se empenharam para citar adequadamente e dar o devido crédito a todos os detentores de direitos autorais de qualquer material utilizado neste livro, dispondo-se a possíveis acertos posteriores caso, inadvertida e involuntariamente, a identificação de algum deles tenha sido omitida.

- **Atendimento ao cliente:** (11) 5080-0751 | faleconosco@grupogen.com.br

- Direitos exclusivos para a língua portuguesa
  Copyright © 2023 *by*
  Editora Atlas Ltda.
  Uma editora integrante do GEN | Grupo Editorial Nacional
  Travessa do Ouvidor, 11
  Rio de Janeiro – RJ – 20040-040
  www.grupogen.com.br

- Reservados todos os direitos. É proibida a duplicação ou reprodução deste volume, no todo ou em parte, em quaisquer formas ou por quaisquer meios (eletrônico, mecânico, gravação, fotocópia, distribuição pela Internet ou outros), sem permissão, por escrito, da Editora Atlas Ltda.

- Capa: Caio Cardoso, adaptada por Daniel Kanai
- Editoração eletrônica: LWO Produção Editorial

- Ficha catalográfica

CIP-BRASIL. CATALOGAÇÃO NA PUBLICAÇÃO
SINDICATO NACIONAL DOS EDITORES DE LIVROS, RJ

A862m
2. ed.
   Assaf Neto, Alexandre
   Matemática financeira : edição universitária / Alexandre Assaf Neto. - 2. ed. - Barueri [SP] : Atlas, 2023.

   Apêndice
   Inclui bibliografia e índice
   ISBN 978-65-5977-442-5

   1. Matemática financeira. I. Título.

22-81331   CDD: 513.2
                              CDU: 51-7

Gabriela Faray Ferreira Lopes - Bibliotecária - CRB-7/6643

Dedico este livro à minha querida e "serelepe" neta
SAMIRA ASSAF, que reavivou em todos a alegria e a
beleza da presença feminina na família.

Apresentação

O livro *Matemática Financeira – edição universitária* foi elaborado com foco prioritário no conteúdo da disciplina de Matemática Financeira oferecida em diversos cursos superiores, como Economia, Administração, Contabilidade, Engenharia de Produção, entre outros. A estrutura do livro procura seguir exatamente a ementa e o programa adotados nessa disciplina de graduação, atendendo a todo seu conteúdo programático. Pela atualidade de seus temas e por incorporar ainda todos os itens essenciais de Matemática Financeira, o livro é recomendado também para disciplinas fundamentais de cursos de pós-graduação (*lato sensu*) e cursos de Educação Executiva.

A principal contribuição do livro é a de oferecer um conteúdo de qualidade, atualizado e que atenda plenamente ao programa de ensino de nossos cursos superiores, permitindo um estudo mais direcionado e identificado com as necessidades e os objetivos de ensino definidos pelas escolas brasileiras. Todos os capítulos trazem inúmeros exercícios *resolvidos* e exercícios *propostos*, cujas resoluções são desenvolvidas através das formulações da Matemática Financeira, e também utilizando os recursos disponíveis em calculadoras financeiras (HP 12C). As resoluções completas dos exercícios propostos encontram-se disponíveis aos leitores no *site* do Grupo GEN | Atlas.

A importância de se estudar os conceitos e as técnicas de Matemática Financeira é bastante relevante no Brasil, principalmente pelas características de nossas taxas de juros e peculiaridades do mercado financeiro nacional. As empresas e as pessoas, em geral, demandam cada vez mais conhecimentos de cálculos financeiros nas decisões de gestão de seus negócios citando-se, entre outros exemplos, em avaliações de compras e vendas à vista ou a prazo, aplicações financeiras, decisões de investimentos e financiamento, cálculos de taxas de retorno, e estudos de viabilidade econômica.

Alexandre Assaf Neto
Junho de 2017

Nota à 2ª Edição

A nova edição deste livro procedeu de uma ampla revisão de seu conteúdo, identificando eventuais erros de digitação e impressão. Todos os capítulos foram revistos e atualizados sempre que necessário, incorporando novas explicações e aplicações práticas. O objetivo foi tornar o livro mais didático e atualizado com a moderna Matemática Financeira.

Algumas novidades inseridas nesta 2ª edição: desenvolvimento e análise do *payback* simples (médio e efetivo) e composto; cálculo do montante utilizando taxas variáveis de juros; indicadores de inflação da economia brasileira; taxas negativas de inflação (deflação); taxas pré e pós-fixadas de juros; Taxa de Longo Prazo (TLP); entre outras.

Como sempre, todos os comentários e sugestões de nossos leitores são muito bem recebidos. Agradecemos novas contribuições e críticas que venham a ser enviadas. É nossa intenção atender da melhor forma possível a todos os que desejam estudar Matemática Financeira.

Alexandre Assaf Neto
institutoassaf@gmail.com

Lista de Abreviaturas e Siglas

AMORT – Amortização

ANBIMA – Associação Brasileira das Entidades dos Mercados Financeiros e de Capitais

BM&F – Bolsa de Mercadorias e Futuros

C – Capital

CDI – Certificado de Depósito Interfinanceiro

CF – Coeficiente de Financiamento

CF_p – Coeficiente de Financiamento de Período Singular de Juros com Fluxo Postecipado

CM – Correção Monetária

CMPC – Custo Médio Ponderado de Capital

FAC – Fator de Atualização de Capital

FAS – Fator de Atualização de Juros Simples

FC – Fluxo de Caixa

FCC – Fator de Correção de Capital

FCS – Fator de Capitalização de Juros Simples

FFV – Fator de Valor Futuro

FPV – Fator de Valor Presente

FV – Valor Futuro (*Future Value*)

IGP – Índice Geral de Preços

IGP-DI – Índice Geral de Preços – Disponibilidade Interna

IGP-M – Índice Geral de Preços de Mercado

INF (I) – Taxa de Inflação
IL – Índice de Lucratividade
INPC – Índice Nacional de Preços ao Consumidor
IOF – Imposto sobre Operações Financeiras
IPCA – Índice de Preços ao Consumidor Ampliado
IR – Imposto de Renda
IRR – Taxa Interna de Retorno (*Internal Rate of Return*)
J – Juros
LOG – Logaritmo Decimal
LN – Logaritmo Neperiano
M – Montante
MIRR – *Modified Rate Return* (IRR Modificada)
MMC – Mínimo Múltiplo Comum
N – Valor Nominal
NPV – Valor Presente Líquido (*Net Present Value*)
P – Principal
PA – Progressão Aritmética
PG – Progressão Geométrica
PMT – Prestação (*Payment*)
PÓS – Pós-fixado
PRÉ – Prefixado
PV – Valor Presente (*Present Value*)
SAA – Sistema de Amortização Americano
SAC – Sistema de Amortização Constante
SAF – Sistema de Amortização Francês
SAM – Sistema de Amortização Misto
SD – Saldo Devedor
SPC – Sistema de Prestação Constante
TDM – Taxa de Desvalorização da Moeda
TJLP – Taxa de Juros de Longo Prazo
TLP – Taxa de Longo Prazo
TR – Taxa de Rentabilidade

Lista de Símbolos

a.m.o – Ao mês *Over*

C – Capital

c – Prazo de Carência

$C_1, C_2 \ldots C_n$ – Juros Periódicos (Cupons)

d – Taxa de desconto

$D_1, D_2 \ldots D_n$ – Fluxo de Dividendos

dc – Dias corridos

D_F – Valor Descontado "Por Fora"

D_r – Desconto Racional

du – Dias úteis

e – Número constante, base dos logaritmos neperianos (e = 2,7182818284...)

g – Taxa de Crescimento

i – Taxa de Juro

i_b – Taxa Nominal Bruta (antes da dedução do Imposto de Renda)

i_L – Taxa Nominal Líquida (após a dedução do Imposto de Renda)

IR – Imposto de Renda ($)

J – Juros ($)

K – Taxa de Retorno Requerida

M – Montante

N – Valor Nominal (Valor de Face, Valor de Resgate)

xiv LISTA DE SÍMBOLOS

n – Prazo

$\bar{n}$ – Prazo Médio

P – Principal

q – Número de Períodos de Capitalização

r – Taxa Real de Juros

r_b – Taxa Real Bruta

r_L – Taxa Real Líquida

T – Alíquota de Imposto de Renda

V_F – Valor Descontado "Por Fora"

V_r – Valor Descontado Racional

Material Suplementar

Este livro conta com os seguintes materiais suplementares:

- Resolução dos exercícios propostos (para todos);
- Apostila "Comandos Básicos nas Calculadoras HP 12C Tradicional, Platinum e Prestige" (para todos).

O acesso ao material suplementar é gratuito. Basta que o leitor se cadastre e faça seu *login* em nosso *site* (www.grupogen.com.br), e, após, clique em Ambiente de aprendizagem.

O acesso ao material suplementar online fica disponível até seis meses após a edição do livro ser retirada do mercado.

Caso haja alguma mudança no sistema ou dificuldade de acesso, entre em contato conosco (gendigital@grupogen.com.br).

Sumário

1 Conceitos Gerais de Matemática Financeira, 1

    1.1   Juro, 2
    1.2   Taxas de juros, 2
    1.3   Diagrama de fluxo de caixa, 5
    1.4   Regras básicas, 7
    1.5   Critérios de capitalização dos juros, 7
    1.6   Aplicações práticas dos juros simples e compostos, 10
    1.7   Capitalização contínua e descontínua, 11

2 Juros Simples, 13

    2.1   Fórmulas de juros simples, 13
    2.2   Montante e capital, 15
    2.3   Taxa proporcional e taxa equivalente, 16
    2.4   Juro exato e juro comercial, 19
    2.5   Equivalência financeira, 20
    Exercícios resolvidos, 23
    Exercícios propostos, 26

3 Juros Compostos, 33

    3.1   Fórmulas de juros compostos, 33
        3.1.1   Extensões ao uso das fórmulas, 37
    3.2   Taxas equivalentes, 38
        3.2.1   Cálculo do Montante (FV) admitindo diferentes taxas de juros, 41

xviii SUMÁRIO

3.3 Taxa nominal e taxa efetiva, 43

    3.3.1 Conversão de taxa efetiva em nominal, 46

    3.3.2 Taxa efetiva e número de períodos de capitalização, 47

3.4 Fracionamento do prazo e equivalência financeira em juros compostos, 48

3.5 Convenção linear e convenção exponencial para períodos não inteiros, 52

    3.5.1 Convenção linear, 52

    3.5.2 Convenção exponencial, 53

3.6 Introdução à taxa interna de retorno (*IRR*), 55

3.7 Capitalização contínua, 58

Exercícios resolvidos, 60

Exercícios propostos, 68

4 Descontos e Operações de Curto Prazo, 77

4.1 Desconto simples, 77

    4.1.1 Desconto racional (ou "por dentro"), 78

    4.1.2 Desconto bancário (ou comercial, ou "por fora"), 80

        4.1.2.1 Despesas bancárias, 83

4.2 Taxa implícita de juros do desconto "por fora", 84

    4.2.1 Taxa efetiva de juros, 89

    4.2.2 Apuração da taxa de desconto com base na taxa efetiva, 91

4.3 O prazo e a taxa efetiva nas operações de desconto "por fora", 92

    4.3.1 Taxas de desconto decrescentes para prazos crescentes, 94

4.4 Desconto para vários títulos, 97

4.5 Desconto composto, 98

    4.5.1 Desconto composto "por fora", 99

    4.5.2 Desconto composto "por dentro", 102

Exercícios resolvidos – Descontos simples, 104

Exercícios propostos – Descontos simples, 108

5 Matemática Financeira, Inflação e Taxa *Over* de Juros, 113

5.1 Índices de preços e taxas de inflação, 113

    5.1.1 Principais índices de inflação na economia brasileira, 117

    5.1.2 Taxas negativas de inflação – Deflação, 118

5.2 Valores monetários em inflação, 119

    5.2.1 Comportamento exponencial da taxa de inflação, 120

    5.2.2 Série de valores monetários deflacionados, 122

5.3 Taxa de desvalorização da moeda, 123

    5.3.1 Inflação e prazo de pagamento, 124

5.4 Taxa nominal e taxa real, 126

    5.4.1 Taxa de juros prefixados e pós-fixados, 129

    5.4.2 Juros negativos, 131

5.5 Taxa referencial (*TR*), 131

Exercícios resolvidos, 132

SUMÁRIO   xix

5.6   Taxa *over* de juros, 136

    5.6.1   Juros por dias úteis – Taxa nominal *over*, 136

    5.6.2   Operações financeiras com taxa *over*, 139

    5.6.3   Equivalência das taxas de aplicações financeiras, 141

    5.6.4   Taxa *over* anual efetiva, 143

Exercícios resolvidos, 145

Exercícios propostos, 148

6 Fluxos de Caixa, 155

6.1   Modelo-padrão, 155

    6.1.1   Valor presente e fator de valor presente, 157

    6.1.2   Valor futuro e fator de valor futuro, 161

6.2   Equivalência financeira e fluxos de caixa, 163

6.3   Fluxos de caixa não convencionais, 166

    6.3.1   Período de ocorrência, 166

    6.3.2   Periodicidade, 168

    6.3.3   Duração, 169

    6.3.4   Valores, 173

Exercícios resolvidos, 174

Exercícios propostos, 184

7 Coeficientes de Financiamento, 193

7.1   Coeficientes de financiamento para fluxos de caixa uniformes, 193

7.2   Coeficientes de financiamento para séries não periódicas, 196

7.3   Coeficientes de financiamento com carência, 199

7.4   Coeficientes de financiamento com entrada, 202

7.5   Período singular de juros, 203

Exercícios propostos, 206

8 Análise de Investimentos e Reposição de Ativos, 211

8.1   Método do *Payback*, 211

    8.1.1   *Payback* Simples Médio, 212

    8.1.2   *Payback* Simples Efetivo, 212

    8.1.3   Fluxos de Caixa Após o *Payback*, 213

8.2   Taxa interna de retorno (IRR), 214

    8.2.1   Interpretação da taxa interna de retorno por meio de planilha financeira, 215

    8.2.2   Quando a taxa de reinvestimento não coincide com a taxa interna de retorno, 217

8.3   Valor presente líquido (NPV), 220

    8.3.1   Comparações entre valor presente líquido e taxa interna de retorno, 222

8.4   Índice de lucratividade (IL) e taxa de rentabilidade (TR), 224

    8.4.1   *Payback* Descontado, 225

8.5   Comparação entre os métodos de análise de investimentos – Projetos independentes, 226

8.6 Comparação entre os métodos de análise de investimentos – Projetos mutuamente excludentes, 228

    8.6.1 Investimentos com diferentes tamanhos, 228

    8.6.2 Valor presente líquido e restrições de capital, 230

    8.6.3 Investimentos de mesma escala, 231

8.7 Custo equivalente anual, 233

8.8 Substituição de ativos, 235

    8.8.1 Cálculo do custo de manter um ativo usado, 237

    8.8.2 Vidas diferentes nas decisões de substituição de ativos, 238

    8.8.3 Análise do momento da substituição, 239

Exercícios resolvidos, 241

Exercícios propostos, 246

9 Sistemas de Amortização de Empréstimos e Financiamentos, 255

9.1 Definições básicas, 256

9.2 Sistema de Amortização Constante (*SAC*), 257

    9.2.1 Expressões de cálculo do *SAC*, 259

    9.2.2 *SAC* com carência, 261

9.3 Sistema de Prestação Constante (*SPC*), 264

    9.3.1 Expressões de cálculo do *SPC*, 265

    9.3.2 *SPC* com carência, 267

9.4 *SPC* e taxa nominal de juros, 269

9.5 Sistema de Amortização Misto (*SAM*), 270

9.6 Comparações entre *SAC*, *SPC* e *SAM*, 271

9.7 Sistema de Amortização Americano (*SAA*), 275

    9.7.1 Fundo de amortização, 276

9.8 Custo efetivo, 276

    9.8.1 Planilha com despesas adicionais, 277

9.9 Taxa de Longo Prazo (*TLP*) e Taxa de Juros de Longo Prazo (*TJLP*), 277

    9.9.1 Taxa de Longo Prazo, 279

Exercícios resolvidos, 280

Exercícios propostos, 286

Apêndice A – Operações Básicas de Matemática, 293

A.1 Regras de sinais nas operações matemáticas, 293

Exercícios propostos, 294

A.2 Operações com frações, 294

Exercícios propostos, 295

A.3 Expressões numéricas e pontuação, 296

Exercícios propostos, 297

A.4 Médias aritmética e geométrica, 297

A.5 Proporções, 298

Apêndice B – Expoentes e Logaritmos, 299

B.1   Expoentes, 299

    B.1.1   Propriedades dos expoentes, 299

        Exercícios propostos, 300

    B.1.2   Expoentes zero, negativo e fracionário, 301

        Exercícios propostos, 302

B.2   Logaritmos, 302

Exercícios propostos, 303

Apêndice C – Noções sobre Progressões, 305

C.1   Progressão Aritmética, 305

    C.1.1   Soma dos termos de uma progressão aritmética, 306

C.2   Progressão Geométrica, 309

    C.2.1   Soma dos termos de uma progressão geométrica, 310

Bibliografia, 315

Índice alfabético, 317

1

Conceitos Gerais de Matemática Financeira

A *Matemática Financeira* trata, em essência, da avaliação do valor do dinheiro no tempo através da aplicação de uma série de técnicas e conceitos de matemática. O objetivo é o de efetuar comparações e análises dos vários fluxos de entradas e saídas de dinheiro de caixa verificados em diferentes momentos.

Receber uma quantia hoje ou no futuro não são evidentemente a mesma coisa. Em princípio, uma unidade monetária hoje é preferível à mesma unidade monetária disponível amanhã. Postergar uma entrada de caixa (recebimento) por certo tempo envolve um sacrifício, o qual deve ser pago mediante uma recompensa, definida pelos *juros*. Dessa forma, são os juros que efetivamente induzem o adiamento do consumo, permitindo a formação de poupanças e de novos investimentos na economia.

A Matemática Financeira é extremamente útil na análise de diversas operações financeiras de investimentos e financiamentos, e em diversos outros ambientes econômicos que demandam comparações do dinheiro no tempo. As diversas situações do dia a dia também requerem o conhecimento de Matemática Financeira, exigindo uma melhor educação financeira das pessoas.

Na prática, as principais questões básicas que a Matemática Financeira procura responder estão voltadas para a relação *dinheiro e tempo*, podendo ser ilustradas, entre outras:

- qual o valor de um capital de $ 100.000,00 daqui a um ano?;
- quanto deve ser pago por uma dívida se for quitada antes de seu vencimento (pagamento antecipado)?;
- como comparar dois ou mais valores no tempo?;
- quais as alternativas mais atraentes (mais rentáveis) de investimentos?;
- como devem ser analisadas as alternativas de empréstimos?;
- qual a melhor decisão de compra?

Capital (ou *principal*) é todo valor monetário que uma pessoa aplica (investe) ou toma emprestado por certo período de tempo, obedecidas certas condições de prazo e retorno (remuneração). O *Juro* representa a compensação financeira de um investimento ou o custo de um empréstimo realizado. O valor monetário do Juro é calculado a partir da taxa de juro definida para cada operação.

Este capítulo objetiva apresentar os fundamentos da Matemática Financeira, suas aplicações e definições básicas.

1.1   Juro

De maneira geral, o juro pode ser entendido como o preço pago pelo uso de um capital por certo período de tempo. Em outras palavras, representa o valor da remuneração de um investimento ou o valor pago pelo empréstimo de um capital. O valor do juro é calculado a partir da taxa de juro definida para cada operação:

- para o investidor, o juro representa a *Remuneração* do Capital Aplicado;
- para o tomador de recursos, o juro é o *Custo* do Empréstimo.

O juro é normalmente expresso em unidades monetárias (em Real – R$, por exemplo). Todo empréstimo ou aplicação de dinheiro envolve um sacrifício de adiar um consumo ou gasto, devendo a pessoa, portanto, ser remunerada por isso através da cobrança de juros.

As taxas de juros devem ser eficientes de maneira a remunerar:

a) o *risco* envolvido na operação (empréstimo ou aplicação), representado genericamente pela incerteza com relação ao futuro;

b) a perda do *poder de compra* do capital motivada pela inflação. A inflação é um fenômeno que corrói o capital, determinando um volume cada vez menor de compra com o mesmo montante;

c) o capital emprestado/aplicado. Os juros devem gerar um lucro (ou ganho) ao proprietário do capital como forma de compensar a sua privação por determinado período de tempo. Este ganho é estabelecido basicamente em função das diversas outras oportunidades de investimentos e definido por *custo de oportunidade*.

1.2   Taxas de juros

A taxa de juro é o coeficiente que determina o valor do juro, isto é, a remuneração do fator capital utilizado durante certo período de tempo.

As taxas de juros se referem sempre a uma unidade de tempo (mês, semestre, ano etc.) e podem ser representadas equivalentemente de duas maneiras: *taxa percentual* e *taxa unitária*.

A **taxa percentual** refere-se aos "centos" do capital, ou seja, o valor dos juros para cada centésima parte do capital.

CONCEITOS GERAIS DE MATEMÁTICA FINANCEIRA 3

Por exemplo, um capital de $ 1.000,00 aplicado a 20% ao ano rende de juros, ao final deste período:

$$Juro = \frac{\$ 1.000,00}{100} \times 20$$

$$Juro = \$ 10,00 \times 20 = \$ 200,00$$

O capital de $ 1.000,00 tem dez centos. Como cada um deles rende 20, a remuneração total da aplicação no período é, portanto, de $ 200,00. Em outras palavras, uma taxa de juro de 20% indica que o valor dos juros é igual a $ 20,00 para cada $ 100,00 de capital aplicado, ou $ 0,20 para cada $ 1,00 de capital.

A taxa de juros vem geralmente acompanhada do intervalo de tempo a que se refere, ou seja:

- 10% a.a. (ao ano);
- 8% a.s. (ao semestre);
- 4% a.q. (ao quadrimestre);
- 2% a.t. (ao trimestre);
- 1% a.m. (ao mês).

A *taxa unitária* centra-se na unidade de capital. Reflete o rendimento de cada unidade de capital em certo período de tempo.

No exemplo anterior, a taxa percentual de 20% ao ano indica um rendimento de 0,20 (20%/100) por unidade de capital aplicada, ou seja:

$$Juro = \$ 1.000,00 \times \frac{20}{100}$$

$$Juro = \$ 1.000,00 \times 0,20 = \$ 200,00$$

A transformação da taxa percentual em unitária se processa simplesmente pela divisão da notação em percentual por 100. Para a transformação inversa, basta multiplicar a taxa unitária por 100.

Exemplo 1:

Taxa percentual	Taxa unitária
1,5%	1,5 / 100 = 0,015
8%	8 / 100 = 0,08
17%	17 / 100 = 0,17
86%	86 / 100 = 0,86
120%	120 / 100 = 1,20
1.500%	1.500 / 100 = 15,0

Nas fórmulas de Matemática Financeira todos os cálculos são efetuados utilizando-se a taxa unitária de juros. Os enunciados e as respostas dos exercícios apresentados neste livro estão indicados pela taxa percentual.

Exemplo 2:

Calcular os juros de um Capital de $ 50.000,00 aplicado por um ano à taxa de juros de 10% a.a. (ao ano).

Solução:

Taxa Centesimal =10% indica o juro de cada "cento" do Capital.

Como o Capital aplicado possui 500 centos ($ 50.000,00 / 100), o juro total da aplicação em um ano é igual a $ 5.000,00, ou seja:

$$\text{Juro } (J) = 10 \times \left(\frac{\$ \, 50.000,00}{100} \right) = \$ \, 5.000,00$$

A *Taxa Unitária* calcula o juro para cada "unidade" de Capital.

No exemplo, a taxa unitária é igual a:

$$\text{Taxa Unitária} = \frac{10}{100} = 0,10$$

O juro total da aplicação de 1 ano atinge:

$$\text{Juro } (J) = 0,10 \times \$ \, 50.000,00 = \$ \, 5.000,00$$

Cálculo da Taxa de Juros

A *taxa de juro* (i) pode ser interpretada como uma relação entre o valor dos Juros (J) de uma operação (aplicação ou empréstimo) e o Capital (C) aplicado ou tomado emprestado.

Sendo definida por i a taxa de juro de uma operação, tem-se:

$$\text{Taxa de Juro } (i) = \frac{\text{Juros } (J)}{\text{Capital } (C)}$$

Por exemplo, se uma pessoa tomar um empréstimo de $ 80.000,00 por um mês, e no vencimento pagar juros de $ 1.200,00, a taxa de juro (i) cobrada na operação é igual a:

$$i = \frac{\text{Juros: } \$ \, 1.200,00}{\text{Capital Emprestado: } \$ \, 80.000,00} = 0,015 \, (1,5\%)$$

Observe que os juros são geralmente pagos (ou recebidos) no vencimento da operação, sendo por isso denominados *postecipados* (ou *Capitalização Discreta*). É a forma mais comum de juros adotada no mercado.

Se os juros forem pagos antecipadamente, no ato da operação (ou início do período de contagem), são conhecidos por juros *antecipados*.

Variação Percentual – Δ (%):

Enquanto a *porcentagem* (%) indica a *razão* de determinado valor e a base 100, a variação percentual expressa a evolução apresentada (acréscimo ou redução) entre dois valores em determinado intervalo de tempo. *Por exemplo*, se um produto custava $ 100,00 em determinado momento e passou a valer $ 120,00 um momento após, pode-se concluir que a variação percentual (acréscimo) foi igual a 20% no período, ou seja:

$$\text{Variação Percentual } (\Delta\%) = \frac{\text{Variação (\$)} = \$ \, 120,00 - \$ \, 100,00}{\text{Valor inicial: } \$ \, 100,00} = 0,20 \, (20,0\%)$$

Exemplo 1:

Uma ação estava cotada há 6 meses em $ 45,00, sendo seu preço atual de negociação de $ 62,00. A variação percentual (valorização) da ação no período (6 meses) foi igual a:

$$\text{Variação Percentual } (\Delta\%) = \frac{\$\,62,00 - \$\,45,00}{\$\,45,00} = 0,3778 \; (37,78\%)$$

Ou:

$$\text{Variação Percentual } (\Delta\%) = \frac{\$\,62,00}{\$\,45,00} - 1 = 0,3778 \; (37,78\%)$$

O acréscimo no preço do título foi de 37,78% no período (6 meses).

Exemplo 2:

O preço de determinada cesta de alimentos era igual a $ 171,40 no início do mês. Ao final do mês essa cesta estava cotada a $ 190,70. A variação percentual verificada no preço da cesta é calculada em:

$$\text{Variação Percentual } (\Delta\%) = \frac{\$\,190,70 - \$\,171,40}{\$\,171,40} = 0,1126 \; (11,26\%)$$

Ou:

$$\text{Variação Percentual } (\Delta\%) = \frac{\$\,190,70}{\$\,171,40} - 1 = 0,1126 \; (11,26\%)$$

1.3 Diagrama de fluxo de caixa

Conforme foi comentado, a Matemática Financeira se preocupa com o estudo das várias relações dos movimentos monetários que se estabelecem em distintos momentos no tempo.

Estes movimentos monetários são identificados temporalmente através de um conjunto de entradas e saídas de caixa definido como *fluxo de caixa*. O *fluxo de caixa* é de grande utilidade para as operações da Matemática Financeira, permitindo que se visualize no tempo o que ocorre com o capital. Esquematicamente, pode ser representado da forma seguinte:

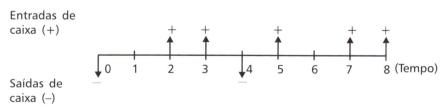

A linha horizontal registra a escala de tempo, ou seja, o horizonte financeiro da operação. O ponto zero indica o momento inicial, e os demais pontos representam os períodos de tempo (datas), sendo expressos em dias, meses, trimestres, semestres, anos etc.

As setas direcionadas para cima da linha do tempo refletem as entradas (ou recebimentos) de dinheiro, e as setas apontadas para baixo da linha indicam saídas (ou aplicações) de dinheiro.

Exemplos Ilustrativos

1. Financiamento de $ 30.000,00 a ser pago em 6 prestações mensais e iguais de $ 5.200,00 cada.

   Tomador de recursos

   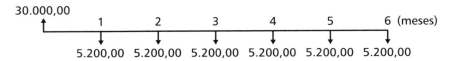

   Credor dos recursos

   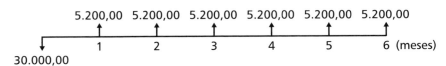

2. Elabore o Diagrama de Fluxo referente a uma operação de compra e venda de determinada mercadoria de uma loja comercial:
   - Loja adquire mercadorias por $ 70.000,00 para pagamento em 2 parcelas nos seguintes valores: 30% à vista (no ato da compra) e 70% em 30 dias;
   - 40% das mercadorias são vendidas em 15 dias por $ 44.000,00, e os 60% restantes em 60 dias da data da compra pelo valor de $ 70.000,00.
   - O prazo de cobrança das mercadorias é igual a 30 dias.
   - São recolhidos 20% sobre as receitas de impostos sobre vendas. O prazo de recolhimento é de 20 dias após as vendas.

   Solução:

   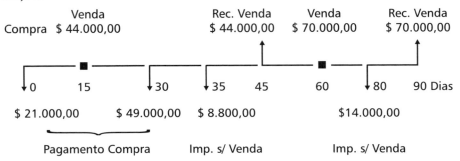

   Pagamento da Compra
   À Vista: 30% × $ 70.000,00 = $ 21.000,00
   30 dias: 70% × $70.000,00 = $ 49.000,00

   Impostos s/ Vendas
   (20 + 15 = 35 dias) = 20% × $ 44.000,00 = $ 8.800,00
   (20 + 60 = 80 dias) = 20% × $ 70.000,00 = $ 14.000,00

   Venda da Mercadoria
   15 dias: $ 44.000,00
   60 dias: $ 70.000,00

   Prazo de Cobrança: 30 dias

1.4 Regras básicas

Nas fórmulas de Matemática Financeira, tanto o prazo da operação como a taxa de juros devem necessariamente estar expressos na mesma unidade de tempo. *Por exemplo*, admita que um fundo de poupança esteja oferecendo juros de 2% ao mês e os rendimentos creditados mensalmente. Neste caso, o prazo a que se refere a taxa (mês) e o período de capitalização do fundo (mensal) são coincidentes, atendendo à regra básica.

Se uma aplicação foi efetuada pelo prazo de um mês, mas os juros definidos em taxa anual, não há coincidência nos prazos e deve ocorrer necessariamente um "rateio". É indispensável para o uso das fórmulas financeiras transformar a taxa de juro anual para o intervalo de tempo definido pelo prazo da operação, ou vice-versa, o que for considerado mais apropriado para os cálculos. Somente após a definição do prazo e da taxa de juro na mesma unidade de tempo é que as formulações da Matemática Financeira podem ser operadas.

Os critérios de transformação do prazo e da taxa para a mesma unidade de tempo podem ser efetuados através das regras de juros simples (média aritmética) e de juros compostos (média geométrica), dependendo do regime de capitalização definido para a operação.

1.5 Critérios de capitalização dos juros

Os critérios (regimes) de capitalização demonstram como os juros são formados e sucessivamente incorporados ao capital no decorrer do tempo. Nesta conceituação, podem ser identificados dois regimes de capitalização dos juros: **simples** (ou linear) e **composto** (ou exponencial).

O **regime de capitalização simples** comporta-se como se fosse uma progressão aritmética (*PA*), crescendo os juros de forma linear ao longo do tempo. Neste critério, os juros somente incidem sobre o capital inicial da operação (aplicação ou empréstimo), não se registrando juros sobre o saldo dos juros acumulados.

Por exemplo, admita um empréstimo de $ 1.000,00 pelo prazo de 5 anos, pagando-se juros simples à razão de 10% ao ano. O quadro a seguir ilustra a evolução desta operação ao período, indicando os vários resultados.

Ano	Saldo no início de cada ano ($)	Juros apurados para cada ano ($)	Saldo devedor ao final de cada ano ($)	Crescimento anual do saldo devedor ($)
Início do 1º ano	–	–	1.000,00	–
Fim do 1º ano	1.000,00	0,10 × 1.000,00 = 100,00	1.100,00	100,00
Fim do 2º ano	1.100,00	0,10 × 1.000,00 = 100,00	1.200,00	100,00
Fim do 3º ano	1.200,00	0,10 × 1.000,00 = 100,00	1.300,00	100,00
Fim do 4º ano	1.300,00	0,10 × 1.000,00 = 100,00	1.400,00	100,00
Fim do 5º ano	1.400,00	0,10 × 1.000,00 = 100,00	1.500,00	100,00

CAPÍTULO 1

Algumas observações podem ser apresentadas:

a) os juros, por incidirem exclusivamente sobre o capital inicial de $ 1.000,00, apresentam valores idênticos ao final de cada ano (0,10 × $ 1.000,00 = $ 100,00);

b) em consequência, o crescimento dos juros no tempo é linear (no exemplo, cresce $ 100,00 por ano), revelando um comportamento idêntico a uma *PA*. Os juros totais da operação atingem, nos 5 anos, $ 500,00;

c) se os juros simples, ainda, não forem pagos ao final de cada ano, a remuneração do capital emprestado somente se opera pelo seu valor inicial ($ 1.000,00), não ocorrendo remuneração sobre os juros que se formam no período.

Assim, no 5º ano, a remuneração calculada de $ 100,00 é obtida com base no capital emprestado há 5 anos, ignorando-se os $ 400,00 de juros que foram se acumulando ao longo do período;

d) como os juros variam linearmente no tempo, a apuração do custo total da dívida no prazo contratado é processada simplesmente pela multiplicação do número de anos pela taxa anual, isto é: 5 anos × 10% ao ano = 50% para 5 anos.

Se desejar converter esta taxa *anual* de juros simples para mês, por exemplo, basta dividir a taxa anual por 12, isto é: 10% ao ano / 12 meses = 0,8333% ao mês, e assim por diante.

O ***regime de capitalização composta*** incorpora ao capital não somente os juros referentes a cada período, mas também os juros sobre os juros acumulados até o momento anterior e que não foram pagos. É um comportamento equivalente a uma progressão geométrica (*PG*) no qual os juros incidem sempre sobre o saldo apurado no início do período correspondente (e não unicamente sobre o capital inicial).

Admitindo-se no exemplo anterior que a dívida de $ 1.000,00 deve ser paga em juros compostos à taxa de 10% ao ano, têm-se os resultados ilustrados no quadro a seguir.

Ano	Saldo no início de cada ano ($)	Juros apurados para cada ano ($)	Saldo devedor ao final de cada ano ($)
Início do 1º ano	–	–	1.000,00
Fim do 1º ano	1.000,00	0,10 × 1.000,00 = 100,00	1.100,00
Fim do 2º ano	1.100,00	0,10 × 1.100,00 = 110,00	1.210,00
Fim do 3º ano	1.210,00	0,10 × 1.210,00 = 121,00	1.331,00
Fim do 4º ano	1.331,00	0,10 × 1.331,00 = 133,10	1.464,10
Fim do 5º ano	1.464,10	0,10 × 1.464,10 = 146,41	1.610,51

Os seguintes comentários sobre o quadro ilustrativo anterior são colocados:

a) no critério composto, os juros não incidem unicamente sobre o capital inicial de $ 1.000,00, mas sobre o saldo total existente no início de cada ano. Este saldo incorpora o capital inicial emprestado mais os juros incorridos em períodos anteriores e que *não foram liquidados*;

b) o crescimento dos juros se dá em *PG*, evoluindo de forma exponencial ao longo do tempo.

O juro do primeiro ano é produto da incidência da taxa de 10% ao ano sobre o capital emprestado de $ 1.000,00, totalizando $ 100,00.

No segundo ano, os $ 210,00 de juros identificam:

- juros referentes ao 1º ano:
  0,10 × $ 1.000,00 = $ 100,00
- juros referentes ao 2º ano:
  0,10 × $ 1.000,00 = $ 100,00
- juros s/os juros apurados no 1º ano:
  0,10 × $ 100,00 = $ 10,00
                                         $ 210,00

e assim sucessivamente.

Diante dos resultados obtidos, pode-se elaborar um quadro comparativo dos regimes de capitalização discutidos.

	Capitalização simples		Capitalização composta		Diferença: composta-simples	
	Juros anuais ($)	Saldo devedor ($)	Juros anuais ($)	Saldo devedor ($)	Juros anuais ($)	Saldo devedor ($)
Início do 1º ano	–	1.000,00	–	1.000,00	–	–
Fim do 1º ano	100,00	1.100,00	100,00	1.100,00	*Nihil*	*Nihil*
Fim do 2º ano	100,00	1.200,00	110,00	1.210,00	10,00	10,00
Fim do 3º ano	100,00	1.300,00	121,00	1.331,00	21,00	31,00
Fim do 4º ano	100,00	1.400,00	133,10	1.464,10	33,10	64,10
Fim do 5º ano	100,00	1.500,00	146,41	1.610,51	46,41	110,51

As seguintes observações são válidas:

a) No primeiro período do prazo total, os juros simples e compostos igualam-se ($ 100,00), tornando também idêntico o saldo devedor de cada regime de capitalização. Assim, para operações que envolvam um só período de incidência de juros (também denominado de período de capitalização), é indiferente o uso do regime de capitalização simples ou composto, pois ambos produzem os mesmos resultados.

b) A diferença de valores entre os critérios estabelece-se em operações com mais de um período de capitalização. Enquanto os juros simples crescem linearmente, configurando uma *PA*, os juros compostos evoluem exponencialmente, segundo o comportamento de uma *PG*.[1]

---

[1] O Apêndice C deste livro desenvolve o estudo de Progressão Aritmética (*PA*) e Progressão Geométrica (*PG*), necessário à Matemática Financeira.

Observe no quadro comparativo supra que a diferença entre os juros e os saldos devedores dos regimes de capitalização cresce com o passar do tempo. As duas últimas colunas do quadro ilustram esta observação.

Um resumo do comportamento descrito dos juros simples e composto é apresentado na Figura 1.1, a seguir. Observe que, a juros simples, o capital inicial cresce linearmente ao longo do tempo. A juros compostos, o crescimento é exponencial.

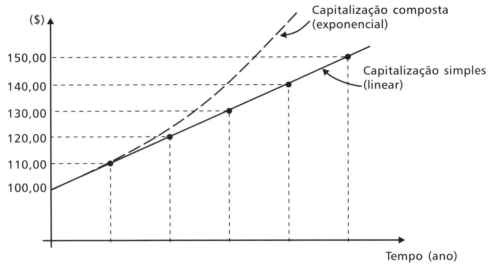

FIGURA 1.1   Comportamento dos juros simples e composto.

1.6   Aplicações práticas dos juros simples e compostos

Os juros simples, principalmente diante de suas restrições técnicas, têm aplicações práticas bastante limitadas. São raras as operações financeiras e comerciais que formam temporalmente seus montantes de juros segundo o regime de capitalização linear. O uso de juros simples restringe-se principalmente às operações praticadas no âmbito do curto prazo.

No entanto, as operações que adotam juros simples, além de apresentarem geralmente prazos reduzidos, não costumam apurar o seu percentual de custo (ou rentabilidade) por este regime. Os juros simples são utilizados para o cálculo dos valores monetários da operação (encargos a pagar, para empréstimos, e rendimentos financeiros, para aplicações), e não para a apuração do efetivo resultado percentual.

É importante ressaltar, ainda, que muitas taxas praticadas no mercado financeiro (nacional e internacional) estão referenciadas em juros simples, porém a formação dos montantes das operações processa-se exponencialmente (juros compostos). *Por exemplo*, a Caderneta de Poupança paga tradicionalmente uma taxa de juros de 6% ao ano para seus depositantes, creditando todo mês o rendimento proporcional de 0,5%. A taxa referenciada para esta operação é linear, porém os rendimentos são capitalizados segundo o critério de juros compostos, ocorrendo ao longo dos meses juros sobre juros.

CONCEITOS GERAIS DE MATEMÁTICA FINANCEIRA **11**

Para uma avaliação mais rigorosa do custo ou rentabilidade expressos em percentual, mesmo para aquelas operações que referenciam suas taxas em juros simples, é sugerida a utilização do critério de juros compostos. Tecnicamente mais correto por envolver a capitalização exponencial dos juros, o regime composto é reconhecidamente adotado por todo o mercado financeiro e de capitais.

Uma observação mais detalhada, ainda, revela que outros segmentos, além do mercado financeiro, seguem as leis dos juros compostos, tais como o estudo do crescimento demográfico, do comportamento dos índices de preços da economia, da evolução do faturamento e de outros indicadores empresariais de desempenho, dos agregados macroeconômicos, da apropriação contábil de receitas e despesas financeiras etc.

1.7 Capitalização contínua e descontínua

Pelo que foi apresentado, pode-se compreender *regime de capitalização* como o processo em que os juros são formados e incorporados ao principal.

Podem ser identificadas duas abordagens de capitalização: *contínua* e *descontínua (discreta)*.

A **capitalização contínua** se processa em intervalos de tempo bastante reduzidos – caracteristicamente em intervalo de tempo infinitesimal –, promovendo grande frequência de capitalização. A capitalização contínua, na prática, pode ser entendida em todo fluxo monetário distribuído ao longo do tempo e não somente num único instante. *Por exemplo*, o faturamento de um supermercado, a formação do custo de fabricação no processamento fabril, a formação de depreciação de um equipamento etc. são capitalizações que se formam continuamente, e não somente ao final de um único período (mês, ano).

O regime de capitalização contínua encontra algumas dificuldades em aplicações práticas, exigindo formulações de cálculo mais avançadas.

Na **capitalização descontínua (ou discreta)**, os juros são formados somente ao final de cada período de capitalização. A caderneta de poupança, que paga juros unicamente ao final do período a que se refere sua taxa de juros (mês), é um exemplo de capitalização descontínua. Os rendimentos, neste caso, passam a ocorrer descontinuamente, somente em um único momento do prazo da taxa (final do mês) e não distribuidamente pelo mês. A capitalização contínua é desenvolvida em maiores detalhes no Capítulo 3 (item 3.7) deste livro.

De conformidade com o comportamento dos juros, a capitalização descontínua pode ser identificada em juros simples e juros compostos, cujos conceitos foram apresentados anteriormente.

A aplicação desse regime de capitalização é generalizada no estudo da Matemática Financeira e totalmente adotada neste livro.

2

Juros Simples

Conforme observado no capítulo anterior, no regime de juros simples a taxa de juro incide somente sobre o principal, não ocorrendo "juros sobre juros", mesmo considerando que os juros não tenham sido pagos. A taxa é aplicada somente sobre o principal (valor inicial). Esse critério de capitalização dos juros é utilizado geralmente em operações de curto prazo.

2.1   Fórmulas de juros simples

O valor dos juros é calculado a partir da seguinte expressão:

$$J = C \times i \times n$$

onde: J = valor dos juros expresso em unidades monetárias;
   C = capital. É o valor (em $) representativo de determinado momento;
   i = taxa de juros, expressa em sua forma unitária;
   n = prazo.

Esta fórmula é básica tanto para o cálculo dos juros como dos outros valores financeiros mediante simples dedução algébrica:

$$C = \frac{J}{i \times n} \qquad i = \frac{J}{C \times n} \qquad n = \frac{J}{C \times i}$$

Exemplos:

1. Um capital de $ 80.000,00 é aplicado à taxa de 2,5% ao mês durante um trimestre. Pede-se determinar o valor dos juros acumulados neste período.

Solução:

$C = \$\ 80.000,00$

$i = 2,5\%$ ao mês $(0,025)$

$n = 3$ meses

$J = ?$

$J = C \times i \times n$

$J = 80.000,00 \times 0,025 \times 3$

$J = \$\ 6.000,00$

2. Um negociante tomou um empréstimo pagando uma taxa de juros simples de 6% ao mês durante nove meses. Ao final deste período, calculou em \$ 270.000,00 o total dos juros incorridos na operação. Determine o valor do empréstimo.

Solução:

$C = ?$

$i = 6\%$ ao mês $(0,06)$

$n = 9$ meses

$J = \$\ 270.000,00$

$$C = \frac{J}{i \times n}$$

$$C = \frac{270.000,00}{0,06 \times 9} = \frac{270.000,00}{0,54}$$

$C = \$\ 500.000,00$

3. Um capital de \$ 40.000,00 foi aplicado num fundo de poupança por 11 meses, produzindo um rendimento financeiro de \$ 9.680,00. Pede-se apurar a taxa de juros oferecida por esta operação.

Solução:

$C = \$\ 40.000,00$

$i = ?$

$n = 11$ meses

$J = \$\ 9.680,00$

$$i = \frac{J}{C \times n}$$

$$i = \frac{9.680,00}{40.000,00 \times 11} = \frac{9.680,00}{440.000,00}$$

$i = 0,022$ ou $2,2\%$ ao mês

4. Uma aplicação de \$ 250.000,00, rendendo uma taxa de juros de 1,8% ao mês, produz, ao final de determinado período, juros no valor de \$ 27.000,00. Calcule o prazo da aplicação.

Solução:

$C = \$\ 250.000,00$

$i = 1,8\%$ ao mês $(0,018)$

$n = ?$

$J = \$ 27.000,00$

$$n = \frac{J}{C \times i}$$

$$n = \frac{27.000,00}{250.000,00 \times 0,018} = \frac{27.000,00}{4.500,00}$$

$n = 6$ meses

2.2 Montante e capital

Um determinado capital, quando aplicado a uma taxa periódica de juro por determinado tempo, produz um valor acumulado denominado de *montante*, e identificado em juros simples por **M**. Em outras palavras, o montante é constituído do capital mais o valor acumulado dos juros, isto é:

$$M = C + J$$

No entanto, sabe-se que:

$J = C \times i \times n$

Substituindo esta expressão básica na fórmula do montante supra, e colocando-se C em evidência:

$M = C + C \times i \times n$

$$M = C\,(1 + i \times n)$$

Evidentemente, o valor de C desta fórmula pode ser obtido através de simples transformação algébrica:

$$C = \frac{M}{(1 + i \times n)}$$

A expressão $(1 + i \times n)$ é definida como *fator de capitalização* (ou *de valor futuro* – FCS) dos juros simples. Ao multiplicar um capital por este fator, corrige-se o seu valor para uma data futura, determinando o montante. O inverso, ou seja, $1/(1 + i \times n)$, é denominado de *fator de atualização* (ou *de valor presente* – FAS). Ao se aplicar o fator sobre um valor expresso em uma data futura, apura-se o seu equivalente numa data atual. Graficamente, tem-se:

$$C_n = C_t \times \overbrace{(1 + i \times n)}^{FCS}$$

$$C_t = C_n \times \underbrace{1/(1 + i \times n)}_{FAS}$$

CAPÍTULO 2

Exemplos:

1. Uma pessoa aplica $ 18.000,00 à taxa de 1,5% ao mês durante 8 meses. Determine o valor acumulado ao final deste período.

Solução:

$C = \$ 18.000,00$

$i = 1,5\%$ ao mês $(0,015)$

$n = 8$ meses

$M = ?$

$M = C\,(1 + i \times n)$

$M = 18.000,00\,(1 + 0,015 \times 8)$

$M = 18.000,00 \times 1,12 = \$ 20.160,00$

2. Uma dívida de $ 900.000,00 irá vencer em 4 meses. O credor está oferecendo um desconto de 7% ao mês caso o devedor deseje antecipar o pagamento para hoje. Calcule o valor que o devedor pagaria caso antecipasse a liquidação da dívida.

Solução:

$M = \$ 900.000,00$

$n = 4$ meses

$i = 7\%$ ao mês $(0,07)$

$C = ?$

$$C = \frac{M}{(1 + i \times n)}$$

$$C = \frac{900.000,00}{(1 + 0,07 \times 4)} = \frac{900.000,00}{1,28}$$

$C = \$ 703.125,00$

2.3 Taxa proporcional e taxa equivalente

Para se compreender mais claramente o significado destas taxas deve-se reconhecer que toda operação envolve dois prazos: (1) o prazo a que se refere a taxa de juros; e (2) o prazo de capitalização (ocorrência) dos juros.

Ilustrativamente, admita um empréstimo bancário a uma taxa (custo) nominal de 24% ao ano. O prazo a que se refere especificamente a taxa de juros é anual. A seguir, deve-se identificar a periodicidade de ocorrência dos juros. Ao se estabelecer que os encargos incidirão sobre o principal somente ao final de cada ano, os dois prazos considerados são coincidentes.

O crédito direto do consumidor promovido pelas Financeiras é outro exemplo de operação com prazos iguais. Caracteristicamente, a taxa cobrada é definida ao *mês* e os juros capitalizados também *mensalmente*.

Mas em inúmeras outras operações estes prazos não são coincidentes. O juro pode ser capitalizado em prazo inferior ao da taxa, devendo nesta situação ser definido como o prazo da taxa será rateado ao período de capitalização.

Por exemplo, sabe-se que a Caderneta de Poupança paga aos seus depositantes uma taxa de juros de 6% ao ano, a qual é agregada (capitalizada) ao principal todo mês através de um percentual proporcional de 0,5%. Tem-se aqui, então, dois prazos – **prazo da taxa**: *ano* e **prazo de capitalização**: *mês*.

É necessário para o uso das fórmulas de matemática financeira, conforme foi abordado anteriormente, expressar estes prazos diferentes na mesma base de tempo. Ou transforma-se o prazo específico da taxa para o de capitalização ou, de maneira inversa, o período de capitalização passa a ser expresso na unidade de tempo da taxa de juros.

No regime de juros simples, diante de sua própria natureza linear, esta transformação é processada pela denominada *taxa proporcional de juros*, também denominada de taxa *linear* ou *nominal*. Esta taxa proporcional é obtida da divisão entre a taxa de juros considerada na operação e o número de vezes em que ocorrerão os juros (quantidade de períodos de capitalização).

Por exemplo, para uma taxa proporcional de juros de 18% ao ano, se a capitalização for definida mensalmente (ocorrerão 12 vezes juros no período de um ano), o percentual de juros que incidirá sobre o capital a cada mês será:

$$\text{Taxa Proporcional} = \frac{18\%}{12} = 1,5\% \text{ ao mês}$$

A aplicação de taxas proporcionais é muito difundida, principalmente em operações de curto e curtíssimo prazo, tais como: cálculo de juros de mora, descontos bancários, créditos de curtíssimo prazo, apuração de encargos sobre saldo devedor de conta-corrente bancária etc.

As taxas de juros simples se dizem *equivalentes* quando, aplicadas a um mesmo capital e pelo mesmo intervalo de tempo, produzem o mesmo volume linear de juros.

Por exemplo, em juros simples, um capital de $ 500.000,00, se aplicado a 2,5% ao mês ou 15% ao semestre pelo prazo de um ano, produz o mesmo montante linear de juros. Isto é:

$$
\begin{aligned}
J\,(2,5\% \text{ a.m.}) &= \$\ 500.000,00 \times 0,025 \times 12 \\
&= \$\ 150.000,00 \\
J\,(15\% \text{ a.s.}) &= \$\ 500.000,00 \times 0,15 \times 2 \\
&= \$\ 150.000,00
\end{aligned}
$$

Os juros produzidos pelas duas taxas lineares de juros são iguais, logo são definidas como equivalentes.

No regime de juros simples, taxas *proporcionais* (nominais ou lineares) e taxas *equivalentes* são consideradas a mesma coisa, sendo indiferente a classificação de duas taxas de juros como proporcionais ou equivalentes.

No exemplo ilustrativo anterior, observe que 2,5% a.m. é equivalente a 15% a.s., verificando-se ainda uma proporção entre as taxas. A taxa de 2,5% está relacionada ao período de um mês, e a de 15% a seis meses. Logo:

$$\frac{1}{6} = \frac{2,5}{15}$$

Pelo Apêndice A (A.5) tem-se que as grandezas são proporcionais, pois o produto dos meios é igual ao produto dos extremos, isto é:

18 CAPÍTULO 2

$$6 \times 2{,}5 \quad = \quad 1 \times 15$$
$$15 \quad\quad = \quad 15$$

Conceitos e aplicações práticas de taxas equivalentes são bastante expandidas ao tratar-se, no capítulo seguinte, de juro composto.

Exemplos:

1. Calcule a taxa anual proporcional a: (a) 6% ao mês; (b) 10% ao bimestre; (c) 12% ao quadrimestre.
   Solução:
   a) $i = 6\% \times 12$ meses $= 72\%$ ao ano
   b) $i = 10\% \times 6$ bimestres $= 60\%$ ao ano
   c) $i = 12\% \times 3$ quadrimestres $= 36\%$ ao ano

2. Calcule a taxa de juros semestral proporcional a: (a) 60% ao ano; (b) 9% ao trimestre.
   Solução:
   Conforme foi demonstrado, deve haver uma igualdade entre a proporção das taxas e entre os períodos a que se referem.

   a) $i = \dfrac{60\%}{12} \times 6 = 30\%$ a.s.

   pois: $\dfrac{12}{6} = \dfrac{60}{i}$

   $\dfrac{12}{6} = \dfrac{60}{30}$

   b) $i = \dfrac{9\%}{3} \times 6 = 18\%$ a.s.

   ou: $i = 9\% \times 2 = 18\%$ a.s.

3. Demonstre se 36% ao ano é proporcional a 12% ao trimestre.
   Solução:

   $$\frac{12}{3} = \frac{36}{12}$$

   Verifica-se pela igualdade que as taxas não são proporcionais, pois o produto dos meios (3×36) é diferente do produto dos extremos (12×12).

4. Calcule o montante de um capital de $ 600.000,00 aplicado à taxa de 2,3% ao mês pelo prazo de 1 ano e 5 meses.
   Solução:
   $M = ?$
   $C = \$ 600.000{,}00$
   $n = 1$ ano e 5 meses (17 meses)
   $i = 2{,}3\%$ ao mês (0,023)
   $M = C (1 + i \times n)$

$M = 600.000,00 \ (1 + 0,023 \times 17)$

$M = \$ \ 834.600,00$

5. Uma dívida de $ 30.000,00 a vencer dentro de um ano é saldada 3 meses antes. Para a sua quitação antecipada, o credor concede um desconto de 15% ao ano. Apure o valor da dívida a ser pago antecipadamente.

Solução:

$M = \$ \ 30.000,00$

$n = 3$ meses

$i = 15\%$ ao ano $(15\% \ / \ 12 = 1,25\%$ ao mês$)$

$C_q = ?$

$$C_q = \frac{\$ \ 30.000,00}{1 + 0,0125 \times 3} = 28.915,66$$

Exemplo – Juros Fracionários

Diversas operações apresentam períodos não inteiros (períodos fracionários) em relação à taxa de juros considerada. *Por exemplo*, admita uma aplicação financeira realizada à taxa de juro simples de 5% ao semestre pelo prazo de 20 meses. O juro total da aplicação é calculado pela soma dos juros dos períodos inteiros mais a parte fracionária (não inteira), ou seja:

$$\text{Prazo em Semestres} = \frac{20 \text{ meses}}{6 \text{ meses}} = 3,3333 \text{ semestres}$$

Prazo Período Inteiro $\quad = 3$ semestres $\quad = 18$ meses

Prazo Fracionário (1/3) $\quad = 2$ meses

PRAZO TOTAL $\qquad$ 3 SEM + 2 MESES (20 MESES)

Cálculo dos Juros:

Período Inteiro (3 sem) $\qquad = 5\% \times 3$ sem $\quad = 15\%$ p/ 3 sem

Período Fracionário (1/3 sem) $\quad = 5\% \times 1/3 \quad = 1,6667\%$ p/ 1/3 sem

JURO TOTAL (%) $\qquad\qquad\qquad$ 16,6667% p/ 20 meses

Se o Capital aplicado for de $ 50.000,00, tem-se os seguintes juros:

Juros Períodos Inteiros: $15\% \times \$ \ 50.000,00 \qquad = \$ \ 7.500,00$

Juros Período Fracionário: $1,6667\% \times \$50.000,00 \quad = \$ \ 833,33$

TOTAL: $16,6667\% \times \$50.000,00 \qquad\qquad \$ \ 8.333,33$

2.4 Juro exato e juro comercial

É comum nas operações de curto prazo, nas quais predominam as aplicações com taxas referenciadas em juros simples, ter-se o prazo definido em número de dias. Nestes casos, o número de dias pode ser calculado de duas maneiras:

a) pelo *tempo exato*, utilizando-se efetivamente o calendário do ano civil (365 dias) para se conhecer o número de dias entre as datas. O juro apurado desta maneira denomina-se *juro exato*;

b) pelo *ano comercial (ou ordinário)*, o qual admite todos os meses com 30 dias e o ano com 360 dias. Tem-se, por este critério, a apuração do denominado *juro comercial* ou *ordinário*. Na prática, é geralmente adotada esta abordagem de ano comercial.

Por exemplo, 12% ao ano equivale, pelos critérios enunciados, à taxa diária de:

a) *Juro Exato*:

$$\text{Ativo civil} - \frac{12\%}{365 \text{ dias}} = 0,032877\% \text{ ao dia}$$

b) *Juro Comercial (Ordinário)*:

$$\text{Ativo comercial} - \frac{12\%}{360 \text{ dias}} = 0,033333\% \text{ ao dia}$$

Na ilustração, o juro *comercial* diário é ligeiramente superior ao *exato* pelo menor número de dias considerado no intervalo de tempo.

2.5 Equivalência financeira

O problema da equivalência financeira constitui-se no raciocínio básico da Matemática Financeira. Conceitualmente, dois ou mais capitais representativos de certa data dizem-se equivalentes quando, a uma certa taxa de juros, produzem resultados iguais numa data comum.

Equivalência Financeira ocorre quando dois ou mais capitais, com diferentes datas de vencimento, produzem, em uma mesma data e considerando a mesma taxa de juros, resultados iguais.

Por exemplo, $ 120,00 vencíveis daqui a um ano e $ 100,00, hoje, são equivalentes a uma taxa de juros simples de 20%, uma vez que os $ 100,00, capitalizados, produziriam $ 120,00 dentro de um ano, ou os $ 120,00, do final do primeiro ano, resultariam em $ 100,00 se atualizados para hoje. Ou seja, ambos os capitais produzem, numa data de comparação (data focal) e à taxa de 20% ao ano, resultados idênticos. Graficamente:

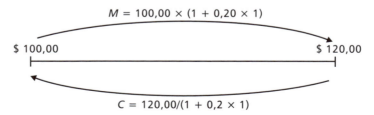

Exemplo:

1. Determine se $ 438.080,00 vencíveis daqui a 8 meses é equivalente a se receber hoje $ 296.000,00, admitindo uma taxa de juros simples de 6% ao mês.

Solução:

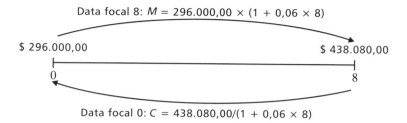

Os capitais são equivalentes à taxa de 6% ao mês. Portanto, a esta taxa de juros é indiferente receber $ 296.000,00 hoje ou $ 438.080,00 daqui a 8 meses.

A equivalência de capitais pode então ser generalizada a partir da seguinte representação gráfica:

Os capitais A_1, A_2 e B_1, B_2, B_3 dizem-se equivalentes se, quando expressos em valores de uma data comum (data de comparação ou data focal), e à mesma taxa de juros, apresentam resultados iguais.

Sendo a data de comparação o momento *0*, tem-se:

$$\frac{A_1}{(1+i \times 1)} + \frac{A_2}{(1+i \times 2)} = \frac{B_1}{(1+i \times 3)} + \frac{B_2}{(1+i \times 4)} + \frac{B_3}{(1+i \times 5)}$$

Sendo o momento 6 escolhido como data focal, tem-se:

$$A_1(1+i \times 5) + A_2(1+i \times 4) = B_1(1+i \times 3) + B_2(1+i \times 2) + B_3(1+i \times 1),$$

e assim por diante.

Na questão da equivalência financeira em juros simples, é importante ressaltar que os prazos não podem ser desmembrados (fracionados) sob pena de alterar os resultados. Em outras palavras, dois capitais equivalentes, ao fracionar os seus prazos, deixam de produzir o mesmo resultado na data focal pelo critério de juros simples.

Admita *ilustrativamente* que o montante no final de 2 anos de $ 100,00 aplicados hoje, à taxa de juros simples de 20% ao ano, é igual a $ 140,00 [$ 100,00 × (1 + 0,20 × 2)]. No entanto, este processo de capitalização linear não pode ser fracionado de forma alguma. *Por exemplo*, apurar inicialmente o montante ao final do primeiro ano e, a partir daí, chegar ao montante do segundo ano envolve a capitalização dos juros (juros sobre juros), prática esta não adotada no regime de juros simples. Graficamente, tem-se:

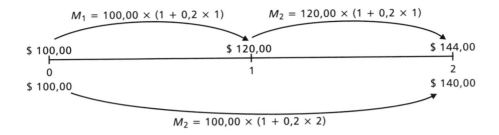

O fracionamento em juros simples leva a resultados discrepantes, dado que:

$$C(1 + 0.2 \times 2) \neq C(1 + 0.2 \times 1)(1 + 0.2 \times 1)$$

Como resultado das distorções produzidas pelo fracionamento do prazo, a equivalência de capitais em juro simples é dependente da data de comparação escolhida (data focal).

Ilustrativamente, admita que *A* deve a *B* os seguintes pagamentos:

$ 50.000,00 de hoje a 4 meses.
$ 80.000,00 de hoje a 8 meses.

Suponha que *A* esteja avaliando um novo esquema de pagamento, em substituição ao original. A proposta de *A* é a de pagar $ 10.000,00 hoje, $ 30.000,00 de hoje a 6 meses, e o restante ao final do ano.

Sabe-se que *B* exige uma taxa de juros simples de 2,0% ao mês. Esta taxa é a que consegue obter normalmente em suas aplicações de capital. Pede-se apurar o saldo a ser pago.

O problema é mais facilmente visualizado no gráfico a seguir, onde convencionou-se representar a dívida original na parte superior, e a proposta alternativa de pagamento na parte inferior.

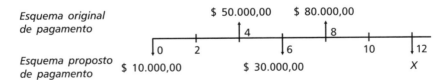

A ilustração apresentada é de substituição de uma proposta de pagamento por outra equivalente. Para serem equivalentes, os pagamentos devem produzir os mesmos resultados, a uma determinada taxa de juros, em qualquer data comum.

Admita inicialmente que a data focal selecionada é o momento hoje (atual). Assim, ao igualar os pagamentos das propostas em valores representativos da data focal escolhida, tem-se:

DATA FOCAL = 0

$$\frac{50.000,00}{(1 + 0,02 \times 4)} + \frac{80.000,00}{(1 + 0,02 \times 8)} = 10.000,00 + \frac{30.000,00}{(1 + 0,02 \times 6)} + \frac{X}{(1 + 0,02 \times 12)}$$

$$46.296{,}30 + 68.965{,}50 = 10.000{,}00 + 26.785{,}70 + \frac{X}{1{,}24}$$

$$115.261{,}80 = 36.785{,}70 + \frac{X}{1{,}24}$$

$$\frac{X}{1{,}24} = 78.476{,}10$$

$$X = \$\ 97.310{,}40$$

Suponha que B resolva definir no mês 12 a data focal para determinar o valor do saldo a ser pago. Expressando-se os pagamentos na data focal escolhida, tem-se:

DATA FOCAL = 12

$50.000{,}00\ (1 + 0{,}02 \times 8) + 80.000{,}00$

$(1 + 0{,}02 \times 4) = 10.000{,}00\ (1 + 0{,}02 \times 12) + 30.000{,}00\ (1 + 0{,}02 \times 6) + X$

$144.400{,}00 = 46.000{,}00 + X$

$X = \$\ 98.400{,}00$

Como resultado, verifica-se que o saldo a pagar altera-se quando a data focal é modificada. Esta característica é típica de juros simples (em juro composto este comportamento não existe), sendo explicada pelo fato de não ser aceito o fracionamento dos prazos.

Na prática, a definição da data focal em problemas de substituição de pagamentos no regime de juros simples deve ser decidida naturalmente pelas partes, não se verificando um posicionamento técnico definitivo da Matemática Financeira.

Exercícios resolvidos

1. Uma pessoa aplicou em uma instituição financeira $\$\ 18.000{,}00$, resgatando $\$\ 21.456{,}00$ quatro meses depois. Calcule a taxa mensal de juros simples auferida nesta aplicação.

   Solução:

   $C\ =\ \$\ 18.000{,}00$

   $M\ =\ \$\ 21.456{,}00$

   $n\ =\ 4\ \text{meses}$

   $i\ =\ ?$

   $M\ =\ C\ (1 + i \times n)$

   $21.456{,}00 = 18.000{,}00 \times (1 + 4i)$

   $$\frac{21.456{,}00}{18.000{,}00} = 1 + 4i$$

   $1{,}192 = 1 + 4i$

   $4i = 0{,}192$

   $$i = \frac{0{,}192}{4} = 0{,}048,\ \text{que representa: } 4{,}8\%\ \text{a.m.}$$

24 CAPÍTULO 2

2. Se uma pessoa necessitar de $ 100.000,00 daqui a 10 meses, quanto deverá ela depositar hoje num fundo de poupança que remunera à taxa linear de 12% a.a.?

Solução:

M = $ 100.000,00

n = 10 meses

i = 12% a.a., ou: $i = \dfrac{12\%}{12} = 1\%$ a.m.

C = ?

$C = \dfrac{M}{(1 + i \times n)}$

$C = \dfrac{100.000,00}{1 + 0,01 \times 10} = \dfrac{100.000,00}{1,10}$

C = $ 90.909,09

3. Determine a taxa bimestral de juros simples que faz com que um capital triplique de valor após 2 anos.

Solução:

C = 1

M = 3

i = ?

n = 24 meses ou 12 bimestres

$M = C \times (1 + i \times n)$

$\dfrac{M}{C} = 1 + i \times n$

3 = $1 + 12i$

$12i = 2$

$i = \dfrac{2}{12} = 0,1666 \ldots$ ou $16,6666 \ldots\%$ a.b.

4. Um título com valor nominal de $ 7.200,00 vence em 120 dias. Para uma taxa de juros simples de 31,2% ao ano, pede-se calcular o valor deste título:

a) hoje;

b) dois meses antes de seu vencimento;

c) um mês após o seu vencimento.

Solução:

a) $C_0 = \dfrac{7.200,00}{\left(1 + \dfrac{0,312}{12} \times 4\right)} = \dfrac{7.200,00}{1,104}$

C_0 = $ 6.521,74

JUROS SIMPLES 25

b) $C_2 = \dfrac{7.200,00}{\left(1 + \dfrac{0,312}{12} \times 2\right)} = \dfrac{7.200,00}{1,052}$

$C_2 = 6.844,11$

c) $C_5 = 7.200,00\left(1 + \dfrac{0,312}{12} \times 1\right)$

$C_5 = 7.200,00 \times 1,026$

$C_5 = \$\ 7.387,20$

5. Uma pessoa deve dois títulos no valor de $ 25.000,00 e $ 56.000,00 cada. O primeiro título vence de hoje a 2 meses, e o segundo 1 mês após. O devedor deseja propor a substituição destas duas obrigações por um único pagamento ao final do 5º mês. Considerando 3% ao mês a taxa corrente de juros simples, determine o valor deste pagamento único.
Solução:

$$M_5 = 25.000,00 \times (1 + 0,03 \times 3) + 56.000,00 \times (1 + 0,03 \times 2)$$

$$M_5 = 27.250,00 + 59.360,00 = \$\ 86.610,00$$

6. Uma pessoa tem os seguintes compromissos financeiros:
   - $ 35.000,00 vencíveis no fim de 3 meses;
   - $ 65.000,00 vencíveis no fim de 5 meses.

Para o resgate dessas dívidas, o devedor pretende utilizar suas reservas financeiras aplicando-as em uma conta de poupança que rende 66% ao ano de juros simples. Pede-se determinar o valor do capital que deve ser aplicado nesta poupança de forma que possam ser sacados os valores devidos em suas respectivas datas de vencimento sem deixar saldo final na conta.

Solução:

$i = 66\%$ a.a. (5,5% a.m.)

$$C_0 = \dfrac{35.000,00}{(1 + 0,055 \times 3)} + \dfrac{65.000,00}{(1 + 0,055 \times 5)}$$

$$C_0 = 30.042,92 + 50.980,39 = \$\ 81.023,31$$

A pessoa, depositando hoje $ 81.023,31 numa poupança que paga 5,5% ao mês de juros simples, terá condições, com este capital aplicado, de resgatar suas dívidas nas respectivas datas de vencimento.

Logo, ao capitalizar o capital aplicado para os momentos 3 e 5, o resultado registrado deve ser igual ao valor dos pagamentos, isto é:

Momento 3 = 81.023,31 × (1 + 0,055 × 3)

=	$ 94.392,16
(–) Resgate	(35.000,00)
Saldo:	$ 59.392,16

Momento 5 = 59.392,16 × (1 + 0,055 × 2)

=	$ 65.925,30
(–) Resgate	(65.000,00)
Saldo:	$ 925,30

O saldo remanescente de $ 925,30 é devido à capitalização dos juros, procedimento este incorreto no regime linear. Foi demonstrado que em juros simples o prazo da operação não pode ser fracionado, originando-se daí a diferença encontrada.

7. Uma dívida no valor de $ 48.000,00 vence daqui a 6 meses. O devedor pretende resgatar a dívida pagando $ 4.800,00 hoje, $ 14.000,00 de hoje a dois meses, e o restante 1 mês após a data de vencimento. Sendo o momento deste último pagamento definido como a data focal da operação, e sabendo-se ainda que é de 34,8% ao ano a taxa linear de juros adotada nesta operação, determine o montante do pagamento.

Solução:

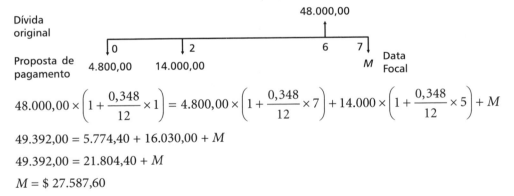

$$48.000,00 \times \left(1 + \frac{0,348}{12} \times 1\right) = 4.800,00 \times \left(1 + \frac{0,348}{12} \times 7\right) + 14.000 \times \left(1 + \frac{0,348}{12} \times 5\right) + M$$

49.392,00 = 5.774,40 + 16.030,00 + M

49.392,00 = 21.804,40 + M

M = $ 27.587,60

Exercícios propostos

1. Calcule a taxa mensal proporcional de juros de:
   a) 14,4% ao ano;
   b) 6,8% ao quadrimestre;
   c) 11,4% ao semestre;
   d) 110,4% ao ano;
   e) 54,72% ao biênio.
2. Calcule a taxa trimestral proporcional a juros de:
   a) 120% ao ano;

b) 3,2% ao quadrimestre;

c) 1,5% ao mês.

3. Determine a taxa de juros simples anual proporcional às seguintes taxas:

a) 2,5% ao mês;

b) 56% ao quadrimestre;

c) 12,5% para 5 meses.

4. Calcule o montante de $ 85.000,00 aplicado por:

a) 7 meses à taxa linear de 2,5% ao mês;

b) 9 meses à taxa linear de 11,6% ao semestre;

c) 1 ano e 5 meses à taxa linear de 21% ao ano.

5. Determine os juros e o montante de uma aplicação de $ 300.000,00, por 19 meses, à taxa linear de 42% ao ano.

6. Calcule o valor do juro referente a uma aplicação financeira de $ 7.500,00, que rende 15% de taxa nominal ao ano, pelo período de 2 anos e 3 meses.

7. Calcule o capital que produz $ 18.000,00 de juros simples, à taxa de 3% ao mês, pelo prazo de:

a) 60 dias;

b) 80 dias;

c) 3 meses e 20 dias;

d) 2 anos, 4 meses e 14 dias.

8. Uma pessoa aplicou $ 12.000,00 numa Instituição Financeira, resgatando, após 7 meses, o montante de $ 13.008,00. Qual a taxa de juros equivalente linear mensal que o aplicador recebeu?

9. Uma nota promissória de valor nominal de $ 140.000,00 é resgatada 2 meses antes de seu vencimento. Qual o valor pago no resgate, sabendo-se que a taxa de juros simples é de 1,9% ao mês?

10. O montante de um capital de $ 6.600,00 ao final de 7 meses é determinado adicionando-se $ 1.090,32 de juros. Calcule as taxas lineares mensal e anual utilizadas.

11. Um empréstimo de $ 3.480,00 foi resgatado 5 meses depois pelo valor de $ 3.949,80. Calcule a taxa de juros simples em bases mensais e anuais desta operação.

12. Se o valor atual de um título é igual a 4/5 de seu valor nominal e o prazo de aplicação for de 15 meses, qual a taxa de juros simples considerada?

13. Uma mercadoria é oferecida num magazine por $ 130,00 à vista, ou nas seguintes condições: 20% de entrada e um pagamento de $ 106,90 em 30 dias. Calcule a taxa linear mensal de juros que está sendo cobrada.

14. Em quanto tempo um capital de $ 4.000,00 aplicado a 29,3% ao ano pelo regime linear renderá $ 1.940,00?

15. Em quanto tempo duplica um capital aplicado à taxa simples de 8% ao ano?

16. Em quanto tempo triplica um capital que cresce à taxa de 21% ao semestre?

CAPÍTULO 2

17. O valor de resgate de um título é 140% maior que o valor da aplicação. Sendo de 30% ao ano a taxa de juros simples, pede-se calcular o prazo da aplicação.

18. Uma aplicação de $ 15.000,00 é efetuada pelo prazo de 3 meses à taxa de juros simples de 26% ao ano. Que outra quantia deve ser aplicada por 2 meses à taxa linear de 18% ao ano para se obter o mesmo rendimento financeiro?

19. Uma TV em cores é vendida nas seguintes condições:
   - preço à vista = $ 1.800,00;
   - condições a prazo = 30% de entrada e $ 1.306,00 em 30 dias.
   Determinar a taxa de juros simples cobrada na venda a prazo.

20. Um eletrodoméstico é vendido em três pagamentos mensais e iguais. O primeiro pagamento é efetuado no ato da compra, e os demais são devidos em 30 e 60 dias. Sendo de 4,4% ao mês a taxa linear de juros, pede-se calcular até que valor interessa adquirir o bem à vista.

21. Uma dívida é composta de três pagamentos no valor de $ 2.800,00, $ 4.200,00 e $ 7.000,00, vencíveis em 60, 90 e 150 dias, respectivamente. Sabe-se ainda que a taxa de juros simples de mercado é de 4,5% ao mês. Determine o valor da dívida se o devedor liquidar os pagamentos:
   a) hoje;
   b) daqui a 7 meses.

22. Um negociante tem as seguintes obrigações de pagamento com um banco:
   - $ 18.000,00 vencíveis em 37 dias;
   - $ 42.000,00 vencíveis em 83 dias;
   - $ 100.000,00 vencíveis em 114 dias.
   Com problemas de caixa nestas datas, deseja substituir este fluxo de pagamentos pelo seguinte esquema:
   - $ 20.000,00 em 60 dias;
   - $ 50.000,00 em 100 dias;
   - restante em 150 dias.
   Sendo de 3,2% ao mês a taxa de juros simples adotada pelo banco nestas operações, pede-se calcular o valor do pagamento remanescente adotando como data focal o momento atual.

23. Uma máquina calculadora está sendo vendida à prazo nas seguintes condições:
   - $ 128,00 de entrada;
   - $ 192,00 em 30 dias;
   - $ 192,00 em 60 dias.
   Sendo de 1,1% ao mês a taxa linear de juros, pede-se calcular até que preço é interessante comprar a máquina à vista.

24. Uma pessoa tem uma dívida composta dos seguintes pagamentos:
   - $ 22.000,00 de hoje a 2 meses;
   - $ 57.000,00 de hoje a 5 meses;
   - $ 90.000,00 de hoje a 7 meses.

Deseja trocar estas obrigações equivalentemente por dois pagamentos iguais, vencíveis o primeiro ao final do $6^{\underline{o}}$ mês e o segundo no $8^{\underline{o}}$ mês. Sendo de 3,7% ao mês de juros simples, calcule o valor destes pagamentos admitindo-se as seguintes datas de comparação:

a) hoje;

b) no vencimento do primeiro pagamento proposto;

c) no vencimento do segundo pagamento proposto.

25. Um poupador com certo volume de capital deseja diversificar suas aplicações no mercado financeiro. Para tanto, aplica 60% do capital numa alternativa de investimento que paga 34,2% ao ano de juros simples pelo prazo de 60 dias. A outra parte é invertida numa conta de poupança por 30 dias, sendo remunerada pela taxa linear de 3,1% ao mês. O total dos rendimentos auferidos pelo aplicador atinge $ 1.562,40. Pede-se calcular o valor de todo o capital investido.

26. Uma pessoa contrai um empréstimo de $ 75.000,00 à taxa linear de 3,3% ao mês. Em determinada data, liquida este empréstimo pelo montante de $ 92.325,00 e contrai nova dívida no valor de $ 40.000,00, pagando uma taxa de juros simples mais baixa. Esse último empréstimo é resgatado 10 meses depois pelo montante de $ 49.600,00. Pede-se calcular:

a) o prazo do primeiro empréstimo e o valor dos juros pagos;

b) a taxa simples de juros mensal e anual cobrada no segundo empréstimo.

27. Um empréstimo de $ 42.000,00 foi tomado por determinado prazo a uma taxa linear de 7% ao mês. Em determinado momento, o devedor resgata este empréstimo e contrai outro no valor de $ 200.000,00 pagando 5% de juros simples ao mês por certo prazo. Após dois anos de ter contraído o primeiro empréstimo, o devedor liquida sua dívida remanescente. O total dos juros pagos nos dois empréstimos tomados atinge $ 180.000,00. Pede-se calcular os prazos referentes a cada um dos empréstimos.

28. O valor atual de um título equivale a 2/3 de seu valor nominal (valor de resgate). Para uma taxa de juro simples de 2% a.m., calcule o tempo que resta até o vencimento do título.

29. Um financiamento no valor de $ 60.000 é concedido para pagamento em 5 prestações mensais e iguais, sendo cobrada uma taxa de juros simples de 2,2% a.m. Determine o valor de cada prestação pelo critério de capitalização linear.

30. Calcule a taxa de juro simples mensal em cada alternativa abaixo. Admita um valor de aplicação de $ 30.000.

a) o investidor apura um montante de $ 31.305,00 após 3 meses;

b) os juros apurados totalizaram $ 3.612,00 após 7 meses;

c) o montante após 5 anos foi de $ 32.805,00;

d) os juros totais foram de $ 6.720,00 após 1 ano e 8 meses.

Respostas

1. **a)** 1,2% a.m.
   b) 1,7% a.m.
   c) 1,9% a.m.
   d) 9,2% a.m.
   e) 2,28% a.m.
2. **a)** 30% a.t.
   b) 2,4% a.t.
   c) 4,5% a.t.
3. **a)** 30% a.a.
   b) 168% a.a.
   c) 30% a.a.
4. **a)** $ 99.875,00
   b) $ 99.790,00
   c) $ 110.287,50
5. $M = \$ 499.500,00$ $J = \$ 199.500,00$
6. $ 2.531,25
7. **a)** $ 300.000,00
   b) $ 225.000,00
   c) $ 163.636,36
   d) $ 21.077,28
8. 1,2% a.m.
9. $ 134.874,76
10. 2,36 a.m. e 28,32% a.a.
11. 2,7% a.m. e 32,4% a.a.
12. 1,6666...% a.m.
13. 2,79% a.m.
14. 20 meses (19,86 meses)
15. 12,5 anos
16. 57,1428 meses (9,52 semestres)
17. 56 meses
18. $ 32.500,00
19. 3,65% a.m.
20. Interessa adquirir o produto à vista por até 95,9% de seu valor, isto é, com um desconto de 4,1%.
21. **a)** $ 11.983,53
    b) $ 16.016,00
22. $ 94.054,23
23. $ 505,78

24. a) $ 88.098,38

   b) $ 88.630,28

   c) $ 88.496,14

25. $ 33.527,90

26. a) 7 meses; $ 17.325,00

   b) 2,4% a.m.; 28,8% a.a.

27. $n_1 = 8,5$ meses $n_2 = 15,5$ meses

28. 25 meses

29. $ 12.781,10

30. a) 1,45% a.m.

   b) 1,72% a.m.

   c) 0,1558% a.m.

   d) 1,12% a.m.

3

Juros Compostos

O regime de *juros compostos* considera que os juros formados em cada período são acrescidos ao capital formando o montante (capital mais juros) do período. Este montante, por sua vez, passará a render juros no período seguinte, formando um novo montante (constituído do capital inicial, dos juros acumulados e dos juros sobre os juros formados em períodos anteriores), e assim por diante.

Entende-se por *Período de Capitalização* o intervalo de tempo em que os juros são incorporados ao Capital, formando um Montante sobre o qual passam a incidir novamente juros. A taxa de juros de cada período incide sobre o Montante acumulado acrescido dos juros "não pagos".

Este processo de formação dos juros é diferente daquele descrito para os juros simples, onde unicamente o capital rende juros, não ocorrendo remuneração sobre os juros formados em períodos anteriores.

Tecnicamente, o regime de juros compostos é superior ao de juros simples, principalmente pela possibilidade de fracionamento dos prazos, conforme foi introduzido no capítulo anterior. No critério composto, a equivalência entre capitais pode ser apurada em qualquer data, retratando melhor a realidade das operações que o regime linear.

3.1   Fórmulas de juros compostos

No regime de juros compostos, os juros são capitalizados, produzindo periodicamente juros sobre juros acumulados (não pagos).

Para melhor desenvolver este conceito e definir suas fórmulas de cálculo, admita uma aplicação de $ 1.000,00 à taxa de juros composta de 10% ao mês. Identificando-se por PV o valor presente (Capital) e *FV* o valor futuro (Montante),[1] têm-se os seguintes resultados ao final de cada período:

- ***Final do 1º mês***: o capital de $ 1.000,00 produz juros de $ 100,00 (10% × $ 1.000,00) e um montante de $ 1.100,00 ($ 1.000,00 + $ 100,00), ou seja:
  $FV = 1.000,00 \times (1 + 0,10) = \$ 1.100,00$

- ***Final do 2º mês***: o montante do mês anterior ($ 1.100,00) é o capital deste 2º mês, servindo de base para o cálculo dos juros deste período. Assim:
  $FV = 1.000,00 \times (1 + 0,10) \times (1 + 0,10)$
  $FV = 1.000,00 \times (1 + 0,10)^2 = \$ 1.210,00$
  O montante do 2º mês pode ser assim decomposto:
  $ 1.000,00   capital aplicado
  $ 100,00   juros referentes ao 1º mês (10% × $ 1.000,00)
  $ 100,00   juros referentes ao 2º mês (10% × $ 1.000,00)
  $ 10,00   juros sobre os juros produzidos no 1º mês (10% × $ 100,00): *Juros sobre juros não pagos*

- ***Final do 3º mês***: dando sequência ao raciocínio de juros compostos:
  $FV = 1.000,00 \times (1 + 0,10) \times (1 + 0,10) \times (1 + 0,10)$
  $FV = 1.000,00 \times (1 + 0,10)^3 = \$ 1.331,00$

- ***Final do enésimo mês***: aplicando-se a evolução dos juros compostos exposta para cada um dos meses, o montante (valor futuro) acumulado ao final do período atinge:
  $FV = 1.000,00 \times (1 + 0,10) \times (1 + 0,10) \times (1 + 0,10) ... (1 + 0,10)$
  $FV = 1.000,00 \times (1 + 0,10)^n$

Generalizando-se:

$$FV = PV(1 + i)^n \quad e \quad PV = \frac{FV}{(1 + I)^n}$$

onde $(1 + i)^n$ é o *fator de capitalização (ou de valor futuro) – FCC (i, n)* a juros compostos, e $1/(1 + i)^n$ o *fator de atualização (ou de valor presente) – FAC (i, n)* a juros compostos.

A movimentação de um capital ao longo de uma escala de tempo em juros compostos se processa mediante a aplicação destes fatores, conforme pode ser visualizado na ilustração a seguir:

---

[1] Para melhor adequar as formulações da Matemática Financeira com o uso de calculadoras e planilhas financeiras, a simbologia adotada em juros compostos e nas várias aplicações a serem expostas em capítulos posteriores acompanha as identificações das teclas utilizadas por estas calculadoras, onde *PV: Present Value* e *FV: Future Value*.

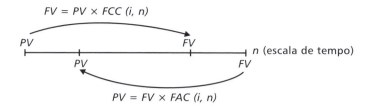

Por outro lado, sabe-se que o valor monetário dos juros (*J*) é apurado pela diferença entre o montante (*FV*) e o capital (*PV*), podendo-se obter o seu resultado também pela seguinte expressão:

$J = FV - PV$

Como:

$FV = PV(1 + i)^n$

Colocando-se *PV* em evidência:

$$J = PV \times [(1 + i)^n - 1]$$

Exemplos:

1. Se uma pessoa deseja obter $ 27.500,00 dentro de um ano, quanto deverá ela depositar hoje numa alternativa de poupança que rende 1,7% de juros compostos ao mês?

   Solução:

   FV = $ 27.500,00
   n = 1 ano (12 meses)
   i = 1,7% a.m.
   PV = ?

   Usando a HP 12C
   27.500 CHS FV
   12 n
   1,7 i
   PV (*Resp:* $ 22.463,70)

   $PV = \dfrac{FV}{(1 + i)^n}$

   $PV = \dfrac{27.500,00}{(1 + 0,017)^{12}} = \dfrac{27.500,00}{(1,017)^{12}}$

   $PV = \dfrac{27.500,00}{1,224197} = \$ 22.463,70$

   De fato, uma aplicação de $ 22.463,70 hoje, a 1,7% a.m. de juros compostos, produz ao final de um ano o montante de $ 27.500,00, ou seja:

   $FV = 22.463,70 \times (1,017)^{12} = \$ 27.500,00$

   Considerando-se ainda a taxa composta de 1,7% a.m., pelo conceito de valor presente (*PV*) é *indiferente* a essa pessoa receber $ 22.463,70 (valor presente) hoje ou esse valor capitalizado ao final de 12 meses. Efetivamente, esses valores, mesmo distribuídos em diferentes datas, são *equivalentes* para uma mesma taxa de juros de 1,7% a.m.

2. Qual o valor de resgate de uma aplicação de $ 12.000,00 em um título pelo prazo de 8 meses à taxa de juros composta de 3,5% a.m.?

36 CAPÍTULO 3

Solução:

$PV = \$\ 12.000,00$	**Usando a HP 12 C**
$n\ \ = 8$ meses	$12.000\quad CHS\quad PV$
$i\ \ \ = 3,5\%$ a.m.	$8\quad n$
$FV = ?$	$3,5\quad i$
$FV = PV\,(1+i)^n$	$FV\quad$ (*Resp:* $\$\ 15.801,7$)

$FV = 12.000,00 \times (1+0,035)^8$

$FV = 12.000,00 \times 1,316809 = \$\ 15.801,71$

3. Determine a taxa mensal composta de juros de uma aplicação de $\$\ 40.000,00$ que produz um montante de $\$\ 43.894,63$ ao final de um quadrimestre.

Solução:

$PV\ \ = \$\ 40.000,00$	**Usando a HP 12 C**
$FV\ \ = \$\ 43.894,63$	$40.000\quad CHS\quad PV$
$n\ \ \ = 4$ meses	$43.894,63\quad FV$
$i\ \ \ \ = ?$	$4\quad n$
$FV\ \ = PV\,(1+i)^n$	$i\quad$ (*Resp:* $2,35\%$)

$$\frac{FV}{PV} = (1+i)^4$$

$$\frac{43.894,63}{40.000,00} = (1+i)^4$$

$$1,097366 = (1+i)^4$$

$$\sqrt[4]{1,097366} = \sqrt[4]{(1+i)^4}\quad \text{(ver Apêndice B)}$$

$$1 + i = 1,0235$$

$$i = 0,0235 \text{ ou } 2,35\% \text{ a.m.}$$

4. Uma aplicação de $\$\ 22.000,00$ efetuada em certa data produz, à taxa composta de juros de $2,4\%$ ao mês, um montante de $\$\ 26.596,40$ em certa data futura. Calcule o prazo da operação.

Solução:

$PV\ \ = \$\ 22.000,00$	**Usando a HP 12 C**
$FV\ \ = \$\ 26.596,40$	$22.000\quad CHS\quad PV$
$i\ \ \ \ = 2,4\%$ a.m.	$2,4\quad i$
$n\ \ \ = ?$	$26.596,40\quad FV$
$FV\ \ = PV\,(1+i)^n$	$n\quad$ (*Resp:* $8,0$)

$$\frac{FV}{PV} = (1+i)^n$$

$$\frac{26.596,40}{22.000,00} = (1,024)^n$$

$$1,208927 = (1,024)^n$$

Aplicando-se logaritmos (ver Apêndice B), tem-se:

log 1,208927 = n × log 1,024

$$n = \frac{\log 1{,}208927}{\log 1{,}024} = \frac{0{,}082400}{0{,}010300} = 8 \text{ meses}$$

5. Determine o juro pago de um empréstimo de $ 88.000,00 pelo prazo de 5 meses à taxa composta de 4,5% ao mês.
   Solução:
   J = ?
   PV = $ 88.000,00
   n = 5 meses
   i = 4,5% a.m.
   J = PV [(1 + i)^n − 1]
   J = 88.000,00 [(1,045)^5 − 1]
   J = 88.000,00 (0,246182) = $ 21.664,02

3.1.1 Extensões ao uso das fórmulas

Deve ser acrescentado ao estudo de juros compostos que o valor presente (capital) não se refere necessariamente a um valor expresso no momento zero. Em verdade, o valor presente pode ser apurado em qualquer data focal anterior à do valor futuro (montante).

Por exemplo, pode-se desejar calcular quanto será pago por um empréstimo de $ 20.000,00 vencível de hoje a 14 meses ao se antecipar por 5 meses a data de seu pagamento. Sabe-se que o credor está disposto a atualizar a dívida à taxa composta de 2,5% ao mês.

O problema envolve basicamente o cálculo do valor presente, ou seja, um valor atualizado a uma data anterior à do montante (mês 9). Logo:

$$PV = \frac{20.000{,}00}{(1 + 0{,}025)^5} = \frac{20.000{,}00}{(1{,}025)^5} = \$\ 17.677{,}10$$

Graficamente, tem-se a seguinte representação do problema:

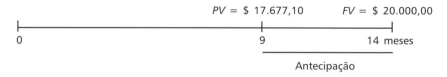

É importante ressaltar que as expressões de cálculos de *PV* e *FV* permitem capitalizações e atualizações envolvendo diversos valores e não somente um único capital ou montante.

Por exemplo, admita um empréstimo que envolve os seguintes pagamentos: $ 15.000,00 de hoje a 2 meses; $ 40.000,00 de hoje a 5 meses; $ 50.000,00 de hoje a 6 meses e $ 70.000,00 de hoje a 8 meses.

O devedor deseja apurar o valor presente (na data zero) destes fluxos de pagamento, pois está negociando com o banco a liquidação imediata de toda a sua dívida. A taxa de juros considerada nesta antecipação é de 3% ao mês.

Solução:

Representação gráfica da dívida:

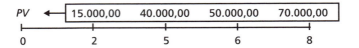

Utilizando-se a fórmula de valor presente:

$$PV = \frac{15.000,00}{(1,03)^2} + \frac{40.000,00}{(1,03)^5} + \frac{50.000,00}{(1,03)^6} + \frac{70.000,00}{(1,03)^8}$$

$$PV = 14.138,94 + 34.504,35 + 41.874,21 + 55.258,65$$

$$PV = \$\ 145.776,15$$

3.2 Taxas equivalentes

Ao se tratar de juros simples, foi comentado que a taxa equivalente é a própria taxa proporcional da operação. *Por exemplo*, as taxas de 3% ao mês e 9% ao trimestre são ditas proporcionais, pois mantêm a seguinte relação:

$$\underbrace{\frac{1}{3}}_{\text{Prazos}} = \underbrace{\frac{3}{9}}_{\text{Taxas}}$$

São também equivalentes, pois promovem a igualdade dos montantes de um mesmo capital ao final de certo período de tempo.

Por exemplo, em juros simples um capital de $ 80.000,00 produz o mesmo montante em qualquer data se capitalizado a 3% a.m. e 9% a.t.

$n = 3$ meses $\begin{cases} FV(3\%\ a.m.) = 80.000,00\,(1 + 0,03 \times 3) = \$\ 87.200,00 \\ FV(9\%\ a.t.)\ = 80.000,00\,(1 + 0,09 \times 1) = \$\ 87.200,00 \end{cases}$

$n = 12$ meses $\begin{cases} FV(3\%\ a.m.) = 80.000,00\,(1 + 0,03 \times 12) = \$\ 108.800,00 \\ FV(9\%\ a.t.)\ = 80.000,00\,(1 + 0,09 \times 4) = \$\ 108.800,00 \end{cases}$

e assim por diante.

O conceito enunciado de taxa equivalente permanece válido para o regime de juros compostos diferenciando-se, no entanto, a fórmula de cálculo da taxa de juros. Por se tratar de *capitalização exponencial* (composta), a expressão da taxa equivalente composta é a média geométrica da taxa de juros do período inteiro, isto é:

$$i_q = \sqrt[q]{1+i} - 1$$

onde:

q = número de períodos de capitalização.

Por exemplo, a taxa equivalente composta mensal de 10,3826% a.s. é de 1,66%, ou seja:

$$i_6 = \sqrt[6]{1 + 0,103826} - 1$$
$$i_6 = \sqrt[6]{1,103826} - 1 = 1,0166 - 1$$
$$i_6 = 0,0166 \text{ ou } 1,66\% \text{ a.m.}$$

Assim, para um mesmo Capital e prazo de aplicação, é indiferente (equivalente) o rendimento de 1,66% ao mês ou 10,3826% ao semestre, e aplicadas a um mesmo Capital e prazos idênticos, estas taxas produzem um mesmo Montante. *Ilustrativamente*, um capital de $ 100.000,00 aplicado por 2 anos produz:

- Para i = 1,66% a.m. e n = 24 meses:
  FV = 100.000,00 $(1,0166)^{24}$ = $ 148.457,63
- Para i = 10,3826% a.s. e n = 4 semestres:
  FV = 100.000,00 $(1,103826)^4$ = $ 148.457,63

Outra *ilustração* visa facilitar o melhor entendimento do conceito e cálculo de taxa equivalente de juros no regime exponencial.

Um certo banco divulga que a rentabilidade oferecida por uma aplicação financeira é de 12% ao semestre (ou 2% ao mês). Desta maneira, uma aplicação de $ 10.000,00 produz, ao final de 6 meses, o montante de $ 11.200,00 ($ 10.000,00 × 1,12). Efetivamente, os 12% constituem-se na taxa de rentabilidade da operação para o período inteiro de um semestre, e, em bases mensais, esse percentual deve ser expresso em termos de taxa equivalente composta.

Assim, os 12% de rendimentos do semestre determinam uma rentabilidade efetiva composta mensal de 1,91%, e não a taxa linear mensal de 2%, conforme foi anunciado.

De outra maneira: $i_6 = \sqrt[6]{1,12} - 1 = 1,91\%$ ao mês

Naturalmente, ao se aplicar $ 10.000,00 por 6 meses a uma taxa composta de 1,91% ao mês, chega-se ao montante de $ 11.200,00:

$$FV = 10.000,00 \ (1,0191)^6 = \mathbf{\$ \ 11.200,00}$$

Verifica-se, então, que o processo de descapitalização da taxa de juro no regime composto processa-se pela apuração de sua média geométrica, ou seja, da taxa *equivalente*. Neste caso, o percentual de juro considerado representa a *taxa efetiva* de juro da operação.

Exemplos:

1. Quais as taxas de juros compostos mensal e trimestral equivalentes a 25% ao ano?
   Solução:
   a) Taxa de juros equivalente mensal
       i = 25% a.a.
       q = 1 ano (12 meses)

$$i_{12} = \sqrt[12]{1 + 0,25} - 1$$

$$i_{12} = \sqrt[12]{1,25} - 1 = 1,877\% \text{ a.m.}$$

b) Taxa de juros equivalente trimestral

$$q = 1 \text{ ano (4 trimestres)}$$

$$i_4 = \sqrt[4]{1 + 0,25} - 1$$

$$i_4 = \sqrt[4]{1,25} - 1 = 5,737\% \text{ a.t.}$$

2. Explique a melhor opção: aplicar um capital de $ 60.000,00 à taxa de juros compostos de 9,9% ao semestre ou à taxa de 20,78% ao ano.

Solução:

Para a identificação da melhor opção, apura-se o montante para as duas taxas e para um mesmo período. Por exemplo: $n = 1$ *ano*.

$$FV \text{ (9,9\% a.s.)} = 60.000,00 \, (1 + 0,099)^2$$
$$= \$ 72.468,00$$

$$FV \text{ (20,78\% a.a.)} = 60.000,00 \, (1 + 0,2078)^1$$
$$= \$ 72.468,00$$

Produzindo resultados iguais para um mesmo período, diz-se que as taxas são equivalentes. É indiferente, para um mesmo prazo, e para o regime de juros compostos, aplicar a 9,9% a.s. ou a 20,78% a.a.

3. Demonstre se a taxa de juros de 11,8387% ao trimestre é equivalente à taxa de 20,4999% para 5 meses. Calcule também a equivalente mensal composta dessas taxas.

Solução:

Uma maneira simples de identificar a equivalência de taxas de juros é apurar o MMC de seus prazos e capitalizá-las para este momento.

Se os resultados forem iguais na data definida pelo MMC, diz-se que as taxas são equivalentes, pois produzem, para um mesmo capital, montantes idênticos.

Sabendo-se que o MMC dos prazos das taxas é de 15 meses (3 meses e 5 meses), tem-se:

$$(1 + 0,118387)^5 - 1 = 74,9688\% \text{ para 15 meses}$$
$$(1 + 0,204999)^3 - 1 = 74,9688\% \text{ para 15 meses}$$

As taxas de 11,8387% a.t. e 20,4999% para 5 meses são equivalentes compostas, pois quando capitalizadas para um mesmo momento produzem resultados iguais.

Taxa Equivalente Mensal (descapitalização):

- $i_q = \sqrt[3]{1 + 0,118387} - 1 = 3,8\% \text{ a.m.}$
- $i_q = \sqrt[5]{1 + 0,204999} - 1 = 3,8\% \text{ a.m.}$

Por serem equivalentes, a taxa mensal é igual.

JUROS COMPOSTOS **41**

4. a) Uma aplicação financeira rendeu 11,35% em 365 dias. Determine a taxa equivalente de retorno para 360 dias.

Solução:

$$i_q = \left[\sqrt[365]{(1 + 0,1135)} \right]^{360} - 1$$

$$i_q = \left[(1,1135)^{\frac{1}{365}} \right]^{360} - 1$$

$$i_q = (1,1135)^{\frac{360}{365}} - 1 = 11,186\% \text{ p/ } 360 \text{ dias}$$

b) Calcule a taxa de juro que equivale, em 44 dias, a uma taxa anual de 11,2%.

Solução:

$$i_{44 \text{ dias}} = \left[\sqrt[360]{1,112} \right]^{44} - 1 =$$

$$i_{44 \text{ dias}} = (1,112)^{\frac{44}{360}} - 1 = 1,306\% \text{ p/ } 44 \text{ dias}$$

5. Uma mercadoria pode ser adquirida com desconto de 7% sobre o seu preço a prazo. Calcule a taxa efetiva mensal de juros que é cobrada na venda a prazo, admitindo um prazo de pagamento de:

a) 30 dias;

b) 40 dias.

Solução:

a) $n = 30$ dias

$$100 = (100 - 7\%) \times (1 + i)$$

$$1 + i = \frac{100}{93}$$

$$i = 1,0753 - 1$$

$$i = 0,0753 \ (7,53\% \text{ a.m.})$$

b) $n = 40$ dias

$$100 = (100 - 7\%) \times (1 + i)$$

$$1 + i = \frac{100}{93}$$

$$i = 0,0753 \ (7,53\% \text{ p/ } 40 \text{ dias})$$

$$i = (1,0753)^{30/40} - 1$$

$$i = 0,0559 \ (5,59\% \text{ a.m.})$$

3.2.1   Cálculo do Montante (*FV*) admitindo diferentes taxas de juros

A fórmula de cálculo do Montante de um fluxo de caixa foi proposta, no item 3.1, por meio da capitalização do Capital (*PV*) por uma taxa de juros (*i*) constante, ou seja:

CAPÍTULO 3

$$FV = PV \, (1 + i)^n$$

Ao se verificar, no entanto, diferentes taxas de juros (taxas variáveis) no prazo da operação, o Montante passa a ser calculado pela seguinte formulação:

$$FV = PV \times (1 + i_1) \times (1 + i_2) \times (1 + i_3) \times \ldots \ldots (1 + i_n)$$

Sendo: $i_1, i_2, i_3, \ldots \ldots i_n$ = taxas de juros variáveis de cada período.

A taxa acumulada por juros compostos é igual a:

$$i_{ACUM} = [(1 + i_1) \times (1 + i_2) \times (1 + i_3) \times \ldots \ldots (1 + i_n)] - 1$$

Por exemplo, um Capital de $ 380.000,00 foi aplicado por 4 meses em um Fundo de Investimentos. As taxas mensais de juros pagas pelo investimento foram de 0,84%, 1,21%, 1,45% e 2,0%.

O *Montante* desta aplicação ao final do 4º mês atinge:

$FV_4 = \$\ 380.000,00 \times [(1 + 0,0084) \times (1 + 0,0121) \times (1 + 0,0145) \times (1 + 0,02)]$

$FV_4 = \$\ 380.000,00 \times 1,0561084 = \$\ 401.321,18$

Taxa Acumulada (i_{ACUM}) para o período:

Taxa Acumulada $(i_{ACUM}) = [(1 + 0,0084) \times (1 + 0,0121) \times (1 + 0,0145) \times (1 + 0,02)] - 1$

$i_{ACUM} = 0,0561$ (5,61% para 4 meses)

A *Taxa de Rentabilidade Equivalente Mensal* (i_q) é calculada:

Taxa Equivalente $(i_q) = (\$\ 401.321,18 \, / \, \$\ 380.000,00)^{1/4} - 1 = 1,37\%$ a.m.

ou: $i_q = (1,0561)^{1/4} - 1 = 1,37\%$ a.m.

Exercícios

1. Admita que um capital de $ 750.000,00 tenha sido depositado num Fundo de Investimento por 3 meses, sendo creditadas as seguintes taxas de juros ao final de cada um dos meses:
   - Mês 1 = 1,13%;
   - Mês 2 = 1,05%;
   - Mês 3 = 0,98%.

   Calcule o montante da operação, a taxa de rentabilidade acumulada do trimestre e a taxa equivalente mensal composta.

   Solução:

   Montante $(FV) = \$\ 750.000,00 \times (1 + 0,0113) \times (1 + 0,0105) \times (1,0098) = \$\ 773.950,10$

   Taxa Acumulada $= [(1,0113 \times 1,0105 \times 1,0098) - 1 = 3,19\%$ a.t.

   Taxa Equivalente Mensal $= (1,0319)^{1/3} - 1 = 1,053\%$ a.m.

2. A taxa de rentabilidade acumulada de um quadrimestre calculada para um investimento é igual a 7,2%. Se as taxas de juros mensais para cada um dos três primeiros meses foram iguais, respectivamente, a 1,66%, 1,94% e 2,06%, pede-se calcular a taxa de rentabilidade do último mês (4º mês).

   Solução:

   $(1 + 0,072) = [(1 + 0,0166) \times (1 + 0,0194) \times (1 + 1,0206) \times (1 + i)] - 1$

$1,072 = [1,05767 \times (1 + i)]$

$1 + i = (1,072 / 1,05767)$

$i = 1,01355 - 1$

$i = 0,01355$ (1,355% p/ o 4º mês)

3. Um investidor aplica um Capital em certa data e resgata $ 319.247,70 ao final de 3 meses. As taxas de juros mensais do período da operação são variáveis, atingindo os seguintes percentuais ao final de cada um dos meses: – 0,54%, 1,29% e 1,77%.

Pede-se calcular o valor do Capital (PV) aplicado.

Solução:

Pela expressão de cálculo do FV apresentada anteriormente, pode-se deduzir o valor de PV, ou seja:

$$FV = PV \times (1 + i_1) \times (1 + i_2) \times (1 + i_3) \times \ldots \ldots (1 + i_n),$$

$$PV = \frac{FV}{(1 + i_1) \times (1 + i_2) \times (1 + i_3) \times \ldots \ldots (1 + i_n)}$$

$$PV = \frac{\$ 319.247,70}{(1 - 0,0054) \times (1 + 0,0129) \times (1 + 0,0177)} = \$ 311.381,62$$

3.3 Taxa nominal e taxa efetiva

A *taxa efetiva* de juros é a taxa dos juros apurada durante todo o prazo n, sendo formada exponencialmente através dos períodos de capitalização. Ou seja, taxa efetiva é o processo de formação dos juros pelo regime de juros compostos ao longo dos períodos de capitalização. É obtida pela seguinte expressão:

$$\text{Taxa Efetiva } (i_f) = (1 + i)^q - 1$$

onde q representa o número de períodos de capitalização dos juros.

Por exemplo, uma taxa de 3,8% ao mês determina um montante efetivo de juros de 56,45% ao ano, ou seja:

$i_f = (1 + 0,038)^{12} - 1 = 56,44\%$ a.a.

Quando se diz, por outro lado, que uma taxa de juros é *nominal*, geralmente é admitido que o prazo de capitalização dos juros (ou seja, período de formação e incorporação dos juros ao principal) não é o mesmo daquele definido para a taxa de juros.

Seja a taxa nominal de juros de 36% ao ano capitalizada mensalmente. Os prazos não são coincidentes. O prazo de capitalização é de um *mês* e o prazo a que se refere a taxa de juros igual a um *ano* (12 meses).

Assim, 36% ao ano representa uma taxa nominal de juros, expressa para um período inteiro, a qual deve ser atribuída ao período de capitalização.

Quando se trata de taxa nominal é comum admitir-se que a capitalização ocorre por juros proporcionais simples. Assim, no exemplo, a taxa por período de capitalização é de 36%/12 = 3% ao mês (taxa proporcional ou linear).

Ao se capitalizar esta taxa nominal, apura-se uma taxa efetiva de juros superior àquela declarada para a operação. Baseando-se nos dados do exemplo ilustrativo anterior, tem-se:

- Taxa nominal da operação para o período = 36% ao ano;
- Taxa proporcional simples (taxa definida para o período de capitalização) = 3% ao mês;
- Taxa efetiva de juros: $i_f = \left(1 + \dfrac{0,36}{12}\right)^{12} - 1 = 42,6\%$ ao ano.

Observe que a taxa nominal não revela a efetiva taxa de juros de uma operação. Ao dizer que os juros anuais são de 36%, mas capitalizados mensalmente, apura-se que a efetiva taxa de juros atinge 42,6% ao ano.

Para que 36% ao ano fosse considerada a taxa efetiva, a formação mensal dos juros deveria ser feita a partir da taxa equivalente composta, ou seja:

$$\text{Taxa Equivalente Mensal de 36\% a.a.} \quad \left\{ i_q = \sqrt[q]{1 + i} - 1 \right.$$

$$i_{12} = \sqrt[12]{1 + 0,36} - 1 = \sqrt[12]{1,36} - 1 = 2,6\% \text{ a.m.}$$

Ao se capitalizar exponencialmente esta taxa de juros equivalente mensal chega-se, evidentemente, aos 36% ao ano:

$$\text{Taxa Efetiva Anual} \left\{ \begin{array}{l} i_f = (1 + 0,026)^{12} - 1 \\ i_f = (1,026)^{12} - 1 = 36\% \text{ ao ano} \end{array} \right.$$

Convenciona-se neste livro que, quando houver mais de um período de capitalização e não houver uma menção explícita de que se trata de uma taxa efetiva, a atribuição dos juros a estes períodos deve ser processada através da taxa proporcional. Por outro lado, quando os prazos forem coincidentes (prazo da taxa e o de formação dos juros), a representação da taxa de juros é abreviada. A expressão única "10% a.a." indica que os juros são também capitalizados em termos anuais.

Muitas vezes, ainda, o mercado define, para uma mesma operação, expressões diferentes de juros em termos de sua forma de capitalização. O custo efetivo de 4,2% ao mês cobrado por um banco pode ser equivalentemente definido em 4,12% ao mês para o mesmo período, ou seja:

$$\sqrt[30]{1,042} - 1 = 0,137234\% \text{ ao dia}$$

$$\underline{\times 30}$$
$$4,12\% \text{ ao mês}$$

A taxa de 4,12% a.m. é nominal (linear) e equivalente à efetiva de 4,2% a.m.

Os exemplos desenvolvidos a seguir visam promover um melhor entendimento do conceito e do cálculo das taxas nominais e efetivas de juros.

Exemplos:

1. Um empréstimo no valor de $ 11.000,00 é efetuado pelo prazo de um ano à taxa nominal (linear) de juros de 32% ao ano, capitalizados trimestralmente. Pede-se determinar o montante e o custo efetivo do empréstimo.
   Solução:
   Admitindo, de acordo com a convenção adotada, que a taxa de juros pelo período de capitalização seja a proporcional simples, tem-se:
   - Taxa nominal (linear) $i = 32\%$ a.a.
   - Descapitalização proporcional $i = 32\%/4$
     $$i = 8\% \text{ a.t.}$$
   - Montante do empréstimo:
     $$FV = PV \times (1 + i)^4$$
     $$FV = 11.000,00 \times (1,08)^4 \rightarrow FV = \$\ 14.965,40$$
   - Taxa Efetiva: $i_f = (1 + 0,08)^4 - 1$
     $$i_f = (1,08)^4 - 1$$
     $$i_f = 36,0\% \text{ a.a.}$$

2. A Caderneta de Poupança paga juros anuais de 6% com capitalização mensal à base de 0,5% (taxa proporcional: 6% a.a. / 12 meses). Calcule a rentabilidade efetiva desta aplicação financeira.
   Solução:

   Taxa Efetiva: $i_f = \left(1 + \dfrac{i}{q}\right)^q - 1$

   $$i_f = \left(1 + \frac{0,06}{12}\right)^{12} - 1$$
   $$i_f = (1 + 0,005)^{12} - 1$$
   $$i_f = 6,17\% \text{ a.a.}$$

3. Sendo de 24% a.a. a taxa nominal de juros cobrada por uma instituição, calcule o custo efetivo anual, admitindo que o período de capitalização dos juros seja:
   a) mensal;
   b) trimestral;
   c) semestral.
   Solução:

   a) Custo efetivo $(i_f) = \left(1 + \dfrac{0,24}{12}\right)^{12} - 1 = 26,82\%$ a.a.

   b) Custo efetivo $(i_f) = \left(1 + \dfrac{0,24}{4}\right)^{4} - 1 = 26,25\%$ a.a.

46 | C A P Í T U L O 3

c) Custo efetivo $(i_f) = \left(1 + \dfrac{0,24}{2}\right)^2 - 1 = 25,44\%$ a.a.

4. Uma aplicação financeira promete pagar 42% ao ano de juros. Sendo de 1 mês o prazo da aplicação, pede-se determinar a sua rentabilidade efetiva considerando os juros de 42% a.a. como:

a) taxa efetiva;

b) taxa nominal.

Solução:

a) *Taxa efetiva*: a rentabilidade mensal é a taxa equivalente composta de 42% a.a.

$$i_q = \sqrt[12]{1 + 0,42} - 1$$

$$i_q = \sqrt[12]{1,42} - 1 = 2,97\% \text{ a.m.}$$

Capitalizando-se exponencialmente os juros de 2,97% ao mês, chega-se, evidentemente, à taxa efetiva anual de 42%, isto é:

$(1 + 0,0297)^{12} - 1 = $ **42% ao ano**.

b) *Taxa nominal*: a rentabilidade mensal de 42% a.a. é definida pela taxa proporcional simples, isto é:

$$i = \dfrac{42\%}{12} = 3,5\% \text{ a.m.}$$

Ao se capitalizar exponencialmente esta taxa para o prazo de um ano, chega-se a um resultado efetivo superior à taxa nominal dada de 42% a.a.:

$i_f = (1 + 0,035)^{12} - 1 = 51,1\%$ a.a.

Logo, 51,1% é a taxa efetiva anual da operação, sendo de 42% a taxa declarada (nominal).

3.3.1 Conversão de taxa efetiva em nominal

Muitas vezes, o mercado financeiro define, para uma mesma operação, expressões diferentes de juros em termos de sua forma de capitalização. *Por exemplo*, uma linha de crédito de cheque especial costuma ser definida, na prática, tanto por taxa efetiva como por taxa nominal (linear). Nestas condições, para a comparabilidade dos custos é essencial que se referenciem as taxas segundo um mesmo critério de apuração dos juros.

Admita que o custo do crédito pessoal do banco A corresponda a uma taxa efetiva de 4,2% ao mês. Por outro lado, o banco B diz que está cobrando uma taxa nominal de somente 4,12% ao mês (30 dias corridos). Os juros da operação são calculados diariamente sobre o saldo devedor da conta-corrente.

Em verdade, os custos das instituições são equivalentes, produzindo a mesma taxa efetiva, ou seja:

$$\text{Banco A} \begin{cases} \bullet \quad \textit{Taxa efetiva:} & : 4{,}2\% \text{ a.m.} \\ \bullet \quad \text{Conversão em taxa nominal:} \\ \quad \sqrt[30]{1 + 0{,}042} - 1 = 0{,}137234\% \text{ ao dia} \times 30: & : 4{,}12\% \text{ a.m.} \end{cases}$$

$$\text{Banco B} \begin{cases} \bullet \quad \text{Conversão em taxa efetiva:} \\ \quad \dfrac{4{,}12}{30} = 0{,}137333\% \text{ ao dia} \\ \quad (1 + 0{,}00137333)^{30} - 1: & : 4{,}2\% \text{ a.m.} \\ \bullet \quad \textit{Taxa nominal:} & : 4{,}12\% \text{ a.m.} \end{cases}$$

Outro *exemplo ilustrativo* visa melhor compreender o processo de conversão das taxas de juros.

Transformar a taxa efetiva de 48% ao ano em taxa nominal com capitalização mensal:

Solução:

$$\sqrt[12]{1 + 0{,}48} - 1 = 3{,}3210\% \text{ a.m.}$$

$$\underline{\times 12}$$
$$39{,}852\% \text{ a.a.}$$

3.3.2 Taxa efetiva e número de períodos de capitalização

À medida que o número de períodos de capitalização de uma taxa nominal de juros aumenta, a taxa efetiva também se eleva. Em outras palavras, quanto maior a frequência de capitalização de uma mesma taxa nominal, mais alto é o rendimento acumulado.

Para *ilustrar*, admita uma taxa nominal de 18% ao ano. A tabela a seguir apresenta a taxa efetiva anual para diferentes períodos de capitalização.

Período de capitalização	Número de períodos	Taxa efetiva anual
Anual	1	18,0%
Semestral	2	18,81%
Quadrimestral	3	19,10%
Trimestral	4	19,25%
Mensal	12	19,56%
Diário	360	19,72%

Observe que a taxa efetiva anual cresce conforme aumenta o número de períodos de incidência dos juros, produzindo um valor futuro maior.

Para uma mesma taxa nominal, pode-se concluir que maior número de períodos de capitalização é mais interessante aos aplicadores de recursos, pois produz maior rendimento

48 CAPÍTULO 3

acumulado efetivo. Para os tomadores de empréstimos, ao contrário, uma maior frequência na capitalização dos juros eleva o custo efetivo da operação.

3.4 Fracionamento do prazo e equivalência financeira em juros compostos

Muitos conceitos desenvolvidos para juros simples permanecem válidos em juros compostos, alterando-se unicamente suas expressões de cálculo. *Por exemplo*, apuração do valor presente e valor futuro. Outros enunciados, no entanto, apesar de manterem a mesma linha de raciocínio, assumem algumas propriedades diferenciadoras no regime composto, necessitando de um tratamento específico. Assim, podem ser considerados os aspectos referentes ao fracionamento dos prazos de juros e à formulação da equivalência financeira.

Ao contrário do que ocorre em juros simples, o prazo de uma operação pode ser fracionado (desmembrado) no regime de juros compostos sem que isso leve a alterar os resultados de valor presente e valor futuro calculados.

Basicamente, esta propriedade pode ser explicada pelo produto de potências, conforme exposto no Apêndice B. Sendo $n = n_1 + n_2$, tem-se:

$$FV = PV \times (1 + i)^n$$

ou:

$$FV = PV \, (1 + i)^{n_1} \times (1 + i)^{n_2} = PV \times (1 + i)^{n_1 + n_2} = PV \times (1 + i)^n$$

O prazo do expoente (prazo n) pode ser fracionado de forma que a soma dos subperíodos seja igual ao período inteiro.

Por exemplo, calcular o montante de um capital de $ 30.000,00 aplicados a 14% ao ano, pelo prazo de um ano, tendo os seguintes períodos de capitalização:

$n = 12$ meses: $FV = 30.000,00 \times (1,14)$
    $= \$ \ 34.200,00$

$n = \ 6$ meses: $FV = 30.000,00 \times (1,14)^{1/2} \times (1,14)^{1/2}$
    $= \$ \ 34.200,00$

$n = \ 4$ meses: $FV = 30.000,00 \times (1,14)^{1/3} \times (1,14)^{1/3} \times (1,14)^{1/3}$
    $= \$ \ 34.200,00$

e assim por diante.

Para cada período de capitalização pode-se também utilizar a respectiva taxa equivalente composta, ao invés de se trabalhar com expoentes fracionários, isto é:

- $n = 12$ meses $i = 14\%$ a.a.

  $FV = 30.000,00 \times (1,14) = \mathbf{\$ \ 34.200,00}$

- $n = 6$ meses $i_q = \sqrt{1,14} - 1 = 6,77\%$ a.s.

  $FV = 30.000,00 \times (1,0677)^2 = \mathbf{\$ \ 34.200,00}$

- $n = 4$ meses $\quad i_q = \sqrt[3]{1{,}14} - 1 = 4{,}46\%$ a.q.

  $FV = 30.000{,}00 \times (1{,}0446)^3 = \mathbf{\$\ 34.200{,}00}$

Sabe-se que a equivalência financeira se verifica quando dois ou mais capitais produzem o mesmo resultado se expressos em certa data comum de comparação a uma mesma taxa de juros.

Em juros compostos, ao contrário do verificado no regime linear, a equivalência de capitais pode ser definida para qualquer data focal. A capacidade de desmembramento do prazo descrita há pouco determina que a equivalência independe da data de comparação escolhida.

Ilustrativamente, admita o mesmo exemplo desenvolvido no item 2.5 do capítulo anterior e descrito no gráfico a seguir. A taxa de juros considerada é de 2% a.m.

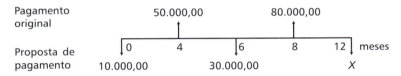

A situação trata, em essência, da substituição de um conjunto de compromissos financeiros por outro equivalente, devendo-se determinar o valor do pagamento no mês 12. Este pagamento deve ser tal que o valor da proposta expressa em certa data focal seja exatamente igual ao valor do plano original expresso no mesmo momento.

Admitindo-se que a data de comparação escolhida seja o momento atual (data zero), tem-se:

- **DATA FOCAL = 0**

  $$\frac{50.000{,}00}{(1+0{,}02)^4} + \frac{80.000{,}00}{(1+0{,}02)^8} = 10.000{,}00 + \frac{30.000{,}00}{(1+0{,}02)^6} + \frac{X}{(1+0{,}02)^{12}}$$

  $46.192{,}27 + 68.279{,}23 = 10.000{,}00 + 26.639{,}14 + \dfrac{X}{1{,}2682}$

  $114.471{,}50 = 36.639{,}14 + 0{,}7885\ X$

  $0{,}7885\ X = 77.832{,}36$

  $X = \$\ 98.710{,}25$

Definindo-se no mês 12 outra data focal para o cálculo do pagamento:

- **DATA FOCAL = 12**

  $50.000{,}00 \times (1+0{,}02)^8 + 80.000{,}00 \times (1+0{,}02)^4 = 10.000{,}00 \times (1+0{,}02)^{12} + 30.000{,}00 \times (1+0{,}02)^6 + X$

  $58.582{,}97 + 86.594{,}57 = 12.682{,}42 + 33.784{,}87 + X$

  $145.177{,}54 = 46.467{,}29 + X$

  $X = \$\ 98.710{,}25$

O saldo a pagar não se altera com a data focal. Em juros compostos, a equivalência financeira independe do momento tomado como comparação.

Exemplos:

1. Uma empresa deve $ 180.000,00 a um banco, sendo o vencimento definido em 3 meses contados de hoje. Prevendo dificuldades de caixa no período, a empresa negocia com o banco a substituição deste compromisso por dois outros de valores iguais nos meses 5 e 6 contados de hoje. Sendo de 3,6% ao mês a taxa de juros, pede-se calcular o valor dos pagamentos propostos sendo a data focal:
   a) hoje;
   b) de hoje a 3 meses;
   c) de hoje a 5 meses.

Solução:

Graficamente:

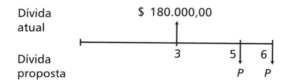

a) **DATA FOCAL = hoje**

$$\frac{180.000,00}{(1,036)^2} = \frac{P}{(1,036)^5} + \frac{P}{(1,036)^6}$$

$161.880,00 = 0,837917 \times P + 0,808801 \times P$

$161.880,00 = 1,646718 \times P$

$P = \dfrac{161.880,00}{1,646718} = \$\ 98.304,64$

b) **DATA FOCAL no 3º mês**

$$180.000,00 = \frac{P}{(1,036)^2} + \frac{P}{(1,036)^3}$$

$180.000,00 = 0,931709 \times P + 0,899333 \times P$

$1,831042 \times P = 180.000,00$

$P = \dfrac{180.000,00}{1,831042} = \$\ 98.304,64$

c) **DATA FOCAL no 5º mês**

$$180.000,00 \times (1,036)^2 = P + \frac{P}{(1,036)}$$

$193.193,30 = P + 0,965251 \times P$

$1,965251 \times P = 193.193,30$

$$P = \frac{193.193,30}{1,965251} = \$ 98.304,64$$

2. Um título vence daqui a 4 meses apresentando um valor nominal (resgate) de $ 407.164,90. É proposta a troca deste título por outro de valor nominal de $ 480.000,00 vencível daqui a 8 meses. Sendo de 5% ao mês a rentabilidade exigida pelo aplicador, pede-se avaliar se a troca é vantajosa.

Solução:
Graficamente, a operação é representada:

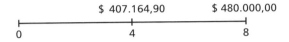

Com o intuito de promover um entendimento mais profundo de equivalência, este problema será solucionado de diferentes maneiras:

Rentabilidade

Inicialmente, calcula-se a rentabilidade esperada da proposta comparando-a com a taxa mínima exigida pelo aplicador.

Se a taxa calculada superar o percentual mínimo exigido, a proposta é classificada como atraente. Em caso contrário, a decisão é de rejeição.

$PV = \$ 407.164,90$

$FV = \$ 480.000,00$

$n = 4$ meses

$FV = PV (1 + i)^n$

$480.000,00 = 407.164,90 (1 + i)^4$

$$\frac{480.000,00}{407.164,90} = (1 + i)^4$$

$1,178884 = (1 + i)^4$

$\sqrt[4]{1,178884} = \sqrt[4]{(1 + i)^4}$

$1,042 = 1 + i$

$i = 0,042$ ou 4,2% a.m.

A proposta não é vantajosa, pois oferece uma rentabilidade (4,2% a.m.) inferior à taxa mínima exigida pelo aplicador (5% a.m.).

Valor Presente

Uma maneira simples de resolver o problema é calcular o valor presente do título que vence em 8 meses no momento do vencimento do outro título à taxa de atratividade do investidor, isto é:

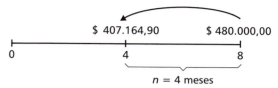

$$PV = \frac{480.000,00}{(1,05)^4} = \$ 394.897,20$$

Verifica-se que o *PV* é menor que os $ 407.164,90 do título proposto, indicando que a rentabilidade oferecida no intervalo de tempo $n = 4$ a $n = 8$ é inferior a 5% ao mês (taxa exigida pelo investidor). Portanto, o critério do *PV* (valor presente) ratifica o desinteresse pela substituição dos títulos.

O valor presente também poderia ser calculado na data focal zero (ou em qualquer outra data de comparação), mantendo-se as mesmas conclusões a respeito da desvantagem na troca. É sugerido ao leitor que faça a comparação em outras datas focais.

3.5 Convenção linear e convenção exponencial para períodos não inteiros

Em algumas operações financeiras, o prazo não é um número inteiro em relação ao prazo definido para a taxa. Taxa de juros de 18% ao ano e prazo da operação de 1 ano e 7 meses. Sendo anual o período de capitalização dos juros, o prazo inteiro é *1 ano* e o fracionário *7 meses*.

Ao se adotar rigorosamente o conceito de capitalização descontínua, conforme definida no primeiro capítulo (item 1.7), não poderia haver a incorrência de juros no intervalo de tempo fracionário, somente ao final de um período completo.

Como na prática é muito raro a não formação dos juros (e incorporação ao principal) em intervalos de tempo inferiores a um período inteiro, passa-se a adotar duas convenções para solucionar estes casos: *linear* e *exponencial*.

3.5.1 Convenção linear

A convenção linear admite a formação de juros compostos para a parte inteira do prazo e de juros simples para a parte fracionária. Esta convenção é, em essência, uma mistura dos regimes composto e linear, adotando fórmulas de juros compostos na parte inteira do período e uma formação de juros simples na parte fracionária.

A expressão de cálculo do montante na convenção linear é a seguinte:

$$FV = PV(1+i)^n \times \left(1 + i \times \frac{m}{k}\right)$$

sendo: m/k = parte fracionária do prazo.

Por exemplo, seja o capital de $ 100.000,00 emprestado à taxa de 18% ao ano pelo prazo de 4 anos e 9 meses. Calcular o montante deste empréstimo pela convenção linear.

Solução:

PV = $ 100.000,00

n (inteiro) = 4 anos

$\dfrac{m}{c}$ (fracionário) = $\dfrac{9}{12}$

i = 18% ao ano

FV = ?

$FV = PV \times (1 + i)^n \times \left(1 + i \times \dfrac{m}{n} \right)$

$FV = 100.000,00 \times (1 + 0,18)^4 \times \left(1 + 0,18 \times \dfrac{9}{12} \right)$

$FV = 100.000,00 \times 1,938778 \times 1,135$

$FV = $ 220.051,30

Deve ser registrado que o uso deste critério de formação dos juros na prática é bastante reduzido. A ampla maioria das operações financeiras adota a convenção exponencial para todo o intervalo de tempo (inteiro e fracionário).

3.5.2 Convenção exponencial

A convenção exponencial adota o mesmo regime de capitalização para todo o período. Ou seja, utiliza capitalização composta tanto para a parte *inteira* como para a *fracionária*.

Esta convenção é mais generalizadamente usada na prática, sendo considerada tecnicamente mais correta por empregar somente juros compostos e taxas equivalentes para os períodos não inteiros.

A expressão básica de cálculo é a seguinte:

$$FV = PV \, (1 + i)^{n + m/k}$$

Utilizando-se os dados do *exemplo anterior*, calcula-se o montante:

$FV = 100.000,00 \times (1 + 0,18)^{4 + 9/12}$

$FV = 100.000,00 \times (1,18)^{4 + 0,75}$

$FV = 100.000,00 \times (1,18)^{4,75} = $ 219.502,50

O procedimento é o mesmo ao se determinar a taxa equivalente mensal de 18% ao ano e capitalizá-la para os 57 meses (4 anos e 9 meses):

$i = 18\%$ a.a.

$i_q = \sqrt[12]{1,18} - 1 = 1,388843\%$ a.m.

$FV = 100.000,00 \times (1 + 0,01388843)^{57}$

$FV = \$ 219.502,50$

Observe que existe uma diferença entre os montantes apurados:

FV (Conv. Linear)	=	$\$ 220.051,30$
FV (Conv. Exponencial)	=	$\underline{\$ 219.502,50}$
Diferença	=	$\$ \quad \mathbf{548,80}$

Isto se deve, conforme foi explicado, à formação de juros simples no prazo fracionário da convenção linear.

Apesar de não parecer grande (apenas $\$ 548,80$ ou 0,25% em relação ao montante apurado na convenção exponencial), em outras situações, principalmente de maiores expressões numéricas, a diferença pode ser relevante.

Exemplo:

1. Uma pessoa aplicou um capital pelo prazo de 2 anos e 5 meses à taxa de 18% ao ano. Determine o valor da aplicação sabendo-se que o montante produzido ao final do período atinge $\$ 24.800,00$. Resolver o problema utilizando as convenções linear e exponencial.
   Solução:
   $FV = \$ 24.800,00$
   n = 2 anos e 5 meses
   i = 18% ao ano.

   Convenção Linear

   $$FV = PV\,(1 + i)^n \times \left(1 + i \times \frac{m}{k} \right)$$

   $$24.800,00 = PV \times (1,18)^2 \times \left(1 + 0,18 \times \frac{5}{12} \right)$$

   $$24.800,00 = PV \times 1,3924 \times 1,075$$

   $$PV = \frac{24.800,00}{1,3924 \times 1,075} = \frac{24.800,00}{1,496830}$$

   $$PV = \mathbf{\$ 16.568,35}$$

   Convenção Exponencial

   $FV = PV \times (1 + i)^{n + m/k}$

   $24.800,00 = PV \times (1,18)^{2 + 5/12}$

   $24.800,00 = PV \times (1,18)^{2,4166}$

   $$PV = \frac{24.800,00}{(1,18)^{2,4166}} = \$ 16.624,05$$

3.6 Introdução à taxa interna de retorno (*IRR*)

O conceito de *taxa interna de retorno*, representada por *IRR*[2], apresenta inúmeras aplicações práticas, constituindo-se num dos mais importantes instrumentos de avaliação da Matemática Financeira. É relevante notar que a *IRR* é utilizada não somente para calcular a taxa de retorno (rentabilidade) de uma aplicação, como também para determinar o custo de um empréstimo/financiamento. Por este uso mais amplo, talvez fosse melhor denominá-la de *taxa interna de juros*, em vez de retorno.

Conceitualmente, a taxa interna de retorno é a taxa de juros que iguala, numa única data, os fluxos de entrada e saída de caixa produzidos por uma operação financeira (aplicação ou captação). Em outras palavras, é a taxa de juros que, se utilizada para descontar um fluxo de caixa, produz um resultado nulo. Na formulação de juros compostos apresentada, a taxa interna de retorno é o *i* da expressão de cálculo.

Por exemplo, admita uma aplicação de $ 360.000,00 que produz montante de $ 387.680,60 ao final de 3 meses. A taxa de juros que iguala a entrada de caixa (resgate da aplicação) no mês 3 com a saída de caixa (aplicação financeira) de $ 360.000,00 na data zero constitui-se, efetivamente, na *IRR* da operação, ou seja, em sua rentabilidade.

Graficamente:

$$FV = \$\ 387.680,60$$

$$3\ meses\ (n)$$

$$PV = \$\ 360.000,00$$

Sendo:

$$FV = PV\,(1 + i)^n$$

tem-se:

$$387.680,60 = 360.000,00 \times (1 + i)^3$$

$$\frac{387.680,60}{360.000,00} = (1 + i)^3$$

$$1,076891 = (1 + i)^3$$

$$\sqrt[3]{(1 + i)^3} = \sqrt[3]{1,076891}$$

$$1 + i = 1,025$$

$$i = 2,5\%\ \text{a.m.}$$

Observe que, pela equivalência de capitais em juros compostos, a taxa de 2,5% iguala o fluxo de caixa em qualquer data focal. Por conveniência é que se adota, na maioria das vezes, a data zero como a de comparação dos valores. Logo, 2,5% a.m. é a taxa interna de retorno

---

[2] *IRR: Internal Rate of Return.*

da aplicação realizada, pois iguala, em qualquer momento do horizonte de tempo, o capital de $ 360.000,00 com o montante de $ 387.680,60 produzido após três meses.

Para ilustrar, admita as seguintes datas de comparação:

DATA FOCAL ATUAL (MÊS 0)
$360.000,00 = 387.680,60 \times (1 + i)^3$
$IRR\ (i) = 2,5\%$ a.m.

DATA FOCAL MÊS 3
$360.000,00 \times (1 + i)^3 = 387.680,60$
$IRR\ (i) = 2,5\%$ a.m.

DATA FOCAL MÊS 5
$360.000,00 \times (1,025)^5 = 387.680,60 \times (1,025)^2$
e assim por diante.

Exemplo: *IRR – Taxa de Juros que Iguala Entradas com Saídas de Caixa num Único Momento*

Admita um investimento de $ 100,0 mi que promete os seguintes fluxos de benefícios de caixa:

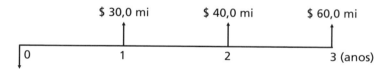

A taxa de retorno equivalente deste fluxo de caixa é medida pela *IRR*, ou seja, a taxa de juros que iguala, em determinado momento, as entradas com as saídas de caixa. Aplicando-se a fórmula de cálculo, tem-se:

$100,0 = 30,0 / (1 + i) + 40,0 / (1 + i)^2 + 60,0 / (1 + i)^3$

Calculando a taxa *i* com o auxílio de uma calculadora financeira, chega-se a:
$IRR\ (i) = 12,71\%$ a.a.

Ao se apurar o Valor Presente (*PV*) dos fluxos de entrada de caixa descontados pela *IRR* calculada, chega-se exatamente ao valor do capital investido ($ 100,0 mi), ou seja:
$PV = 30,0 / (1,1271) + 40,0 / (1,1271)^2 + 60,0 / (1,1271)^3 =$ **$ 100,0 mi**

Comprova-se assim o conceito apresentado de *taxa interna de retorno*, como a taxa de juros que iguala o valor presente dos fluxos de caixa num único momento.

O Capítulo 8 dedica-se mais pormenorizadamente ao estudo do método da taxa interna de retorno e de suas aplicações na Matemática Financeira e na análise de investimentos.

Exemplos:

1. Para um empréstimo de $ 11.500,00, um banco exige o pagamento de duas prestações mensais e consecutivas de $ 6.000,00 cada. Determine o custo mensal da operação.

Solução:

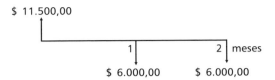

O custo do empréstimo é a taxa de juros que iguala, numa mesma data, os valores do fluxo de caixa. **Para uma data focal = zero**:

$$11.500,00 = \frac{6.000,00}{(1+i)} + \frac{6.000,00}{(1+i)^2}$$

Com o auxílio de uma calculadora financeira, chega-se a um custo de:
$i = 2,885\%$ ao mês, que representa a taxa interna de retorno (IRR) da operação.
Corroborando, ao se calcular o PV dos pagamentos mensais a 2,885% a.m., apura-se um resultado exatamente igual a $ 11.500,00, anulando o fluxo de caixa:

$$PV = \left(\frac{6.000,00}{(1,02885)} + \frac{6.000,00}{(1,02885)^2} \right) - 11.500,00$$

$PV = (5.831,75 + 5.668,25) - 11.500,00$
$PV = 11.500,00 - 11.500,00 = 0$

2. Um imóvel no valor de $ 470.000 é vendido nas seguintes condições:
   - Entrada de $ 190.000;
   - 2 parcelas mensais, iguais e sucessivas de $ 96.000;
   - 1 parcela ao final do 5º mês de $ 180.000.

   Determine a taxa de juros (% ao mês) embutida no financiamento do imóvel.

   Solução:
   Representação da venda do imóvel no fluxo de caixa:

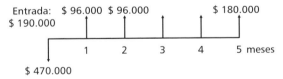

A taxa de juro embutida no financiamento (taxa interna de retorno do fluxo de caixa) é a taxa de desconto que iguala o valor presente dos pagamentos ao valor do imóvel no momento zero. Assim:

$$(470.000 - 190.000) = \frac{96.000}{(1+i)} + \frac{96.000}{(1+i)^2} + \frac{180.000}{(1+i)^5}$$

Calculando com o auxílio de uma calculadora financeira, tem-se:

Taxa Interna de Retorno (i) = 9,78% a.m.

58 CAPÍTULO 3

Esta é a taxa de juro mensal cobrado no financiamento do imóvel. Observe que o valor presente dos pagamentos pela taxa de retorno calculada é igual ao valor líquido do financiamento, ou seja:

$$(470.000 - 190.000) = \frac{96.000}{1,0978} + \frac{96.000}{1,0978^2} + \frac{180.000}{1,0978^5}$$

$$280.000 = 280.000$$

3.7 Capitalização contínua

O capítulo tratou das taxas de juros, ocorrendo, de forma *finita e discreta*, ao final de cada período, conforme é mais usual nas operações que envolvem Matemática Financeira. Foram apresentadas diversas situações em que os juros são capitalizados a cada período, com frequência cada vez maior, como anual, semestral, trimestral, mensal, diária etc.

Nesta sequência, pode-se ainda prever uma forma de capitalização infinitamente grande, que ocorre a cada instante infinitesimal, conhecida por **capitalização contínua**. O tempo sempre tende ao infinito; por exemplo, 1 mês pode ser dividido em semanas, em dias, em horas e minutos, e assim por diante.

Neste critério, os juros ocorrem de forma contínua, em intervalos bastante reduzidos (infinitesimais). A formulação da capitalização contínua apresenta-se da forma seguinte:

$$FV = PV \times e^{i \times n}$$

onde:

e^3 = número constante, base dos logaritmos neperianos ($e = 2,7182818284...$). A constante e é um número irracional com infinitas casas decimais;

i = taxa de juro periódica, conhecida por *taxa instantânea*.

Por exemplo, admita uma aplicação de $ 1.000,00 por 2 anos, à taxa de 10% com capitalização contínua. Qual o montante apurado ao final desse período com capitalização contínua e nas condições de capitalização discreta de juros compostos?

Solução:

- *Capitalização contínua*
  $FV = PV \times e^{i \times n}$
  $FV = \$ 1.000,00 \times 2,7182^{0,10 \times 2}$
  $FV = \$ 1.000,00 \times 2,7182^{0,20}$
  $FV = \$ 1.221,40$
- *Juros compostos (capitalização discreta)*
  $FV = PV \times (1 + i)^n$
  $FV = \$ 1.000,00 \times (1,10)^2$
  $FV = \$ 1.210,00$

---

[3] Constante de Euler, conforme proposta pelo matemático suíço Leonhard Euler no século XVII.

A capitalização contínua produz um resultado final maior que o calculado pelas condições de juros compostos. A taxa capitalizada de forma contínua equivale a uma taxa de juros compostos com capitalização discreta anual de 10,5%: [\$ 1.221,4/\$ 1.000,00]$^{1/2}$ – 1, tornando indiferente as duas formas de capitalização.

As aplicações práticas de capitalização contínua são restritas a certas operações em que os fluxos de caixa encontram-se de forma uniforme distribuídos no tempo. **Alguns exemplos**: receitas de vendas de um supermercado, depreciações de ativos fixos, formação do preço de venda, rentabilidade de um título cotado no mercado etc.

Da mesma forma, uma carteira formada por inúmeras ações paga rendimentos em intervalos bastante curtos de tempo. Uma carteira mais diversificada, com ações e títulos de renda fixa, oferece ganhos de juros e dividendos praticamente todos os dias. Estes valores reaplicados oferecem retornos capitalizados com grande frequência, sendo também recomendado o uso das formulações de capitalização contínua.

Exemplo Ilustrativo 1

Determine o montante produzido por um capital inicial de \$ 70.00,00, aplicado por 15 meses, à taxa de juros de 1,5% a.m., nos regimes de capitalização descontínua (finita) e contínua.

Solução:
- *Capitalização descontínua*
  $FV = PV \times (1 + i)^n$
  $FV = 70.000,00 \times (1,015)^{15}$
  $FV = \$ 87.516,24$
- *Capitalização contínua*
  $FV = PV \times e^{I \times n}$
  $FV = 70.000,00 \times e^{0,015 \times 15}$
  $FV = 70.000,00 \times 2,718281^{0,015 \times 15}$
  $FV = \$ 87.662,59$

Taxa Contínua (*I*)

Conforme explicado, na capitalização contínua supõe-se que as variações do tempo (variável *n*) sejam mínimas (infinitesimais), assumindo uma capitalização instantânea.

No caso da capitalização descontínua, tem-se:

$$FV = PV \times (1 + i)^n$$

Para a capitalização contínua:

$$FV = PV \times e^{I \times n}$$

Igualando-se:

$$PV \times (1 + i)^n = PV \times e^{I \times n}$$
$$(1 + i)^n = e^{I \times n}$$

60 CAPÍTULO 3

$$1 + i = e^I$$

$$I = ln\,(1 + i)$$

Por exemplo, uma taxa de 2,2% a.m., no regime de capitalização descontínua, equivale, na capitalização contínua, à taxa de:

$$I = ln\,(1,022) = 2,176\%\ a.m.\ (0,02176)$$

Usando a Calculadora Financeira HP 12C, tem-se: 1,022 $g\ LN$ = 0,02176

As duas taxas (i = 2,2% a.m. e I = 2,176% a.m.) são equivalentes, produzindo em cada regime de capitalização o mesmo montante. Assim, para um capital de $ 5.000,00 aplicado por 2 meses, tem-se:

Descontínua $\rightarrow$ $FV = 5.000,00 \times (1,022)^2$

$FV = \$\ 5.222,40$

Contínua $\rightarrow$ $FV = 5.000,00 \times e^{0,02176 \times 2}$

$FV = \$\ 5.222,40$

Exemplo Ilustrativo 2

Sendo 4,5% a valorização de uma ação em determinado mês, apure a taxa de juro instantânea.

Solução:

$$I = ln\,(1,045)$$

$$I = 4,40\%\ a.m.$$

Crescimento do Capital – Tanto a capitalização contínua como a descontínua crescem segundo uma progressão geométrica, porém com razões diferentes. A taxa de crescimento da capitalização contínua é maior, determinando um crescimento mais rápido do capital.

Exercícios resolvidos

1. Calcule o montante de uma aplicação financeira de $ 80.000,00 admitindo-se os seguintes prazos e taxas:

    a) i = 5,5% a.m. $\qquad$ n = 2 anos;

    b) i = 9% ao bimestre $\qquad$ n = 1 ano e 8 meses;

    c) i = 12% a.a. $\qquad$ n = 108 meses.

    Solução:

    a) i $\quad$ = 5,5% a.m.

    $\quad n$ $\quad$ = 24 meses

    $\quad FV$ = $PV \times (1 + i)^n$

    $\quad FV$ = $80.000,00 \times (1 + 0,055)^{24}$

    $\quad FV$ = $80.000,00 \times (1,055)^{24}$

JUROS COMPOSTOS 61

$FV = 80.000,00 \times 3,614590$
$FV = \$ 289.167,20$

b) $i = 9\%$ ao bimestre

$n = 1$ ano e 8 meses; 20 meses; 10 bimestres

$FV = 80.000,00 \times (1 + 0,09)^{10}$

$FV = 80.000,00 \times (1,09)^{10}$

$FV = 80.000,00 \times 2,367364$

$FV = \$ 189.389,10$

c) $i = 12\%$ a.a.

$n = 108$ meses; 9 anos

$FV = 80.000,00 \times (1 + 0,12)^{9}$

$FV = 80.000,00 \times (1,12)^{9}$

$FV = 80.000,00 \times 2,773079$

$FV = \$ 221.846,30$

SOLUÇÃO NA HP 12C

	TECLAS	VISOR	SIGNIFICADO
	f FIN f REG	0,00	Limpa registros
a)	80.000 CHS PV	– 80.000,00	Valor do capital
	5,5 i	5,50	Taxa de juro mensal
	24 n	24,0	Prazo em meses
	FV	289.167,20	Valor do montante
b)	9 i	9,0	Taxa de juro ao bimestre
	10 n	10,0	Prazo em bimestres
	FV	189.389,10	Valor do montante
c)	12 i	12,0	Taxa de juro ao ano
	9 n	9,0	Prazo em anos
	FV	221.846,30	Valor do montante

2. Determine o juro (J) de uma aplicação de $\$ 100.000,00$ nas seguintes condições de taxa e prazo:

a) $i = 1,5\%$ a.m.; $n = 1$ ano;

b) $i = 3,5\%$ a.t. $n = 2$ anos e meio;

c) $i = 5\%$ a.s. $n = 3$ anos;

d) $i = 4,2\%$ a.q. $n = 84$ meses.

Solução:

a) $i = 1,5\%$ a.m.

$n = 1$ ano; 12 meses

$J = PV \times [(1 + i)^{n} - 1]$

$J = 100.000,00 \times [(1 + 0,015)^{12} - 1]$

$J = 100.000,00 \times [(1,015)^{12} - 1]$

$J = 100.000,00 \times [0,195618]$

$J = \$ 19.561,80$

62 CAPÍTULO 3

b) $i = 3,5\%$ a.t.

$n = 2$ anos e meio; 10 trimestres

$J = 100.000,00 \times [(1,035)^{10} - 1]$

$J = 100.000,00 \times [0,410599]$

$J = \$ 41.059,90$

c) $i = 5\%$ a.s.

$n = 3$ anos; 6 semestres

$J = 100.000,00 \times [(1,05)^6 - 1]$

$J = 100.000,00 \times [0,340096]$

$J = \$ 34.009,60$

d) $i = 4,2\%$ a.q.

$n = 84$ meses; 21 quadrimestres

$J = 100.000,00 \times [(1,042)^{21} - 1]$

$J = 100.000,00 \times [1,372587]$

$J = \$ 137.258,70$

SOLUÇÃO NA HP 12C

	TECLAS	VISOR	SIGNIFICADO
	f FIN f REG	0,00	Limpa registros
a)	100.000 CHS PV	−100.000,00	Valor do capital
	1,5 i	1,5	Taxa de juro ao mês
	12 n	12,0	Prazo em meses
	FV	119.561,80	Valor do montante
	100.000 −	19.561,80	Valor dos juros (J)
b)	3,5 i	3,5	Taxa de juro ao trimestre
	10 n	10,0	Prazo em trimestres
	FV	141.059,90	Valor do montante
	100.000 −	41.059,90	Valor dos juros (J)
c)	5 i	5,0	Taxa de juro ao semestre
	6 n	6,0	Prazo em semestres
	FV	134.009,60	Valor do montante
	100.000 −	34.009,60	Valor dos juros (J)
d)	4,2 i	4,2	Taxa de juro ao quadrimestre
	21 n	21,0	Prazo em quadrimestres
	FV	237.258,70	Valor do montante
	100.000 −	37.258,70	Valor dos juros (J)

3. Uma pessoa irá necessitar de $ 12.000,00 daqui a 7 meses. Quanto deverá ela depositar hoje numa conta de poupança, para resgatar o valor desejado no prazo, admitindo uma taxa de juros de 3,5% ao mês?

Solução:

$PV = ?$ .... $FV = \$ 12.000,00$

0 .... $i = 3,5\%$ a.m. .... 7 (meses)

$$PV = \frac{FV}{(1+i)^n}$$

$$PV = \frac{12.000,00}{(1+0,035)^7} = \frac{12.000,00}{(1,035)^7} = \$\ 9.431,89$$

SOLUÇÃO NA HP 12C

TECLAS	VISOR	SIGNIFICADO
f FIN f REG	0,00	Limpa registros
12.000 FV	12.000,00	Valor do montante
7 n	7,0	Prazo em meses
3,5 i	3,5	Taxa de juro ao semestre
PV	–9.431,89	Valor do depósito hoje

4. Calcule a taxa mensal de juros de uma aplicação de $ 6.600,00 que produz um montante de $ 7.385,81 ao final de 7 meses.

Solução:

$i\ \ \ = ?$

$PV\ \ = \$\ 6.600,00$

$FV\ \ = \$\ 7.385,81$

$n\ \ \ = 7\ \text{meses}$

$FV\ \ = PV\,(1+i)^n$

$\dfrac{FV}{PV} = (1+i)^n$

$\dfrac{7.385,81}{6.600,00} = (1+i)^7$

$1,119 = (1+i)^7$

$\sqrt[7]{1,119} = \sqrt[7]{(1+i)^7}$

$1,0162 = 1 + i$

$i = 1,62\%\ \text{a.m.}$

SOLUÇÃO NA HP 12C

TECLAS	VISOR	SIGNIFICADO
f FIN f REG	0,00	Limpa registros
6.600 CHS PV	– 6.600,00	Valor presente (aplicação)
7.385,81 FV	7.385,81	Valor do montante
7 n	7,0	Prazo em meses
i	1,62	Taxa mensal de juro

5. Em quanto tempo duplica um capital que cresce à taxa de juros compostos de 2,2% ao mês?

Solução:

$PV = 1$

$FV = 2$

Mantida a proporção, pode-se atribuir qualquer valor a PV e FV.

$i = 2,2\%$ a.m.

$n = ?$

Utilizando-se a fórmula básica:

$FV = PV (1 + i)^n$

$\dfrac{FV}{PV} = (1 + i)^n$

$2 = (1,022)^n$

Aplicando-se logaritmo, conforme demonstrado no Apêndice B:

$\log 2 = \log (1,022)^n$

$\log 2 = n \times \log 1,022$

$n = \dfrac{\log 2}{\log 1,022} = \dfrac{0,301030}{0,009451}$

$\quad = 31,85$ meses (31 meses e 26 dias)

SOLUÇÃO NA HP 12C

TECLAS	VISOR	SIGNIFICADO
f FIN f REG	0,00	Limpa registros
1 CHS PV	−1,0	Valor presente
2 FV	2,0	Valor futuro (montante)
2,2 i	2,2	Taxa de juro ao mês
n	32,0	Prazo que o capital dobra (valor aproximado)

6. Uma pessoa deve a um banco dois títulos com valores de resgate de \$ 4.000,00 e \$ 9.000,00 vencíveis, respectivamente, em 5 e 7 meses. Desejando antecipar a liquidação de toda a dívida para o momento atual (data zero), pede-se determinar o valor a pagar considerando uma taxa de juros de 1,9% ao mês.

Solução:

$PV = \dfrac{4.000,00}{(1 + 0,019)^5} + \dfrac{9.000,00}{(1 + 0,019)^7}$

$PV = 3.640,74 + 7.889,02 = \$\ 11.529,76$

JUROS COMPOSTOS 65

SOLUÇÃO NA HP 12C

TECLAS	VISOR	SIGNIFICADO
f FIN f REG	0,00	Limpa registros
0 g CFj	0,0	Pagamento no 1º mês
4 g Nj	4,0	Introduz 4 fluxos de caixa de mesmo valor (zero)
4.000 g CFj	4.000,0	Fluxo de caixa no 5º mês
0 g CFj	0,0	Fluxo de caixa no 6º mês
9.000 g CFj	9.000,0	Fluxo de caixa no 7º mês
1,9 i	1,9	Taxa de juro ao mês
PV	11.529,76	Valor a pagar no momento atual (valor presente)

7. Verifique se as taxas de juros de 13,789318% a.t. e 35,177214% para 7 meses são equivalentes.

Solução:

Uma solução simples é calcular o MMC dos prazos definidos para as taxas e capitalizá-las até esta data. Sendo de 21 meses o MMC, tem-se:

- $(1 + 0,137893)^7 - 1 = 147\%$ p/ 21 meses
- $(1 + 0,351772)^3 - 1 = 147\%$ p/ 21 meses

As taxas são equivalentes. Alternativamente, a equivalência poderia também ser verificada na taxa mensal:

- $i_q = \sqrt[3]{1,137893} - 1 = 4,4\%$ a.m.
- $i_q = \sqrt[7]{1,351772} - 1 = 4,4\%$ a.m.

SOLUÇÃO NA HP 12C

TECLAS	VISOR	SIGNIFICADO
f FIN f REG	0,00	Limpa registros
13,789318 ENTER	13,789318	Taxa de juro ao trimestre
100 ÷ 1 +	1,13789318	Principal mais juros
3 1/x y^x	1,044	Raiz cúbica
1 – 100 x	4,4	Taxa de juro mensal
35,177214 ENTER	35,177214	Taxa de juro para 7 meses
100 ÷ 1 +	1,35177214	Principal mais juros
7 1/x y^x	1,044	Raiz 7ª
1 – 100 x	4,4	Taxa de juro mensal

8. Calcule a taxa efetiva anual (ou capitalizar para um ano) às seguintes taxas:
   a) 2,5% a.m.
   b) 4% a.b.
   c) 6% a.t.
   d) 10% a.s.

Solução:

a) $i_{12} = (1 + 0,025)^{12} - 1 = 34,49\%$ a.a.

b) $i_{12} = (1 + 0,04)^6 - 1 = 26,53\%$ a.a.

c) $i_{12} = (1 + 0,06)^4 - 1 = 26,25\%$ a.a.

d) $i_{12} = (1 + 0,10)^2 - 1 = 21,0\%$ a.a.

SOLUÇÃO NA HP 12C

	TECLAS	VISOR	SIGNIFICADO
	f FIN f REG	0,00	Limpa registros
a)	2,5 ENTER	2,5	Taxa de juro ao mês
	100 ÷ 1 +	1,025	Principal mais juro
	12 y^x	1,3449	Resultado de $(1,025)^{12}$
	1 − 100 X	34,49	Taxa efetiva ao ano
b)	4 ENTER	4,0	Taxa de juro ao bimestre
	100 ÷ 1 +	1,04	Principal mais juro
	6 y^x	1,2653	Resultado de $(1,04)^6$
	1 − 100 X	26,53	Taxa efetiva ao ano
c)	6 ENTER	6,0	Taxa de juro ao trimestre
	100 ÷ 1 +	1,06	Principal mais juro
	4 y^x	1,2625	Resultado de $(1,06)^4$
	1 − 100 X	26,25	Taxa efetiva ao ano
d)	10 ENTER	10,0	Taxa de juro ao semestre
	100 ÷ 1 +	1,10	Principal mais juro
	2 y^x	1,21	Resultado de $(1,10)^2$
	1 − 100 X	21,0	Taxa efetiva ao ano

9. Uma aplicação de $ 78.000,00 gerou um montante de $ 110.211,96 numa certa data. Sendo de 2,5% ao mês a taxa de juros considerada, calcule o prazo da aplicação.

Solução:

PV = $ 78.000,00

FV = $ 110.211,96

i = 2,5% a.m.

FV = $PV \times (1 + i)^n$

$$\frac{FV}{PV} = (1 + i)^n$$

$$\frac{110.211,96}{78.000,00} = (1,025)^n$$

$$1,412974 = (1,025)^n$$

Aplicando-se log:

$$\log 1,412974 = \log (1,025)^n$$

$$\log 1,412974 = n \times \log 1,025$$

$$n = \frac{\log 1,412974}{\log 1,025} = \frac{0,150134}{0,010724} = 14 \text{ meses}$$

SOLUÇÃO NA HP 12C

TECLAS	VISOR	SIGNIFICADO
f FIN f REG	0,00	Limpa registros
78.000 CHS PV	−78.000,0	Valor presente (aplicação)
110.211,96 FV	110.211,96	Valor do montante
2,5 i	2,5	Taxa de juro ao mês
n	14,0	Prazo da aplicação (14 meses)

10. Para uma taxa de juros de 7% ao mês, qual das duas alternativas de pagamento apresenta menor custo para o devedor?

a) pagamento integral de $ 140.000,00 à vista (na data zero);

b) $ 30.000,00 de entrada, $ 40.000,00 em 60 dias e $ 104.368,56 em 120 dias.

Solução:

O problema pode ser solucionado calculando-se o PV das duas alternativas à taxa de 7% a.m. A alternativa que apresentar o maior valor presente é a que tem o maior custo, isto é:

a) $PV = \$\ 140.000,00$

b) $PV = 30.000,00 + \dfrac{40.000,00}{(1,07)^2} + \dfrac{104.368,56}{(1,07)^4}$

$PV = 30.000,00 + 34.937,55 + 79.622,27$

$PV = \$\ 144.559,82$

A alternativa de pagamento b), com maior valor presente, apresenta um custo superior a 7% ao mês, sendo, portanto, a mais onerosa.

O custo (taxa percentual) da alternativa b) em relação ao pagamento à vista é calculado pelo conceito da taxa interna de retorno. Em verdade, deseja-se saber a taxa de juros que iguala o PV da alternativa b) ao valor do pagamento à vista. Assim:

$$140.000,00 = 30.000,000 + \frac{40.000,00}{(1+i)^2} + \frac{104.368,56}{(1+i)^4}$$

$$110.000,00 = \frac{40.000,00}{(1+i)^2} + \frac{104.368,56}{(1+i)^4}$$

Com o auxílio de uma calculadora financeira, chega-se a: $IRR = 8,3\%$ a.m., que representa o custo mensal efetivo das condições de pagamento expostas em b).

SOLUÇÃO NA HP 12C

TECLAS	VISOR	SIGNIFICADO
f FIN f REG	0,00	Limpa registros
30.000 g CFo	30.000,00	Valor da entrada (momento zero)
0 g CFj	0,00	Fluxo de caixa no 1º mês
40.000 g CFj	40.000,00	Fluxo de caixa no 2º mês
0 g CFj	0,00	Fluxo de caixa no 3º mês
104.368,56 g CFj	104.368,56	Fluxo de caixa no 4º mês
7 i	7,00	Taxa de juro ao mês
f NPV	144.559,82	Valor presente da alternativa b)

Exercícios propostos

1. A taxa de juros de um financiamento está fixada em 3,3% a.m. em determinado momento. Qual o percentual desta taxa acumulada para um ano?

2. Capitalize as seguintes taxas:
   a) 2,3% ao mês para um ano;
   b) 0,14% ao dia para 23 dias;
   c) 7,45% ao trimestre para um ano;
   d) 6,75% ao semestre para um ano;
   e) 1,87% equivalente a 20 dias para um ano.

3. Calcule a taxa equivalente composta a 34% ao ano para os seguintes prazos:
   a) 1 mês;
   b) 1 quadrimestre;
   c) 1 semestre;
   d) 5 meses;
   e) 10 meses.

4. Se um investidor deseja ganhar 18% ao ano de taxa efetiva, pede-se calcular a taxa de juro que deverá exigir de uma aplicação se o prazo de capitalização for igual a:
   a) 1 mês;
   b) 1 trimestre;
   c) 7 meses.

5. Admita-se que um banco esteja pagando 16,5% ao ano de juros na colocação de um título de sua emissão. Apure a taxa efetiva (equivalente) para os seguintes prazos:
   a) 1 mês;
   b) 9 meses;
   c) 37 dias;
   d) 100 dias.

6. Calcule a taxa equivalente mensal das seguintes taxas:
   a) 2,9% para 26 dias;
   b) 3,55% para 34 dias.

7. Com relação à formação das taxas de juros, pede-se:
   a) em 77 dias uma aplicação rendeu 8,3% de juros. Apurar as taxas mensal e anual equivalentes;
   b) um banco cobra atualmente 18,6% ao ano de juros. Para uma operação de 136 dias, determinar a taxa efetiva (equivalente) que será cobrada;
   c) uma empresa está cobrando juros de 3% para vendas a prazo de 28 dias corridos. Determinar a taxa efetiva mensal e anual da venda a prazo;
   d) determinar a taxa equivalente para 44 dias de 109,3% ao ano.

8. Um financiamento está sendo negociado a uma taxa nominal (linear) de 72% ao ano. Determine o custo efetivo anual desta operação, admitindo que os juros sejam capitalizados:

a) mensalmente;

b) trimestralmente;

c) semestralmente.

9. a) Um título está pagando uma taxa efetiva de 2,85% ao mês. Para um mês de 30 dias, transforme esta remuneração em taxa nominal (linear).

b) Para cada taxa nominal apresentada a seguir, pede-se calcular a taxa efetiva anual:

- 9% a.a. capitalizados mensalmente;
- 14% a.a. capitalizados trimestralmente;
- 15% a.a. capitalizados semestralmente;
- 12% a.a. capitalizados anualmente.

10. Determine o montante de uma aplicação de $ 22.000,00 admitindo os seguintes prazos e taxas:

a) $i = 2,2\%$ a.m. $n = 7$ meses;

b) $i = 5\%$ a.m. $n = 2$ anos;

c) $i = 12\%$ a.t. $n = 1$ ano e meio;

d) $i = 20\%$ a.s. $n = 4$ anos;

e) $i = 0,15\%$ ao dia $n = 47$ dias;

f) $i = 9\%$ a.a. $n = 216$ meses.

11. Calcule o juro de uma aplicação de $ 300.000,00 nas seguintes condições de prazo e taxa:

a) $i = 2,5\%$ a.m. $n = 1$ semestre;

b) $i = 3,3\%$ a.m. $n = 1$ ano e 3 meses;

c) $i = 6\%$ a.s. $n = 72$ meses;

d) $i = 10\%$ a.a. $n = 120$ meses;

e) $i = 25\%$ a.q. $n = 4$ anos.

12. Um banco lança um título pagando 6% a.t. Se uma pessoa necessitar de $ 58.000,00 daqui a 3 anos, quanto deverá aplicar neste título?

13. Sendo a taxa corrente de juros de 10% a.q. (ao quadrimestre), quanto deve ser aplicado hoje para se resgatar $ 38.500,00 daqui a 28 meses?

14. Calcule a taxa mensal de juros de uma aplicação de $ 68.700,00 que produz um montante de $ 82.084,90 ao final de 8 meses.

15. Um banco publica em suas agências o seguinte anúncio: "aplique $ 1.000,00 hoje e receba $ 1.180,00 ao final de 6 meses". Determine a efetiva taxa mensal, semestral e anual de juros oferecida por esta aplicação.

16. Uma loja está oferecendo uma mercadoria no valor de $ 900,00 com desconto de 12% para pagamento à vista. Outra opção de compra é pagar os $ 900,00 após 30 dias sem desconto. Calcule o custo efetivo mensal da venda a prazo.

17. Os rendimentos de uma aplicação de $ 12.800,00 somaram $ 7.433,12 ao final de 36 meses. Determine a taxa efetiva mensal de juros desta aplicação.

18. Determine as taxas mensal e anual equivalentes de juros de um capital de $ 67.000,00 que produz um montante de $ 171.929,17 ao final de 17 meses.

70 CAPÍTULO 3

19. Determine a taxa mensal de juros de uma aplicação de $ 22.960,00 que produz um montante de $ 28.822,30 ao final de 10 meses.

20. Uma empresa tem observado um crescimento exponencial médio de 10% ao ano na demanda física de seus produtos. Mantida esta tendência ao longo do tempo, determine em quantos anos dobrará a demanda.

21. Uma empresa observa que seu faturamento está crescendo a uma taxa geométrica de 4% ao semestre nos últimos anos. Mantida esta tendência, calcule em quantos anos o faturamento irá:
    a) duplicar;
    b) triplicar.

22. Determine a taxa mensal de juros compostos que faz com que um capital triplique de valor após 3 anos e meio.

23. Uma taxa efetiva de juros com capitalização quadrimestral é aplicada a um capital, gerando um total de juros, ao final de 2 anos, igual a 270% do valor do capital aplicado. Determine o valor desta taxa de juros.

24. Uma empresa contrata um empréstimo de 48.700,00 e prazo de vencimento de 30 meses. Sendo a taxa de juro anual de 19,5%, pede-se calcular o montante a pagar utilizando as convenções linear e exponencial.

25. Quanto um investidor pagaria hoje por um título de valor nominal (valor de resgate) de $ 13.450,00 com vencimento para daqui a um semestre? Sabe-se que este investidor está disposto a realizar a aplicação somente se auferir uma rentabilidade efetiva de 20% a.a.

26. Admita que uma pessoa irá necessitar de $ 33.000,00 em 11 meses e $ 47.000,00 em 14 meses. Quanto deverá ela depositar hoje numa alternativa de investimento que oferece uma taxa efetiva de rentabilidade de 17% a.a.?

27. Para um poupador que deseja ganhar 2,5% ao mês, o que é mais interessante: a) receber $ 18.500,00 de hoje a 4 meses; ou b) $ 25.500,00 de hoje a 12 meses?

28. Uma pessoa deve $ 2.500,00 vencíveis no fim de 4 meses e $ 8.500,00 de hoje a 8 meses. Que valor deve esta pessoa depositar numa conta de poupança, que remunera à taxa de 2,77% ao mês, de forma que possa efetuar os saques necessários para pagar seus compromissos?
    Admita em sua resposta que após a última retirada para liquidação da dívida: a) não permanece saldo final; e b) permanece um saldo igual a $ 4.000,00 na conta de poupança.

29. Um investidor efetuou no passado uma aplicação num título cujo vencimento se dará daqui a 4 meses, sendo seu montante de $ 36.670,00. O banco procura o aplicador e oferece trocar este título por outro vencível daqui a 9 meses, apresentando valor de resgate de $ 41.400,00. Sendo de 2,1% ao mês a taxa corrente de juros de mercado, é interessante para o investidor a troca de títulos. Qual a rentabilidade da nova aplicação proposta pelo banco?

30. João tem as seguintes obrigações financeiras com Pedro:
- dívida de $ 18.200,00 vencível no fim de um mês;
- dívida de $ 23.300,00 vencível no fim de 5 meses;
- dívida de $ 30.000,00 vencível no fim de 10 meses.

Prevendo dificuldades no pagamento desses compromissos, João propõe substituir este plano original por dois pagamentos iguais, vencendo o primeiro de hoje a 12 meses e o segundo no fim de 15 meses. Determine o valor desses pagamentos para uma taxa de juros de 2,8% a.m.

31. Uma empresa levanta um empréstimo de $ 25.000,00 a ser pago em 3 prestações crescentes em *PA* de razão igual ao primeiro termo. O primeiro pagamento deve ser efetuado no fim de 3 meses, o segundo no fim de 4 meses e o terceiro no fim de um ano.
Para uma taxa de juros de 3,5% a.m., apure o valor desses pagamentos.

32. Uma empresa tem o seguinte conjunto de dívidas com um banco:
- $ 39.000,00 vencível de hoje a 3 meses;
- $ 55.000,00 vencível de hoje a 6 meses;
- $ 74.000,00 vencível de hoje a 8 meses.

Toda a dívida poderia ser quitada em um único pagamento de $ 192.387,07. Para uma taxa de juro nominal de 28,08% ao ano capitalizada mensalmente, determine em que momento deveria ser efetuado esse pagamento para que seja equivalente com o conjunto atual da dívida.

33. Uma pessoa deve a outra a importância de $ 12.400,00. Para a liquidação da dívida, propõe os seguintes pagamentos: $ 3.500,00 ao final de 2 meses; $ 4.000,00 ao final de 5 meses; $ 1.700,00 ao final de 7 meses e o restante em um ano. Sendo de 3% ao mês a taxa efetiva de juros cobrada no empréstimo, pede-se calcular o valor do último pagamento.

34. Uma dívida apresenta as seguintes condições de pagamento: $ 6.200,00 vencíveis em certa data e $ 9.600,00 vencíveis 4 meses após. O devedor propõe uma renegociação da dívida nas seguintes condições: $ 3.000,00 após 3 meses do vencimento do primeiro pagamento original; $ 4.500,00 daí a 3 meses e o restante 5 meses depois deste último pagamento. Para uma taxa efetiva de juros de 2,9% a.m., calcule o saldo a pagar.

35. Determinada mercadoria foi adquirida em 4 pagamentos bimestrais de $ 1.460,00 cada um. Alternativamente, esta mesma mercadoria poderia ser adquirida pagando-se 20% de seu valor como entrada e o restante ao final de 5 meses. Sendo de 30,60% a.a. a taxa nominal de juros com capitalização mensal a ser considerada nesta operação, pede-se determinar o valor da prestação vencível ao final de 5 meses.

36. Uma dívida tem o seguinte esquema de pagamento: $ 3.900,00 vencíveis em 3 meses a partir de hoje e $ 11.700,00 de hoje a 5 meses. O devedor propõe ao credor refinanciar esta dívida mediante 5 pagamentos bimestrais, iguais e sucessivos, vencendo o primeiro de hoje a um mês. Sendo de 2,1% ao mês a taxa de juros da dívida original e de 3,0% ao mês a taxa a ser considerada no refinanciamento, pede-se determinar o valor de cada pagamento bimestral.

72 CAPÍTULO 3

37. Sabe-se que a taxa nominal de uma aplicação financeira é de 12% a.a., capitalizada mensalmente. Pede-se determine:
   a) quanto valerá uma aplicação de $ 10.000,00 depois de 5 meses;
   b) taxa efetiva anual da aplicação financeira;
   c) taxa efetiva mensal da aplicação financeira.

38. Um investidor aplicou $ 240.000,00 em fundo de investimento, apurando as seguintes taxas efetivas mensais de retorno:
   - Mês 1: 0,9376%;
   - Mês 2: 0,9399%;
   - Mês 3: 0,8283%;
   - Mês 4: 0,8950%.

   Pede-se calcular:
   a) o montante do investimento ao final do mês 4;
   b) a taxa de retorno acumulada do período;
   c) a taxa média equivalente mensal.

39. Uma pessoa levanta um empréstimo de $ 60.000,00 pagando uma taxa de juro de 1,2% a.m. Pede-se:
   a) se o empréstimo prever um pagamento de $ 25.000,00 ao final de 3 meses, $ 15.000,00 ao final de 4 meses e uma parcela ao final de 6 meses, calcular o valor deste último pagamento;
   b) calcular o valor de cada pagamento admitindo que o empréstimo seja liquidado em 3 parcelas iguais, vencíveis, respectivamente, em 2, 4 e 6 meses.

40. Um banco concede um empréstimo de $ 120.000 para uma empresa para ser pago em 4 prestações ao final dos meses 3, 5, 6 e 8. As três primeiras prestações têm o mesmo valor, porém o último pagamento, previsto para o final do mês 8, é igual ao dobro das parcelas anteriores. A taxa de juro cobrada pelo banco é de 1,5% a.m. Calcule o valor de cada um dos pagamentos.

41. O aplicador A possui o dobro do capital de B. O capital somado de A e B totaliza $ 42.000,00. Os dois aplicadores decidiram investir seus capitais por três meses da forma seguinte:
   – 20% em caderneta de poupança com rendimento nominal de 0,94% a.m.;
   – 30% em título de renda fixa com rendimento nominal de 11,25% a.a.;
   – 50% em um fundo de investimento (renda fixa) com rendimento nominal de 10,75% a.a.

   Pede-se calcular o montante (principal e juros) de cada aplicador, em cada alternativa de investimento, ao final do trimestre.

Respostas

   1. 47,64% a.a.
   2. **a)** 31,37% a.a.
       b) 3,27% p/ 23 dias
       c) 33,30% a.a.

d) 13,96% a.a.

e) 39,58% a.a.

3. a) 2,47% a.m.

b) 10,25% a.q.

c) 15,76% a.s.

d) 12,97% p/ 5 meses

e) 27,62% p/ 10 meses

4. a) 1,39% a.m.

b) 4,22% a.t.

c) 10,14% p/ 7 meses

5. a) 1,28% a.m.

b) 12,14% p/ 9 meses

c) 1,58% p/ 37 dias

d) 4,33% p/ 100 dias

6. a) 3,35% a.m.

b) 3,13% a.m.

7. a) 3,16% a.m.

45,18% a.a.

b) 6,66% p/ 136 dias

c) 3,22% a.m.

46,23% a.a.

d) 9,45% p/ 44 dias

8. a) 101,22% a.a.

b) 93,88% a.a.

c) 84,96% a.a.

9. a) 2,81% a.m. (taxa nominal)

b) Taxa Efetiva Anual:

- $i = 9{,}38\%$
- $i = 14{,}75\%$
- $i = 15{,}56\%$
- $i = 12{,}0\%$

10. a) $FV = \$\,25.619{,}99$

b) $FV = \$\,70.952{,}20$

c) $FV = \$\,43.424{,}10$

d) $FV = \$\,94.595{,}97$

e) $FV = \$\,23.605{,}73$

f) $FV = \$\,103.776{,}65$

11. a) $J = \$\,47.908{,}03$

b) $J = \$\,188.231{,}82$

c) $J = \$\,303.658{,}94$

d) $J = \$\,478.122{,}74$

e) $J = \$\,4.065.574{,}57$

12. $PV = \$ 28.824,22$

13. $PV = \$ 19.756,59$

14. $i = 2,25\%$ a.m.

15. $i = 2,80\%$ a.m.

$i = 18,0\%$ a.s.

$i = 39,24\%$ a.a.

16. $i = 13,64\%$ a.m.

17. $i = 1,28\%$ a.m.

18. $i = 5,7\%$ a.m.

$i = 94,50\%$ a.a.

19. $i = 2,3\%$ a.m.

20. 7,27 anos

21. a) 17,67 semestres

b) 28,01 semestres

22. $i = 2,65\%$ a.m.

23. $i = 24,37\%$ a.q.

$i = 92,35\%$ a.a.

24. FV (Linear) $= \$ 76.325,44$

FV (Exponencial) $= \$ 76.023,65$

25. $PV = \$ 12.278,11$

26. $PV = \$ 67.710,00$

27. Receber $\$ 25.500,00$ ao final de um ano (maior PV).

28. a) $PV = \$ 9.072,23$

b) $PV = \$ 12.286,84$

29. $i = 2,46\%$ a.m.

A troca do título foi interessante.

30. Valor de cada pagamento $= \$ 44.068,10$

31. 1º Pagamento $= \$ 5.399,36$

2º Pagamento $= \$ 10.798,72$

3º Pagamento $= \$ 16.198,08$

32. 12º mês

33. $\$ 6.085,47$

34. $\$ 11.255,47$

35. $\$ 4.679,41$

36. $\$ 3.283,06$

37. a) $\$ 10.510,10$

b) $i = 12,68\%$ a.a.

c) $i = 1\%$ a.m.

38. a) $\$ 248.759,21$

b) $i = 3,65\%$ ao período

c) $i = 0,90\%$ a.m.

JUROS COMPOSTOS 75

39. a) $ 23.178,69

   b) $ 20.973,44

40. $P_3 = P_5 = P_6 = \$ 26.232,14$

   $P_8 = \$ 52.464,28$

41.

	Aplicador A	Aplicador B
Caderneta de poupança	$ 5.759,41	$ 2.879,70
Título de renda fixa	$ 8.626,89	$ 4.313,45
Fundo de investimento	$ 14.361,97	$ 7.180,98

4

Descontos e Operações de Curto Prazo

Entende-se por *valor nominal* o valor de resgate, ou seja, o valor definido para um título em sua data de vencimento. Representa, em outras palavras, o próprio montante da operação.

A operação de se liquidar um título antes de seu vencimento envolve geralmente uma recompensa, ou um desconto pelo pagamento antecipado. Desta maneira, *desconto* pode ser entendido como a diferença entre o valor nominal de um título e o seu valor atualizado apurando *n* períodos antes de seu vencimento.

Por outro lado, *valor descontado* de um título é o seu valor atual na data do desconto, sendo determinado pela diferença entre o valor nominal e o desconto, ou seja:

Valor Descontado = Valor Nominal – Desconto

As operações de desconto podem ser realizadas tanto sob o regime de juros simples como no de juros compostos. O uso do desconto simples é amplamente adotado em operações de curto prazo, restringindo-se o desconto composto para as operações de longo prazo.

Tanto no regime linear como no composto ainda são identificados dois tipos de desconto: (a) desconto "por dentro" (ou racional); e (b) desconto "por fora" (ou bancário, ou comercial).

4.1 Desconto simples

Conforme foi salientado, são identificados dois tipos de desconto simples: o desconto "por dentro" (ou racional) e o desconto "por fora" (ou bancário, ou comercial).

4.1.1   Desconto racional (ou "por dentro")

O *desconto racional*, também denominado de desconto "por dentro", incorpora os conceitos e relações básicas de juros simples, conforme desenvolvidos no primeiro capítulo.

Assim, sendo D_r o valor do desconto racional, C o capital (ou valor atual), i a taxa periódica de juros e n o prazo do desconto (número de períodos em que o título é negociado antes de seu vencimento), tem-se a conhecida expressão de juros simples:

$$D_r = C \times i \times n$$

Pela própria definição de desconto e introduzindo-se o conceito de *valor descontado* no lugar de *capital* no cálculo do desconto, tem-se:

$$D_r = N - V_r$$

sendo N o valor nominal (ou valor de resgate, ou montante) e V_r o valor descontado racional (ou valor atual) na data da operação.

Como:

$$V_r = C = \frac{N}{1 + i \times n}$$

tem-se:

$$D_r = N - \frac{N}{1 + i \times n}$$

$$D_r = \frac{N(1 + i \times n) - N}{1 + i \times n} = \frac{\cancel{N} + N \times i \times n - \cancel{N}}{1 + i \times n}$$

$$D_r = \frac{N \times i \times n}{1 + i \times n}$$

A partir dessa fórmula é possível calcular o valor do desconto racional obtido de determinado valor nominal (N), a uma dada taxa simples de juros (i) e a determinado prazo de antecipação (n).

Já o *valor descontado* (V_r), conforme definição apresentada, é obtido pela diferença entre o valor nominal do título (N) e o valor do desconto (D_r), adotando-se a seguinte expressão de cálculo:

$$V_r = N - D_r$$

$$V_r = N - \frac{N \times i \times n}{1 + i \times n}$$

$$V_r = \frac{N(1 + i \times n) - N \times i \times n}{1 + i \times n}$$

$$V_r = \frac{N + \cancel{N \times i \times n} - \cancel{N \times i \times n}}{1 + i \times n}$$

DESCONTOS E OPERAÇÕES DE CURTO PRAZO

$$V_r = \frac{N}{1 + i \times n}$$

Observe, uma vez mais, que o desconto racional representa exatamente as relações de juros simples descritas no capítulo inicial. É importante registrar que o juro incide sobre o capital (valor atual) do título, ou seja, sobre o capital liberado da operação. A taxa de juro (desconto) cobrada representa, dessa maneira, o custo efetivo de todo o período do desconto.

Exemplos:

1. Seja um título de valor nominal de $ 4.000,00 vencível em um ano, que está sendo liquidado 3 meses antes de seu vencimento. Sendo de 42% a.a. a taxa nominal de juros corrente (3,5% a.m.), pede-se calcular o desconto e o valor descontado desta operação.
   Solução:
   Graficamente:

- **Desconto (D_r)**

$$D_r = \frac{N \times i \times n}{1 + i \times n}$$

$$D_r = \frac{4.000,00 \times 0,035 \times 3}{1 + 0,035 \times 3}$$

$$D_r = \frac{420,00}{1,105} = \$ 380,10$$

- **Valor Descontado (V_r)**

$$V_r = N - D_r$$
$$V_r = 4.000,00 - 380,10 = \$ 3.619,90$$

ou

$$V_r = \frac{N}{1 + i \times n}$$

$$V_r = \frac{4.000,00}{1 + 0,035 \times 3} = \$ 3.619,90$$

Do ponto de vista do devedor, $ 380,10 representam o valor que está deixando de pagar por saldar a dívida antecipadamente (3 meses antes de seu vencimento). O valor líquido do pagamento (valor descontado) é de $ 3.619,90.

2. Determine a taxa mensal de desconto racional de um título negociado 60 dias antes de seu vencimento, sendo seu valor de resgate igual a $ 26.000,00 e valor atual na data do desconto de $ 24.436,10.

Solução:

n = 2 meses (60 dias)

N = \$ 26.000,00

V_r = \$ 24.436,10

Sabe-se que no desconto racional o desconto é aplicado sobre o valor atual do título, ou seja, sobre o capital liberado. Logo:

$$D_r = V_r \times i \times n$$

$$i = \frac{D_r}{V_r \times n}$$

$$i = \frac{26.000,00 - 24.436,10}{24.436,10} =$$

$$i = \frac{1.563,90}{48.872,20} = 0,032 \text{ ou } 3,2\% \text{ a.m.}$$

4.1.2 Desconto bancário (ou comercial, ou "por fora")

Esse tipo de desconto, simplificadamente por incidir sobre o valor nominal (valor de resgate) do título, proporciona maior volume de encargos financeiros efetivos nas operações. Observe que, ao contrário dos juros "por dentro", que calculam os encargos sobre o capital efetivamente liberado na operação, ou seja, sobre o valor presente, o critério "por fora" apura os juros sobre o montante, indicando custos adicionais ao tomador de recursos.

A modalidade de desconto "por fora" é amplamente adotada pelo mercado, notadamente em operações de crédito bancário e comercial a curto prazo.

O valor desse desconto, genericamente denominado desconto "por fora" (D_F), no regime de juros simples, é determinado pelo produto do valor nominal do título (N), da taxa de desconto periódica "por fora" contratada na operação (d) e do prazo de antecipação definido para o desconto (n). Isto é:

$$D_F = N \times d \times n$$

O valor descontado "por fora" (V_F), aplicando-se a definição, é obtido:

$$V_F = N - D_F$$
$$V_F = N - N \times d \times n$$

$$V_F = N \, (1 - d \times n)$$

Exemplos: Para melhor avaliar as diferenças dos tipos de descontos, são desenvolvidos os mesmos exemplos utilizados anteriormente no desconto racional (ou "por dentro").

1. Seja um título de valor nominal de \$ 4.000,00 vencível em um ano, que está sendo liquidado antes de seu vencimento. Sendo de 42% a.a. a taxa de desconto adotada, pede-se calcular o desconto e o valor descontado desta operação.

Solução:
Analogamente:

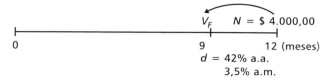

- **Desconto**

$D_F = N \times d \times n$
$D_F = 4.000,00 \times 0,035 \times 3$
$D_F = 420,00$

Observe que o maior valor dos juros cobrado pelo título se deve ao fato, conforme ressaltado anteriormente, de o desconto "por fora" ser aplicado diretamente sobre o valor nominal (valor de resgate) e não sobre o valor atual, como é característico das operações de desconto racional.

Em verdade, o valor do desconto "por fora" equivale, num mesmo momento do tempo, ao montante do desconto "por dentro", supondo-se as mesmas condições de prazo e taxa. Isto é:

$D_r = \$ 380,10$
$D_F = \$ 420,00$

Para uma taxa de 3,5% a.m. e um período de desconto de 3 meses, conforme estabelecido na ilustração, tem-se:

$D_F = D_r (1 + i \times n)$
$D_F = 380,10 \times (1 + 0,035 \times 3)$
$D_F = 380,10 \times (1,105)$
$D_F = \$ 420,00$

O cálculo do *valor descontado* (V_F) é desenvolvido:

$V_F = N (1 - d \times n)$
$V_F = 4.000,00 \times (1 - 0,035 \times 3)$
$V_F = 4.000,00 \times (0,895)$
$V_F = \$ 3.580,00$

Torna-se evidente que o devedor desse título, descontado pelo desconto bancário (ou comercial, ou "por fora"), assume encargos maiores que aqueles declarados para a operação. A taxa de juros efetiva desta operação não equivale à taxa de desconto utilizada. Note que, se são pagos $ 420,00 de juros sobre um valor atual de $ 3.580,00, a taxa de juros assume o seguinte percentual efetivo:

$$i = \frac{\$ 420,00}{\$ 3.580,00} = 11,73\% \text{ ao trimestre}$$

(ou: 3,77% a.m. pela equivalente composta).

Logo, no desconto "por fora" é fundamental separar a taxa de desconto (*d*) e a taxa efetiva de juros (*i*) da operação. Em toda operação de desconto "por fora" há uma taxa implícita

CAPÍTULO 4

(efetiva) de juro superior à taxa declarada. O item seguinte dispensa um tratamento mais detalhado para este assunto.

2. Determine a taxa de desconto "por fora" de um título negociado 60 dias antes de seu vencimento, sendo seu valor de resgate igual a $ 26.000,00 e valor atual na data do desconto de $ 24.436,10.

Solução:

$$V_F = \$ \ 24.436,10 \qquad N = \$ \ 26.000,00$$

$t - 2 \qquad t \ (\text{meses})$

$n = 2 \ \text{meses}$

$D_F = N \times d \times n$

$D_F = 26.000,00 - 24.436,10 = \$ \ 1.563,90$

$n = 2 \ \text{meses} \ (60 \ \text{dias})$

$N = \$ \ 26.000,00$

$d = ?$

$D_F = N \times d \times n$

$1.563,90 = 26.000,00 \times d \times 2$

$1.563,90 = 52.000,00 \times d$

$d = \dfrac{1.563,90}{52.000,00} = 3,0\% \ \text{ao mês}$

A liquidação de um título 60 dias antes de seu vencimento foi efetuada pela taxa mensal de desconto "por fora" de 3,0% ($d = 3,0\%$ ao mês).

Essa taxa, conforme será abordado no item a seguir, não indica o *custo efetivo* desta operação, mas a taxa de desconto aplicada sobre o valor nominal (resgate) do título. O juro efetivo desta operação de desconto é aquele obtido pelo critério racional ("por dentro"), conforme apurado no exemplo 2 do item 4.1.1.

DESCONTO "POR DENTRO" × DESCONTO "POR FORA"

Admita uma operação de desconto de um título de $ 50.000,00 realizada por uma empresa pelo prazo de 3 meses. O banco cobra uma taxa de desconto de 2,2% a.m. Desenvolver uma análise da operação pelas metodologias de desconto *por dentro* (desconto racional) e desconto *por fora* (desconto bancário ou comercial).

Desconto "Por Dentro"

Valor do Resgate (Nominal): $ 50.000,00

Valor Líquido Liberado: $\dfrac{50.000,00}{1 + 0,022 \times 3}$: $ 46.904,32

$ 50.000,00
(Valor de Resgate)

3 meses

$ 46.904,32
(Capital Liberado)

> O custo da operação equivale a 6,6% a.t., e corresponde a uma taxa efetiva de 2,15% a.m., ou seja:
>
> $$i = [(1,066)^{1/3} - 1] \times 100 = 2,15\% \text{ a.m.}$$
>
> **Desconto "Por Fora"**
> Valor do Desconto "Por Fora":
> $ 50.000,00 \times 0,022 \times 3:$ $ 3.300,00
>
> Valor Líquido Liberado:
> $ 50.000,00 – $ 3.300,00: $ 46.700,00
>
> O crédito liberado ao tomador pelo desconto bancário ou comercial ("Por Fora") é menor, explicado pela incidência dos juros sobre o valor de resgate do título. Com isso, a taxa efetiva é maior, atingindo a:
>
> $$\text{Custo Efetivo } (i) = \frac{\$\ 50.000,00}{\$\ 46.700,00} - 1 = 7,066\% \text{ a.t.}$$
>
> Esta taxa equivale a uma taxa efetiva mensal de juros de:
>
> $$i = [(1,0766)^{1/3} - 1] \times 100 = 2,3\% \text{ a.m.}$$

4.1.2.1   Despesas bancárias

É importante registrar que em operações de desconto com bancos comerciais são geralmente cobradas taxas adicionais de desconto a pretexto de cobrir certas despesas administrativas e operacionais incorridas pela instituição financeira na operação. Estas taxas são geralmente prefixadas e incidem sobre o valor nominal do título uma única vez no momento do desconto.

A formulação do desconto "por fora" apresenta-se, conforme demonstrada anteriormente:

$$D_F = N \times d \times n$$

Chamando de **t** a taxa administrativa cobrada pelos bancos em suas operações de desconto e incluindo esta taxa na formulação, tem-se:

$$D_F = (N \times d \times n) + (t \times N)$$

$$D_F = N (d \times n + t)$$

De forma análoga, o valor descontado (V_F) incluindo a cobrança da taxa administrativa t é apurado da forma seguinte:

$$V_F = N - D_F$$
$$V_F = N - N (d \times n + t)$$

$$V_F = N [1 - (d \times n + t)]$$

Exemplo:

1. Uma duplicata de valor nominal de $ 60.000,00 é descontada num banco dois meses antes de seu vencimento. Sendo de 2,8% ao mês a taxa de desconto usada na operação, calcule

84 CAPÍTULO 4

o desconto e o valor descontado. Sabe-se ainda que o banco cobra 1,5% sobre o valor nominal do título, descontado integralmente no momento da liberação dos recursos, como despesa administrativa.

Solução:

N = $ 60.000,00

d = 2,8% a.m.

n = 2 meses

t = 1,5% sobre valor nominal

- ***Desconto***

$D_F = N\,(d \times n + t)$

$D_F = 60.000,00 \times (0{,}028 \times 2 + 0{,}015)$

$D_F = 60.000,00 \times (0{,}071)$

$D_F = \$\ 4.260,00$

Observe que o desconto de $ 4.260,00 representa:

Desconto $(N \times d \times n)$

$\quad$ 60.000,00 $\times$ 0,028 $\times$ 2 $\quad=\quad$ $ 3.360,00

Despesa Administrativa $(N \times t)$

$\quad$ 60.000,00 $\times$ 0,015 $\qquad=\quad$ $\underline{\quad\quad 900,00}$

$\qquad\qquad\qquad\qquad\qquad\qquad$ $ 4.260,00

- ***Valor Descontado***

$V_F = N\,[1 - (d \times n + t)]$

$V_F = 60.000,00\ [1 - (0{,}028 \times 2 + 0{,}015)]$

$V_F = 60.000,00\ [1 - 0{,}071]$

$V_F = 60.000,00 \times 0{,}929$

$V_F = \$\ 55.740,00$

4.2 Taxa implícita de juros do desconto "por fora"

Conforme foi introduzido nos exemplos ilustrativos apresentados no item anterior, o desconto "por fora", ao ser apurado sobre o valor nominal (resgate) do título, admite implicitamente uma taxa de juros superior àquela declarada para a operação.

Por exemplo, suponha um título de valor nominal de $ 50.000,00 descontado num banco um mês antes de seu vencimento à taxa de 5% ao mês.

Aplicando-se o critério de desconto "por fora", como é típico destas operações, tem-se:

$\quad$ $ 47.500,00 $\qquad\qquad\qquad$ D_F = $ 2.500,00 $\qquad\qquad\qquad$ $ 50.000,00

$\qquad\quad V_F$ $\qquad\qquad\qquad\qquad\qquad\qquad\qquad\qquad\qquad\qquad\qquad N$

$\quad$ Liberação dos $\qquad\qquad\qquad\qquad\qquad\qquad\qquad\qquad\qquad\quad$ Valor de

$\qquad$ recursos $\qquad\qquad\qquad\qquad\qquad\qquad\qquad\qquad\qquad\qquad\quad$ resgate

Observe que a taxa de juros adotada de 5% ao mês não iguala V_F e N em nenhum momento do tempo. Ou seja, esta taxa, se aplicada ao valor descontado de $ 47.500,00, não produz, para o período de um mês, o montante de $ 50.000,00 (atinge a: $ 47.500,00 + 5% = $ 49.875,00).

Logo, há uma taxa *implícita* de juros na operação, superior aos declarados 5% ao mês, que conduz V_F e N a um mesmo resultado no período. Esta taxa é obtida pelo critério de desconto racional (juros "por dentro"), conforme definido, atingindo a:

$D = C \times i \times n$

Deslocando-se i:

$$i = \frac{D}{C \times n}$$

Substituindo os valores, chega-se a:

$i = \dfrac{2.500,00}{47.500,00 \times 1 \ mês} = \dfrac{2.500,00}{47.500,00}$

$i = 5,26\%$ ao mês

O resultado indica que há uma taxa implícita de juro de 5,26% numa operação de desconto de 5% a.m. ($d = 5\%$) pelo período de um mês.

Admitindo, em sequência, que esta operação de desconto tenha sido realizada com antecipação de dois meses, tem-se:

$ 45.000,00 D_F = $ 5.000,00 $ 50.000,00

V_F N

$i = \dfrac{5.000,00}{45.000,00 \times 1} = 11,1\%$ ao bimestre

À base de juros simples, esta taxa equivale a 5,56% ao mês, ou seja:

$i = \dfrac{5.000,00}{45.000,00 \times 2 \ meses} = 5,56\%$ ao mês

Em termos de juros compostos, critério tecnicamente mais correto, a taxa de todo o período (bimestre) atinge 11,1%. No entanto, a mensal efetiva é a equivalente composta:

$i = \sqrt{1,111} - 1 = 5,4\%$ ao mês

Algumas observações conclusivas com relação aos tipos de descontos simples são elaboradas a seguir:

a) O desconto "por fora" é apurado sobre o valor de resgate (valor nominal) do título, e o desconto "por dentro" é obtido sobre o valor líquido liberado (capital).

Em verdade, o desconto "por fora", apesar de amplamente adotado nas operações bancárias e comerciais de curto prazo, não pode ser entendido como juro em sua forma mais rigorosa de interpretação. É preferível interpretá-lo como uma metodologia peculiar de cálculo, pois o seu valor é obtido do montante a pagar (ou receber) e não do capital efetivamente empregado pelo devedor (ou credor).

O valor do desconto "por fora" será sempre superior ao do desconto "por dentro" quando obtidos em idênticas condições de prazo e taxa, determinando maior volume de receitas ao credor.

b) A operação de desconto "por fora" a uma determinada taxa d, e a um prazo n, implica a existência de uma *taxa implícita* i apurada para este mesmo prazo, a qual é calculada segundo os critérios de desconto racional ("por dentro"). A taxa de desconto "por fora" adotada numa operação será sempre inferior à taxa de desconto racional calculada nas mesmas condições.

c) No exemplo ilustrativo de desconto anterior definiu-se em 5% a taxa de desconto da operação. No entanto, ao se apurar o custo racional desta operação, que é determinado sobre o capital efetivamente empenhado, chega-se à taxa implícita mensal de 5,26% para $n = 1$ mês e de 11,1% para $n = 2$ meses.

Os cálculos de apuração da taxa racional de juros podem ser substituídos pelo emprego direto da seguinte fórmula:

$$i = \frac{d \times n}{1 - d \times n}$$

Assim, para a obtenção da taxa implícita (i) da operação, basta tão somente conhecer a taxa de desconto "por fora" e o prazo do desconto. Aplicando-se esta fórmula nos exemplos anteriores:

$n = 1$ mês

$$i = \frac{0,05}{1 - 0,05 \times 1} = \frac{0,05}{0,95} = 5,26\% \text{ ao mês}$$

$n = 2$ meses

$$i = \frac{0,05 \times 2}{1 - 0,05 \times 2} = \frac{0,10}{0,90} = 11,1\% \text{ ao bimestre}$$

Deve ser ressaltado que essas taxas mensais são representativas do regime de juros simples. Para cálculos mais rigorosos é necessário, conforme foi discutido em capítulos anteriores, adotar o regime de juros compostos.

Para o desconto de um mês, a taxa implícita mensal de 5,26% está correta. Lembre-se que, para um único período, os dois regimes de capitalização produzem o mesmo resultado.

No entanto, para um desconto de dois meses, a taxa mensal não é de 5,56%, resultado da média aritmética da taxa bimestral de 11,1%. Nas operações com mais de um período, é necessário *sempre* trabalhar com *juros compostos*, ou seja:

Taxa Mensal Implícita: (i) = $\sqrt{1,111} - 1 = 5,4\%$ ao mês

Assim, pela fórmula direta apresentada, o custo efetivo deve ser apurado para todo o período da operação e, a partir deste resultado, pode-se obter, pelo critério de juros compostos, a taxa equivalente para os intervalos de tempo.

Por exemplo, admita uma taxa de desconto (d) de 2,7% a.m. para uma operação de desconto de 35 dias. O custo efetivo para o período de 35 dias pela fórmula direta atinge:

DESCONTOS E OPERAÇÕES DE CURTO PRAZO

$$i = \frac{d \times n}{1 - d \times n}$$

$$i = \frac{\dfrac{0,027}{30} \times 35}{1 - \dfrac{0,027}{30} \times 35} = \frac{0,0315}{0,9685}$$

$i = 3,25\%$ p/ 35 dias

Observe que o valor percentual de **d** é representativo para todo o prazo da operação.

A partir deste custo efetivo para todo o período do desconto (35 dias), pode-se apurar o equivalente composto para outros intervalos de tempo:

Taxa Efetiva Mensal:

$$(\sqrt[35]{1,0325})^{30} - 1 = 2,78\% \text{ a.m.}$$

Taxa Efetiva Anual:

$$(\sqrt[35]{1,0325})^{360} - 1 = 38,95\% \text{ a.a.}$$

e assim por diante.

Exemplos:

1. Um título é descontado num banco 3 meses antes de seu vencimento. A taxa de desconto definida pelo banco é de 3,3% ao mês. Sendo de $ 25.000,00 o valor nominal deste título, e sabendo-se que a instituição financeira trabalha com o sistema de desconto "por fora", pede-se calcular:

   a) o valor do desconto cobrado pelo banco e o valor descontado do título liberado ao cliente;

   b) a taxa implícita simples e composta desta operação;

   c) a apuração da taxa implícita pela fórmula direta de cálculo.

   Solução:

   a) ***Desconto***

   $D_F = N \times d \times n$

   $D_F = 25.000,00 \times 0,033 \times 3$

   $D_F = \$ 2.475,00$

   - ***Valor Descontado***

   $V_F = N - D_F$

   $V_F = 25.000,00 - 2.475,00 = \$ 22.525,00$

   ou:

   $V_F = N (1 - d \times n)$

   $V_F = 25.000,00 \times (1 - 0,033 \times 3)$

   $V_F = 25.000,00 \times 0,901 = \$ 22.525,00$

   b) ***Taxa Implícita***

   $$i = \frac{2.475,00}{22.525,00 \times 1 \text{ trim.}} = 10,99\% \text{ ao trimestre (taxa de juros referente ao trimestre)}$$

- Mensal simples – $i = \dfrac{2.475,00}{22.525,00 \times 3 \text{ m.}} = 3{,}66\%$ ao mês

ou:

$$i = \frac{10,99\%}{3} = 3{,}66\% \text{ ao mês}$$

- A *taxa efetiva* mensal da operação de desconto, obtida pelo critério de juro composto, atinge:

$$i = \sqrt[3]{1,1099} - 1 = 3{,}54\% \text{ a.m.}$$

c) **Emprego da fórmula direta**

$$i = \frac{d}{1 - d \times n}$$

$$i = \frac{0,033 \times 3 \text{ meses}}{1 - 0,033 \times 3 \text{ meses}} = 10{,}99\% \text{ ao trimestre (taxa efetiva do período)}$$

Logo, a taxa efetiva (implícita) para um mês é a equivalente composta, ou seja:

$$i = \sqrt[3]{1,1099} - 1 = 3{,}54\% \text{ a.m.}$$

Observe, uma vez mais, que d é a taxa de desconto referente a todo o período da operação.

2. Uma instituição financeira publica que sua taxa de desconto é de 3,5% ao mês. Calcule a taxa implícita mensal (simples e composta) admitindo um prazo de desconto de dois meses.

Solução:

$$i = \frac{d \times n}{1 - d \times n}$$

$$i = \frac{0,035 \times 2}{1 - 0,035 \times 2} = \frac{0,07}{0,93} = 7{,}53\% \text{ a.b.}$$

$$i = \sqrt{1,0753} - 1 = 3{,}7\% \text{ ao mês (equivalente composta).}$$

3. Admita que uma instituição financeira esteja cobrando juros "por fora" de 2,2% a.m. em suas operações de desconto. Sendo um título descontado 39 dias antes de seu vencimento, pede-se determinar a taxa efetiva (implícita) de juros mensal e anual.

Solução:

Taxa Efetiva para todo o Período de Desconto (39 dias):

$$i = \frac{d \times n}{1 - d \times n}$$

$$i = \frac{\dfrac{0,022}{30} \times 39}{1 - \dfrac{0,022}{30} \times 39} = \frac{0,0286}{0,09714} = 2{,}94\% \text{ p/ 39 dias}$$

Taxa Efetiva Mensal:

$i = (\sqrt[39]{1,0294})^{30} - 1 = 2,25\%$ a.m.

Taxa Efetiva Anual:

$i = (\sqrt[39]{1,0294})^{360} - 1 = 30,7\%$ a.a.

4.2.1 Taxa efetiva de juros

Nos exemplos ilustrativos anteriores ficou demonstrado que a taxa implícita de juros calculada para todo o período da operação é adequada para a Matemática Financeira, permitindo comparações em idênticas condições de prazo. No entanto, quando os prazos dos descontos não forem os mesmos, o regime de juros simples não é adequado tecnicamente para esta análise. Ficou esclarecido também no capítulo anterior a nítida superioridade técnica do regime composto para o cálculo da taxa de juros de um fluxo de caixa.

Dessa maneira, a *taxa efetiva* de juros de um desconto "por fora" apurado à taxa *d* é definida pela aplicação do conceito de taxa interna de retorno, conforme exposta no Capítulo 3. Em outras palavras, a taxa efetiva conceitualmente é aquela obtida pelo critério de capitalização composta.

Com relação aos exemplos desenvolvidos no item anterior, a taxa equivalente mensal obtida pelo regime de juros compostos é interpretada como a taxa efetiva da operação.

Em verdade, é a própria taxa interna de juros da operação, ou seja, a taxa de juros, que iguala, num único momento, entradas com saídas de caixa. Assim, para o Exemplo 1 apresentado, tem-se:

$$V_F = \$\ 22.525,00 \qquad\qquad N = \$\ 25.000,00$$
$$t-3 \qquad\qquad n = 3\ \text{meses} \qquad\qquad t\ (\text{meses})$$

$FV = PV\ (1 + i)^n$

$25.000,00 = 22.525,00\ (1 + i)^3$

$\dfrac{25.000,00}{22.525,00} = (1 + i)^3$

$1,109878 = (1 + i)^3$

$\sqrt[3]{1,109878} = \sqrt[3]{(1 + i)^3}$

$1,0354 = 1 + i$

$i = 3,54\%$ a.m. (conforme calculado no referido exemplo)

Exemplos:

1. Sendo de 4% ao mês a taxa de juros "por fora" aplicada sobre uma operação de desconto de um título de valor nominal de $ 700.000,00, calcule a taxa de juros efetiva mensal e anual desta operação. O título foi descontado 4 meses antes de seu vencimento.

Solução:

- $D_F = N \times d \times n$
  $D_F = 700.000,00 \times 0,04 \times 4$
  $D_F = \$ 112.000,00$
- $N = \$ 700.000,00$
- $V_F = 700.000,00 - 112.000,00$
  $V_F = \$ 588.000,00$
- $i = \dfrac{112.000,00}{588.000,00 \times 1 \text{ quadr.}} = 19,05\% \text{ a.q.}$

  ou:

  $i = \dfrac{112.000,00}{588.000,00 \times 4 \text{ meses}}$
  $i = 4,76\% \text{ a.m. (juros simples)}$

- Taxa Efetiva Composta

  $i = \sqrt[4]{1,1905} - 1 = 4,46\% \text{ a.m.}$

  $i = (1,1905)^3 - 1 = 68,7\% \text{ a.a.}$

Obs.: A taxa efetiva pode também ser obtida desconhecendo-se o valor do título descontado. Aplicando-se a fórmula direta de cálculo demonstrada anteriormente, tem-se:

$i = \dfrac{d \times n}{1 - d \times n}$, sendo:

$d = 16\% \text{ a.q. } (4\% \text{ a.m.})$
$n = 1 \text{ quadrimestre}$

Substituindo:

$i = \dfrac{0,16}{1 - 0,16 \times 1} = \dfrac{0,16}{0,84} = 19,05\% \text{ a.q.}$

Logo:

$i = \sqrt[4]{1,1905} - 1 = 4,46\% \text{ a.m.}$
$i = (1,1905)^3 - 1 = 68,7\% \text{ a.a.}$

2. Um título com valor de resgate de \$ 14.000,00 é descontado num banco 78 dias antes de seu vencimento. Determine o valor do desconto calculado para a operação, e a taxa efetiva mensal de juros, sabendo-se que a taxa de desconto contratada é de 45% a.a.

   Solução:

   $N = \$ 14.000,00$
   $n = 78 \text{ dias, ou } 78/30 = 2,6 \text{ meses}$
   $d = 45\% \text{ a.a., ou } 45\%/12 = 3,75\% \text{ a.m.}$

- **Desconto**

$$D_F = 14.000,00 \times \frac{0,0375}{30} \times 78$$

$$D_F = \$ 1.365,00$$

- **Valor Descontado**

$$V_F = 14.000,00 - 1.365,00$$

$$V_F = \$ 12.635,00$$

- **Taxa Efetiva**

$$i = \frac{1.365,00}{12.635,00 \times 1 \text{ período}} = 10,8\% \text{ p/ 78 dias}$$

ou:

$$i = \frac{d \times n}{1 - d \times n} = \frac{\dfrac{0,0375}{30} \times 78}{1 - \dfrac{0,0375}{30} \times 78} =$$

$$i = 10,8\% \text{ p/ 78 dias}$$

Logo:

$$i = (\sqrt[78]{1,108})^{30} - 1 = 4,02\% \text{ a.m. (taxa efetiva por juros compostos).}$$

3. As condições de desconto de dois bancos são as seguintes:

Banco A: taxa de desconto bancário de 4,3% a.m. para operações com prazo de desconto de 4 meses;

Banco B: taxa de desconto bancário de 3,9% a.m. para operações com prazo de desconto de 3 meses.

Com base nestas informações, determine a taxa efetiva mensal de juros cobrada de cada banco.

Solução:

- $i\,(\textbf{Banco A}) = \dfrac{0,043 \times 4}{1 - 0,043 \times 4} = 20,77\%$ a.q.

$i = \sqrt[4]{1,2077} - 1 = 4,83\%$ a.m. (taxa efetiva mensal)

- $i\,(\textbf{Banco B}) = \dfrac{0,039 \times 3}{1 - 0,039 \times 3} = 13,25\%$ a.t.

$i = \sqrt[3]{1,1325} - 1 = 4,23\%$ a.m. (taxa efetiva mensal)

4.2.2 Apuração da taxa de desconto com base na taxa efetiva

As formulações apresentadas nos itens precedentes atribuíram maior destaque ao cálculo da taxa efetiva de juros com base em dada taxa de desconto. Considerando a fórmula desenvolvida, é possível também isolar o percentual do desconto "por fora" definido com base na taxa efetiva de juros. Isto é:

$$i = \frac{d}{1-d}$$

sendo d, conforme definido, a taxa de desconto de todo o prazo da operação; e i a taxa efetiva de juros (taxa implícita).

Logo:

$i(1-d) = d$

$i - id = d$

$id + d = i$

$d(1+i) = i$

$$d = \frac{i}{1+i}$$

Por exemplo, admita que uma instituição deseja cobrar uma taxa efetiva de juro de 3,7% ao mês em suas operações de desconto de duplicatas. A taxa de desconto mensal "por fora" que deve ser cobrada para prazos de 30 dias e 40 dias é calculada:

- *Prazo do desconto: 1 mês (30 dias)*
  Taxa efetiva desejada: 3,7% a.m.

  Logo: $d = \dfrac{0,037}{1 + 0,037} = 3,57\%$ a.m.

- *Prazo do desconto: 40 dias*
  Taxa efetiva desejada: 3,7% a.m.
  $(1,037)^{40/30} - 1 = 4,96\%$ p/ 40 dias

  Logo: $d = \dfrac{0,0496}{1 + 0,0496} = 4,73\%$ p/ 40 dias

  $d = \dfrac{4,73\%}{40} \times 30 = 3,55\%$ a.m.

4.3 O prazo e a taxa efetiva nas operações de desconto "por fora"

As características de apuração do desconto "por fora", convencionalmente obtido a partir do valor de resgate do título, podem apresentar certos resultados bastante estranhos.

Inicialmente, coloca-se a situação de uma operação de desconto bancário (ou comercial) apresentando um prazo longo. Dependendo do produto "taxa de desconto × prazo de desconto" a que se chega, pode-se concluir pela existência de um valor descontado negativo. Ou seja, o proprietário do título, além de não receber recurso algum pelo desconto, deve ainda desembolsar certa quantia no ato da operação.

Seja o caso de um *empréstimo de $ 30.000,00* concedido por meio de desconto "por fora" de uma nota promissória 18 meses antes de seu vencimento. Sendo de 6% ao mês a taxa de juros simples considerada, tem-se o seguinte valor descontado:

$V_F = 30.000,00 \times [1 - (0,06 \times 18)]$
$V_F = 30.000,00 \times [1 - 1,08] = -\$ 2.400,00$

Nesse caso hipotético, o detentor do título não recebe nada pela operação e ainda tem que desembolsar a quantia de $ 2.400,00.

Em outras palavras, os encargos financeiros (desconto) da operação são $ 2.400,00 maiores que o valor descontado ($D_F = 30.000,00 \times 0,06 \times 18 = \$ 32.400,00$). Como, por convenção, os encargos são descontados no ato da operação, o proprietário do título nada recebe pelo desconto realizado. Ao contrário, deve ele ainda pagar uma quantia equivalente ao saldo negativo do valor descontado apurado.

Para que esse resultado absurdo não venha a ocorrer, é necessário que as condições de prazo e taxa de desconto sejam definidas da forma seguinte:

$$d \times n < 1$$

Neste caso, de o produto $d \times n$ ser inferior a 1, o V_F apresenta valor positivo. Se, ao contrário, $d \times n$ for maior que 1, tem-se um V_F negativo, pois os encargos dos juros superam o valor dos juros. Sendo $d \times n = 1$, o V_F é nulo.

No *exemplo ilustrativo* anterior, sendo $d = 6\%$ a.m., o prazo do desconto não pode exceder 16,67 meses para que se produza um V_F positivo, isto é:

$n < 1/d$

$n < 1/0,06$

$n < 16,67$ meses

Como o prazo admitido na operação foi de 18 meses, o valor descontado totalizou absurdamente – *$ 2.400,00*.

Por outro lado, para um prazo fixado, por exemplo, em 10 meses, o V_F positivo somente se realiza para uma taxa de desconto inferior a 10% a.m., isto é:

$d < 1/n$

$d < 1/10 < 0,10$ (10% a.m.)

Outro aspecto importante também presente no desconto "por fora" (ou bancário, ou comercial) diz respeito à influência do prazo da operação sobre o seu custo efetivo. Para uma mesma taxa de desconto "por fora", *quanto maior o prazo de desconto, maior o custo efetivo da operação*.

Admita uma taxa de desconto "por fora" de 4% ao mês. O custo efetivo desta taxa assumindo-se diferentes prazos de desconto pode ser apurado a partir da fórmula apresentada anteriormente:

$$i = \frac{d \times n}{1 - d \times n}$$

ou seja:

- $n = 1$ mês

$$i = \frac{0,04}{1 - 0,04 \times 1} = 4,17\% \text{ a.m.}$$

- $n = 2$ meses

$$i = \frac{(0,04 \times 2)}{1 - 0,04 \times 2} = 8,7\% \text{ a.b.} \quad (i = 4,26\% \text{ a.m., por juros compostos})$$

- $n = 3$ meses

$$i = \frac{(0,04 \times 3)}{1 - 0,04 \times 3} = 13,6\% \text{ a.t.} \quad (i = 4,34\% \text{ a.m., por juros compostos})$$

- $n = 4$ meses

$$i = \frac{(0,04 \times 4)}{1 - 0,04 \times 4} = 19,0\% \text{ a.q.} \quad (i = 4,46\% \text{ a.m., por juros compostos})$$

e assim por diante.

Pelo que se observa na ilustração, o prazo do desconto exerce grande influência sobre o custo efetivo da operação. *Prazos menores acarretam custos mais reduzidos.*

Em princípio, torna-se mais interessante às empresas obterem créditos em prazos mais curtos e renová-los periodicamente. No entanto, esta política de barateamento de custos pode trazer certas dificuldades de caixa para a empresa, principalmente em relação ao risco de não conseguir renovar o crédito em qualquer época do ano. Ademais, está presente também o risco de as taxas de juros de mercado não se manterem inalteradas em todo o horizonte de tempo. Acréscimos nesses percentuais determinam, evidentemente, maiores custos efetivos aos tomadores de empréstimos. Esses aspectos essenciais devem ser levados em consideração no momento de se realizar uma operação de desconto comercial ou bancário, conjugando-se os vários aspectos de custo e risco envolvidos.

4.3.1   Taxas de desconto decrescentes para prazos crescentes

Pelo fato de o prazo de desconto exercer influência sobre o custo efetivo da operação, acréscimos no prazo podem determinar taxas efetivas excessivamente altas (fora da realidade de mercado) ou, até mesmo, resultados absurdos como o valor descontado negativo.

Diante dessas características comentadas de juros "por fora", é comum no mercado serem definidas taxas de desconto decrescentes de conformidade com a elevação dos prazos de desconto. Neste caso, a taxa efetiva da operação pode permanecer inalterada, variando somente a taxa de desconto "por fora".

A partir da fórmula direta de cálculo da taxa efetiva é possível enunciar a seguinte identidade que define uma taxa de desconto "por fora" (d) para cada prazo (n), de forma a manter a taxa efetiva (i) inalterada:

$$\frac{d}{1 - d} = [(1 + i)^n - 1]$$

sendo d a taxa de desconto simples "por fora" para todo o período.

DESCONTOS E OPERAÇÕES DE CURTO PRAZO

Por exemplo, suponha que uma instituição financeira tenha definido em 4,5% ao mês sua taxa de desconto "por fora". Esta taxa, conforme é ilustrado na apuração da taxa implícita de juros, produz um custo efetivo de 4,7% a.m. para operações de um mês de prazo.

Ao elevar o prazo de desconto da operação, foi demonstrado no item precedente que o custo também se incrementa, passando para uma taxa efetiva de 4,83% a.m. se o prazo subir para dois meses, de 4,95% a.m. se o prazo for definido em três meses, e assim por diante. Ao se fixar ilustrativamente em 4,95% ao mês a taxa de juro que efetivamente se deseja cobrar nas operações de desconto, a taxa de desconto declarada para cada prazo é reduzida para:

- **$n = 3$ meses**

$$\frac{d}{1-d} = [(1 + 0,0495)^3 - 1]$$

$$\frac{d}{1-d} = 0,156$$

$$0,156 - 0,156\, d = d$$

$$1,156\, d = 0,156$$

$$d = \frac{0,156}{1,156} = 13,5\% \text{ a.t.}$$

$$d = \frac{13,5\%}{3} = 4,5\% \text{ a.m.}$$

- **$n = 4$ meses**

$$\frac{d}{1-d} = [(1,0495)^4 - 1]$$

$$\frac{d}{1-d} = 0,2132$$

$$0,2132 - 0,2132\, d = d$$

$$1,2132\, d = 0,2132$$

$$d = 17,6\% \text{ a.q.} \quad \left(d = \frac{17,6\%}{4} = 4,4\% \text{ a.m.}\right)$$

A partir do exemplo apresentado, pode-se elaborar a seguinte tabela ilustrativa de taxas de desconto para diferentes prazos:

Prazo (em meses)	Taxa de desconto "por fora" (ao mês)	Taxa efetiva (ao mês)
2	4,6%	4,95%
3	4,5%	4,95%
4	4,4%	4,95%
5	4,3%	4,95%
6	4,19%	4,95%

CAPÍTULO 4

Exemplos:

1. Elabore uma tabela de taxa efetiva (racional) mensal admitindo-se taxas mensais de desconto "por fora" variando de 1 a 15% para prazos de desconto de 1 a 6 meses.

Solução:

Desconto "por fora" (ao mês)	Taxa de juro efetiva mensal para:					
	1 mês	2 meses	3 meses	4 meses	5 meses	6 meses
1,0%	1,01%	1,02%	1,02%	1,03%	1,03%	1,04%
2,0%	2,04%	2,06%	2,08%	2,10%	2,13%	2,15%
3,0%	3,09%	3,14%	3,19%	3,25%	3,30%	3,36%
4,0%	4,17%	4,26%	4,35%	4,46%	4,56%	4,68%
5,0%	5,26%	5,41%	5,57%	5,74%	5,92%	6,12%
6,0%	6,38%	6,60%	6,84%	7,10%	7,39%	7,72%
7,0%	7,53%	7,83%	8,17%	8,56%	9,00%	9,50%
8,0%	8,70%	9,11%	9,58%	10,12%	10,76%	11,51%
9,0%	9,89%	10,43%	11,06%	11,80%	12,70%	13,82%
10,0%	11,11%	11,80%	12,62%	13,62%	14,87%	16,50%
11,0%	12,36%	11,80%	14,28%	15,60%	17,32%	19,70%
12,0%	13,64%	14,71%	16,04%	17,76%	20,11%	23,63%
13,0%	14,94%	16,25%	17,91%	20,14%	23,36%	28,71%
14,0%	16,28%	17,85%	19,91%	22,78%	27,23%	35,72%
15,0%	17,65%	19,52%	22,05%	25,74%	31,95%	46,78%

2. No exemplo anterior, admita que um banco deseje cobrar uma taxa efetiva de 4,2% ao mês em suas operações de desconto. Pede-se determinar a taxa de juros "por fora" que deve adotar para prazos de desconto de 1 a 6 meses.

Solução:

Prazo de desconto (meses)	Taxa de juros "por fora" (ao mês)	Taxa efetiva de juros (ao mês)
1	4,03%	4,2%
2	3,95%	4,2%
3	3,87%	4,2%
4	3,79%	4,2%
5	3,72%	4,2%
6	3,65%	4,2%

4.4 Desconto para vários títulos

As diversas situações desenvolvidas neste capítulo consideraram preferencialmente o cálculo do desconto e, consequentemente, da taxa racional (efetiva) de juros, para um único título.

No entanto, é bastante adotado na prática, principalmente em operações com bancos comerciais, proceder-se de uma única vez ao desconto de vários títulos. Estes títulos, com prazos e valores nominais geralmente diferentes, são descontados numa mesma data, produzindo um valor descontado representativo da soma do valor descontado de cada título.

O problema maior dessa operação restringe-se à obtenção da taxa efetiva de juros representativa de um conjunto de títulos com prazos desiguais. Uma maneira simples e bastante empregada na prática de solucionar essa questão é definir o prazo de antecipação dos títulos pelo seu valor médio ponderado.

Dessa maneira, a identidade de cálculo da taxa racional de juros passa a ter a seguinte expressão:

$$i = \frac{D}{C \times \bar{n}}$$

onde: $\bar{n}$ = prazo médio ponderado de desconto dos títulos.

Suponha que em determinada data um banco creditou o valor líquido de $ 23.600,00 na conta de um cliente após efetuar a seguinte operação de desconto no borderô de duplicatas enviado:

Título	Valor nominal	Prazo de antecipação
A	$ 5.000,00	50 dias
B	$ 9.000,00	70 dias
C	$ 8.000,00	82 dias
D	$ 4.000,00	60 dias
Total	$ 26.000,00	

Pelo enunciado da operação, são conhecidos os seguintes valores:

- Valor Nominal Total dos Títulos (N) $ 26.000,00
- Valor Descontado (V_F) $ 23.600,00
- Valor do Desconto (D_F) $ 2.400,00

Por estarem envolvidos diversos títulos com diferentes prazos de desconto, o critério proposto apura n por meio de uma média ponderada, em que cada título tem o seu valor ponderado pelo número de dias de antecipação, ou seja:

$$\bar{n} = \frac{(5.000,00 \times 50) + (9.000,00 \times 70) + (8.000,00 \times 82) + (4.000,00 \times 60)}{5.000,00 + 9.000,00 + 8.000,00 + 4.000,00}$$

$$\overline{n} = \frac{1.776.000,00}{26.000,00} = 68,3 \text{ dias ou } 68,3/30 = 2,2767 \text{ meses}$$

Substituindo os valores identificados na fórmula da taxa de juros racional (i), conforme apresentada, chega-se a:

$$i = \frac{2.400,00}{23.600,00 \times 2,2767} = 0,0447 \text{ ou } 4,47\% \text{ a.m.}$$

A forma de cálculo da taxa racional apresentada é baseada no regime de juros simples, o qual rigorosamente não é o critério de capitalização de juros mais correto. O amplo uso desta metodologia, notadamente para apuração da taxa efetiva de um conjunto de títulos descontados num banco comercial, é explicado principalmente pela simplicidade dos cálculos.

Ao adotar o regime de juros compostos para a obtenção da taxa efetiva desta operação, a solução passa necessariamente pela taxa interna de retorno (*IRR*) do fluxo de caixa, conforme foi introduzida no capítulo anterior, ou seja:

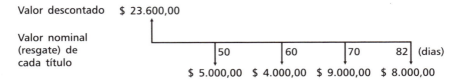

A *IRR*, conforme foi demonstrado no Capítulo 3 (item 3.6), é obtida pela taxa de juros que iguala, numa única data (convencionalmente na data zero), entradas de caixa (valor descontado) com saídas de caixa (valor nominal de cada título), isto é:

$$23.600,00 = \frac{5.000,00}{(1+i)^{50/30}} + \frac{4.000,00}{(1+i)^{60/30}} + \frac{9.000,00}{(1+i)^{70/30}} + \frac{8.000,00}{(1+i)^{82/30}}$$

Resolvendo-se a expressão com o auxílio de uma calculadora financeira, chega-se à taxa efetiva de juros cobrada no desconto do borderô de duplicatas:

$i = 4,35\%$ ao mês

ou

$i = (1,0435)^{12} - 1 = 66,7\%$ ao ano.

4.5 Desconto composto

O desconto composto, utilizado basicamente em operações de longo prazo, pode ser identificado, igualmente ao desconto simples, em dois tipos: o desconto "por dentro" (racional) e o desconto "por fora".

O desconto composto "por fora" (ou comercial) é raramente empregado no Brasil, apresentando pouco uso prático. O desconto "por dentro" (racional) envolve valor atual e valor

DESCONTOS E OPERAÇÕES DE CURTO PRAZO

nominal de um título capitalizado segundo o regime de juros compostos, apresentando, portanto, larga utilização prática.

4.5.1 Desconto composto "por fora"

O desconto composto "por fora" caracteriza-se pela incidência sucessiva da taxa de desconto sobre o valor nominal do título, o qual é deduzido, em cada período, dos descontos obtidos em períodos anteriores.

Nessa conceituação, o desconto composto "por fora" apresenta os seguintes resultados numa sucessão de períodos:

1º Período:

$$V_{F1} = N - D$$

Como:

$$D_F = N \times d$$

tem-se:

$$V_{F1} = N - N \times d$$
$$V_{F1} = N (1 - d)$$

O valor $N (1 - d)$ é o novo valor nominal sobre o qual incidirá a taxa de desconto no período seguinte.

2º Período:

$$D_{F2} = N (1 - d) \times d$$

Logo:

$$V_{F2} = V_{F1} - D_{F2}$$
$$V_{F2} = N (1 - d) - N (1 - d) \times d$$
$$V_{F2} = N - Nd - (N + Nd) \times d$$
$$V_{F2} = N - Nd - Nd + Nd^2$$
$$V_{F2} = N - 2Nd + Nd^2$$

Colocando N em evidência:

$$V_{F2} = N (1 - 2d + d^2)$$
$$V_{F2} = N (1 - d)^2$$

3º Período:

$$D_{F3} = N (1 - d)^2 \times d$$

Logo:

$$V_{F3} = V_{F2} - D_{F3}$$
$$V_{F3} = N (1 - d)^2 - N (1 - d)^2 \times d$$
$$V_{F3} = N (1 - 2d + d^2) - N (1 - 2d + d^2) \times d$$

$$V_{F3} = N - 2dN + Nd^2 - Nd + 2d^2N - Nd^3$$
$$V_{F3} = N(1 - 2d + d^2 - d + 2d^2 - d^3)$$
$$V_{F3} = N(1 - 3d + 3d^2 - d^3)$$
$$V_{F3} = N(1 - d)^3$$

e assim sucessivamente até o enésimo período.

Enésimo Período

Generalizando o desenvolvimento do desconto composto "por fora", obtém-se a seguinte expressão de cálculo:

$$V_F = N(1 - d)^n$$

Como:

$$D_F = N - V_F$$

tem-se:

$$D_F = N - N(1 - d)^n$$

$$D_F = N[1 - (1 - d)^n]$$

Por apresentar raríssimas aplicações práticas, os exercícios deste tipo de desconto composto ficam restritos aos exemplos desenvolvidos a seguir.

Exemplos:

1. Um título de valor nominal de $ 35.000,00 é negociado mediante uma operação de desconto composto "por fora" 3 meses antes de seu vencimento. A taxa de desconto adotada atinge 5% ao mês. Pede-se determinar o valor descontado, o desconto e a taxa de juros efetiva da operação.

   Solução:

   $N = 35.000,00 \qquad V_F = ?$

   $n = 3$ meses $\qquad D_F = ?$

   $d = 5\%$ ao mês $\qquad i = ?$

   - **Desconto**

     $$D_F = N \times [1 - (1 - d)^n]$$
     $$D_F = 35.000,00 \times [1 - (1 - 0,05)^3]$$
     $$D_F = 35.000,00 \times 0,142625$$
     $$D_F = \$ 4.991,88$$

   - **Valor Descontado**

     $$V_F = N(1 - d)^n$$
     $$V_F = 35.000,00(1 - 0,05)^3$$
     $$V_F = \$ 30.008,12$$

ou: $V_F = N - D_F$

$V_F = 35.000,00 - 4.991,88$

$V_F = \$ 30.008,12$

- **Taxa Efetiva de Juros**

$$V_F = 30.008,12 \qquad\qquad N = \$ 35.000,00$$

```
|————————————————————————————————|
0                                3 (meses)
```

$35.000,00 = 30.008,12 (1 + i)^3$

$$\sqrt[3]{\frac{35.000,00}{30.008,12}} = \sqrt[3]{(1 + i)^3}$$

$\sqrt[3]{1,166351} = (1 + i)$

$1,0526 = 1 + i$

$i = 0,0526$ ou $5,26\%$ a.m.

2. A partir das informações do exemplo anterior, efetue uma demonstração mensal ilustrando a formação do desconto e do valor descontado conforme a sequência apresentada no desenvolvimento das fórmulas.

Solução:

1º mês

- $D_{F1} = N \times d$

  $D_{F1} = 35.000,00 \times 0,05 = \$ 1.750,00$
- $V_{F1} = N (1 - d)$

  $V_{F1} = 35.000,00 (1 - 0,05) = \$ 33.250,00$

2º mês

- $D_{F2} = N (1 - d) \times d$

  $D_{F2} = 35.000,00 (1 - 0,05) \times 0,05$

  $D_{F2} = \$ 1.662,50$
- $V_{F2} = N (1 - d)^2$

  $V_{F2} = 35.000,00 (1 - 0,05)^2 = \$ 31.587,50$

ou:

$V_{F2} = 35.000,00 - (1.750,00 + 1.662,50)$

$V_{F2} = \$ 31.587,50$

3º mês

- $D_{F3} = N (1 - d)^2 \times d$

  $D_{F3} = 35.000,00 \times (1 - 0,05)^2 \times 0,05$

  $D_{F3} = \$ 1.579,38$
- $V_{F3} = N (1 - d)^3$

  $V_{F3} = 35.000,00 \times (1 - 0,05)^3 = \$ 30.008,12$

ou:

$V_{F3} = 35.000,00 - (1.750,00 + 1.662,50 + 1.579,38)$
$V_{F3} = \$\ 30.008,12$

3. Uma empresa deve $ 80.000,00 a um banco cujo vencimento se dará daqui a 10 meses. No entanto, 4 meses antes do vencimento da dívida resolve quitar antecipadamente o empréstimo e solicita ao banco um desconto.

O banco informa que opera de acordo com o conceito de desconto composto "por fora", sendo sua taxa de desconto para esse tipo de operação de 3,5% ao mês.

Pede-se calcular o valor líquido que a empresa deve pagar ao banco quando da liquidação antecipada do empréstimo.

Solução:

$N\ = \$\ 80.000,00 \qquad V_F = ?$

$n\ = 4 \text{ meses}$

$d\ = 3,5\% \text{ a.m.}$

$V_F = N\,(1 - d)^n$

$V_F = 80.000,00 \times (1 - 0,035)^4 = \$\ 69.374,40$

4. Um título foi descontado à taxa de 3% a.m. 5 meses antes de seu vencimento. Sabe-se que esta operação produziu um desconto de $ 39.000,00. Admitindo o conceito de desconto composto "por fora", calcule o valor nominal do título.

Solução:

$D_F = N\,[1 - (1 - d)^n]$

$39.000,00 = N\,[1 - (1 - 0,03)^5]$

$39.000,00 = N \times 0,141266$

$N = \dfrac{39.000,00}{0,141266} = \$\ 276.074,92$

4.5.2 Desconto composto "por dentro"

Conforme comentado, o desconto composto "por dentro" (ou racional) é aquele estabelecido segundo as conhecidas relações do regime de juros compostos.

Assim sendo, o valor descontado racional (V_r) equivale ao valor presente de juros compostos, conforme apresentado no Capítulo 3, ou seja:

$$V_r = \frac{N}{(1 + i)^n}$$

Por outro lado, sabe-se que o desconto é obtido pela diferença entre o valor nominal (resgate) e o valor descontado (valor presente). Logo, o desconto racional (D_r) tem a seguinte expressão de cálculo:

$D_r = N - V_r$

$$D_r = N - \frac{N}{(1 + i)^n}$$

Colocando-se N em evidência:

$$D_r = N\left(1 - \frac{1}{(1 + i)^n}\right)$$

Por exemplo, suponha que uma pessoa deseja descontar uma nota promissória 3 meses antes de seu vencimento. O valor nominal deste título é de $ 50.000,00. Sendo de 4,5% ao mês a taxa de desconto racional, o valor líquido recebido (valor descontado) pela pessoa na operação atinge:

$$V_r = \frac{50.000,00}{(1 + 0,045)^3} = \$ \, 43.814,83$$

O valor do desconto racional, por seu lado, soma a:

$D_r = 50.000,00 - 43.814,83 = \$ \, 6.185,17$

Por se tratar de desconto racional ("por dentro"), a taxa efetiva de juros é a própria taxa de desconto considerada, isto é:

$50.000,00 = 43.814,83 \, (1 + i)^3$

$$\sqrt[3]{\frac{50.000,00}{43.814,83}} = \sqrt[3]{(1 + i)^3}$$

$\sqrt[3]{1,141166} = 1 + i$

$1,045 = 1 + i$

$i = 4,5\%$ a.m.

Exemplos:

1. Sabe-se que um título, para ser pago daqui a 12 meses, foi descontado 5 meses antes de seu vencimento. O valor nominal do título é de $ 42.000,00 e a taxa de desconto, de 3,5% ao mês. Calcule o valor líquido liberado nesta operação sabendo-se que foi utilizado o desconto composto "por dentro".
Solução:

$$V_r = \frac{N}{(1 + i)^n}$$

$$V_r = \frac{42.000,00}{(1 + 0,035)^5} = \$\ 35.362,87$$

2. Calcule o valor do desconto racional de um título de valor nominal de $ 12.000,00 descontado 4 meses antes de seu vencimento à taxa de 2,5% ao mês.

Solução:

$D_r = ?$

$N = \$\ 12.000,00$

$n = 4$ meses

$i = 2,5\%$ a.m.

$$D_r = N\left(1 - \frac{1}{(1 + i)^n}\right)$$

$$D_r = 12.000,00\left(1 - \frac{1}{(1 + 0,025)^4}\right)$$

$$D_r = 12.000,00 \times 0,094049 = \$\ 1.128,59$$

3. Um banco libera a um cliente $ 6.800,00 provenientes do desconto de um título de valor nominal de $ 9.000,00 descontado à taxa de 4% a.m. Calcule o prazo de antecipação que foi descontado este título.

Solução:

$D_r = \$\ 6.800,00$

$N = \$\ 9.000,00$

$i = 4\%$ a.m.

$n = ?$

$$V_r = \frac{N}{(1 + i)^n}$$

$$6.800,00 = \frac{9.000,00}{(1 + 0,04)^n}$$

$$(1,04)^n = \frac{9.000,00}{6.800,00}$$

$$(1,04)^n = 1,323529$$

$$\log (1,04)^n = \log 1,323529$$

$$n \times \log 1,04 = \log 1,323529$$

$$n = \frac{\log 1,323529}{\log 1,04} = \frac{0,121733}{0,017033} = 7,15 \text{ meses (7 meses e 4 dias)}$$

Exercícios resolvidos – Descontos simples

1. Calcule o valor descontado racional nas seguintes condições:

   a) Valor Nominal: $ 17.000,00

DESCONTOS E OPERAÇÕES DE CURTO PRAZO

Prazo de Desconto: 3 meses
Taxa de Desconto: 50% ao ano
b) Valor Nominal: $ 52.000,00
Prazo de Desconto: 4 meses
Taxa de Desconto: 36% ao ano
c) Valor Nominal: $ 35.000,00
Prazo de Desconto: 2 meses
Taxa de Desconto: 18,8% ao ano

Solução:

$$V_r = \frac{N}{1 + i \times n}$$

a) $V_r = \dfrac{17.000,00}{1 + \dfrac{0,5}{12} \times 3} = \$\,15.111,11$

b) $V_r = \dfrac{52.000,00}{1 + \dfrac{0,36}{12} \times 4} = \$\,46.428,57$

c) $V_r = \dfrac{35.000,00}{1 + \dfrac{0,188}{12} \times 2} = \$\,33.936,65$

2. Calcule o desconto "por fora" nas seguintes condições:
   a) Valor Nominal: $ 44.000,00
      Prazo de Desconto: 120 dias
      Taxa de Desconto: 33,6% ao ano
   b) Valor Nominal: $ 78.600,00
      Prazo de Desconto: 25 dias
      Taxa de Desconto: 30% ao ano
   c) Valor Nominal: $ 280.000,00
      Prazo de Desconto: 2 meses e 10 dias
      Taxa de Desconto: 36% ao ano

Solução:

$$D_F = N \times d \times n$$

a) $D_F = 44.000,00 \times \dfrac{0,336}{12} \times 4 = \$\,4.928,00$

b) $D_F = 78.600,00 \times \dfrac{0,30}{360} \times 25 = \$\,1.637,50$

c) $D_F = 280.000,00 \times \dfrac{0,36}{360} \times 70 = \$\,19.600,00$

106 CAPÍTULO 4

3. Um título de valor nominal de $ 41.000,00 é descontado comercialmente 4 meses antes de ser pago. A taxa de desconto adotada atinge 2,5% ao mês. Calcule o valor liberado, o valor do desconto e a taxa efetiva de juros desta operação.

Solução:

N = 41.000,00 $\qquad$ V_F = ?

n = 4 meses $\qquad$ D_F = ?

d = 2,5% ao mês $\qquad$ i = ?

- $D_F = N \times d \times n$

  D_F = 41.000,00 × 0,025 × 4 = $ 4.100,00

- $V_F = N - D_F$

  V_F = 41.000,00 − 4.100,00 = $ 36.900,00

- $i = \dfrac{D}{C \times n}$

  $i = \dfrac{4.100,00}{36.900,00 \times 4} = 2{,}78\%$ ao mês (juros simples)

  i = 2,78% × 4 = 11,12% a.q.

  $i = \sqrt[4]{1{,}1112} - 1 = 2{,}67\%$ ao mês (juros compostos)

4. Sendo de 4% ao mês a taxa de desconto "por fora", pede-se calcular a taxa efetiva de juros mensal e anual desta operação para os seguintes prazos de desconto:

   a) 1 mês.

   b) 2 meses.

   c) 3 meses.

   Solução:

$$i = \frac{d \times n}{1 - d \times n}$$

   a) $i = \dfrac{0,04}{1 - 0,04} = 4{,}17\%$ a.m. − $(1{,}0417)^{12} - 1 = 63{,}3\%$ a.a.

   b) $i = \dfrac{0,04 \times 2}{1 - 0,04 \times 2} = 8{,}7\%$ a.b.

   $i = \sqrt[2]{1{,}087} - 1 = 4{,}26\%$ a.m. − $(1{,}0426)^{12} - 1 = 65{,}0\%$ a.a.

   c) $i = \dfrac{0,04 \times 3}{1 - 0,04 \times 3} = 13{,}64\%$ a.t.

   $i = \sqrt[3]{1{,}1364} - 1 = 4{,}35\%$ a.m. − $(1{,}0435)^{12} - 1 = 66{,}7\%$ a.a.

5. Sendo de 18,4% a taxa anual de desconto "por fora" de um título, pede-se determinar a sua taxa efetiva mensal admitindo um prazo de desconto de 3 meses.

   Solução:

   d = 18,4% a.a. − 18,4%/12 = 1,53% a.m.

DESCONTOS E OPERAÇÕES DE CURTO PRAZO

$$i = \frac{0,0153 \times 3}{1 - 0,0153 \times 3} = 4,81\% \text{ a.t.}$$

$$i = \sqrt[3]{1,0481} - 1 = 1,58\% \text{ a.m.}$$

6. O valor atual de um título é de $ 159.529,30, sendo o valor de seu desconto racional, apurado a uma taxa de juros de 5,5% ao mês, igual a $ 20.470,70. Com base nestas informações, determine o número de dias que falta para o vencimento do título.

Solução:

$V_r = \$ 159.529,30$

$i \; = 5,5\%$ a.m.

$D_r = \$ 20.470,70$

$n \; = ?$

$$V_r = \frac{N}{1 + i \times n}$$

$$159.529,30 = \frac{159.529,30 + 20.470,70}{1 + 0,055 \times n}$$

$$159.529,30 + 8.774,11\, n = 180.000,00$$

$$8.744,11 \times n = 20.470,70$$

$$n = \frac{20.470,70}{8.774,11} = 2,33 \text{ meses (70 dias)}$$

7. Calcule o valor do desconto "por dentro" (racional) e "por fora" de um título de valor nominal de $ 54.000,00 descontado 95 dias antes de seu vencimento à taxa de desconto de 4,5% ao mês.

Solução:

- $D_r = \dfrac{N \times i \times n}{1 + i \times n}$ $N = \$ 54.000,00$

  $n = 95$ dias

  Taxa de desconto $= 4,5\%$ a.m.

$$D_r = \frac{54.000,00 \times \dfrac{0,045}{30} \times 95}{1 + \dfrac{0,045}{30} \times 95}$$

$$D_r = \frac{7.695,00}{1,1425} = \$ 6.735,23$$

- $\boldsymbol{D_F = N \times d \times n}$

  $$D_F = 54.000,00 \times \frac{0,045}{30} \times 95 = \$ 7.695,00$$

108 CAPÍTULO 4

8. O desconto de uma duplicata de valor nominal de $ 77.000,00 e com prazo de vencimento de 141 dias produz um valor atual de $ 65.000,00. Determine a taxa de desconto "por dentro" e "por fora" desta operação.

Solução:

$$V_r = \frac{N}{1 + i \times n}$$

$$65.000,00 = \frac{77.000,00}{1 + i \times \frac{141}{30}}$$

$65.000,00 + 305.500,00\ i = 77.000,00$

$305.500,00\ i = 12.000,00$

$$i = \frac{12.000,00}{305.500,00} = 3,93\%\ \text{a.m.}$$

- $D_F = N \times d \times n$

$$d = \frac{D_F}{N \times n}$$

$$d = \frac{77.000,00 - 65.000,00}{77.000,00 \times \frac{141}{30}} = \frac{12.000,00}{361.900,00}$$

$d = 3,32\%\ \text{a.m.}$

Exercícios propostos – Descontos simples

1. Calcule o desconto racional ("por dentro") nas seguintes condições:
   a) Valor Nominal: $ 70.000,00
      Prazo do Desconto: 3 meses
      Taxa de Desconto: 34% ao ano
   b) Valor Nominal: $ 37.000,00
      Prazo do Desconto: 80 dias
      Taxa de Desconto: 25% ao ano
2. Um título no valor de $ 22.000,00 é descontado 2 meses antes de seu vencimento. O conceito usado na operação é de desconto "por fora", sendo a taxa de desconto considerada de 48% ao ano. Pede-se calcular a taxa efetiva mensal composta de juros desta operação.
3. Calcule o valor descontado (valor atual) "por fora" nas seguintes condições:
   a) Valor Nominal: $ 66.000,00
      Prazo do Desconto: 3 meses
      Taxa de Desconto: 24% ao ano

DESCONTOS E OPERAÇÕES DE CURTO PRAZO

b) Valor Nominal: $ 105.000,00
Prazo do Desconto: 130 dias
Taxa de Desconto: 15% ao ano

4. Calcule a taxa efetiva mensal e anual de juros das operações de desconto "por fora" nas seguintes condições de prazo e taxa:

Prazo de desconto	Taxa de desconto "por fora"
a) 1 mês	4,5% a.m.
b) 2 meses	4,0% a.m.
c) 3 meses	3,5% a.m.

5. Calcule a taxa mensal de desconto racional de um título com valor nominal de $ 5.400,00 negociado 90 dias antes de seu vencimento. O valor atual deste título é de $ 4.956,90.

6. Um banco oferece um empréstimo à taxa efetiva de 4,7% a.m. para um prazo de 40 dias. Nesta alternativa, o pagamento do principal, acrescido dos juros, é efetuado ao final do período contratado.
O banco deseja oferecer esse mesmo empréstimo, porém mediante uma operação de desconto, cobrando uma taxa antecipada "por fora". Qual deve ser a taxa de desconto mensal de forma que o custo efetivo da operação não se altere?

7. Uma empresa realiza uma operação de desconto bancário com uma instituição financeira pelo prazo de 23 dias. O banco opera com uma taxa efetiva de juros de 45,76% a.a. Determine a taxa de desconto "por fora" que deve ser utilizada na operação.

8. Um banco desconta um título de valor nominal de $ 16.000,00 80 dias antes de seu vencimento. Nesta operação, o banco cobra 39% ao ano de taxa de desconto "por fora" e 2% de despesa administrativa. Calcule o valor líquido liberado ao cliente e a taxa efetiva mensal composta desta operação.

9. O valor descontado de um título é de $ 32.000,00 tendo sido negociado 100 dias antes de seu vencimento à taxa de desconto comercial de 30% ao ano. Determine o valor nominal deste título.

10. Um banco credita na conta de um cliente a quantia de $ 27.000,00 proveniente do desconto de um título efetuado 80 dias antes de seu vencimento. Sendo 2,85% ao mês a taxa de desconto e de 1,5% a taxa administrativa cobrada pelo banco, pede-se determinar o valor nominal deste título.

11. Sabe-se que o valor do desconto racional de um título à taxa de 66% ao ano e prazo de desconto de 50 dias atinge $ 28.963,00. Para estas mesmas condições, pede-se determinar o valor do desconto deste título se fosse adotado o conceito de desconto comercial (ou "por fora").

12. A taxa de desconto comercial publicada por uma instituição financeira é de 27,6% ao ano. Determine a taxa efetiva mensal e anual composta desta operação admitindo um prazo de desconto de: a) 1 mês; b) 2 meses; c) 3 meses.

13. Uma instituição financeira deseja cobrar uma taxa efetiva de 3,1% ao mês em suas operações de desconto "por fora". Determine a taxa de desconto que deve ser considerada para um prazo de antecipação de: a) 1 mês; b) 2 meses; c) 3 meses.

14. Qual o valor máximo que uma pessoa deve pagar por um título de valor nominal de $ 82.000,00 com vencimento para 110 dias, se deseja ganhar 5% ao mês? (Usar desconto racional.)

15. Uma instituição desconta comercialmente um título n dias antes de seu vencimento, creditando o valor líquido de $ 54.400,00 na conta do cliente. O valor de resgate deste título é de $ 63.000,00 tendo sido adotada a taxa de desconto "por fora" de 2,2% ao mês. Pede-se determinar o prazo de antecipação deste título.

16. Qual a taxa de juros efetiva anual de um título descontado à taxa "por fora" de 69,6% ao ano 30 dias antes de seu vencimento?

17. Uma instituição concede empréstimos de acordo com o conceito de desconto simples "por fora". São propostas duas alternativas a um cliente, em termos de taxa de desconto e prazo:

a) $d = 3,8\%$ a.m. e $n = 3$ meses;
b) $d = 3,5\%$ a.m. e $n = 5$ meses.

Determine o custo mensal efetivo de cada proposta de empréstimo.

18. A taxa de desconto "por fora" do banco A é de 3,1% ao mês para operações com prazo de 90 dias. O banco B oferece uma taxa de desconto de 2,9% ao mês com o prazo de 120 dias. Determine qual banco está cobrando a maior taxa efetiva mensal de juros (juros compostos).

19. Determine o tempo que falta para o vencimento de uma duplicata de valor nominal de $ 370.000,00 que produziu um desconto bancário de $ 33.720,00 à taxa de desconto "por fora" de 38% ao ano.

20. Uma empresa apresenta num banco, para desconto, três duplicatas no valor nominal de $ 19.000,00, $ 42.000,00 e $ 63.000,00. Respectivamente, as duplicatas foram descontadas 37 dias, 66 dias e 98 dias antes do vencimento. Sendo de 21,2% ao ano a taxa de desconto, calcule o valor do desconto bancário, o valor líquido liberado à empresa e a taxa efetiva mensal de juros desta operação utilizando o prazo médio ponderado. Calcule também a taxa interna de retorno da operação.

21. Uma empresa leva a um banco para desconto as seguintes duplicatas:

Duplicata	Valor nominal ($)	Prazo de desconto
A	9.000,00	60 dias
B	7.500,00	60 dias
C	13.500,00	90 dias
D	3.000,00	120 dias
E	6.000,00	120 dias
F	6.000,00	150 dias

Com base nessas informações, o banco creditou na conta da empresa o valor líquido de $ 39.900,00.

DESCONTOS E OPERAÇÕES DE CURTO PRAZO

Determine o custo efetivo desta operação pelo prazo médio ponderado e pelo regime de juros compostos.

Respostas

1. **a)** $ 5.483,87
   b) $ 1.947,37
2. 4,26% a.m.
3. **a)** $ 62.040,00
   b) $ 99.312,50
4. **a)** 4,71% a.m.; 73,76% a.a.
   b) 4,26% a.m.; 64,9% a.a.
   c) 3,77% a.m.; 55,9% a.a.
5. 2,98% a.m. (taxa linear)
   2,90% a.m. (taxa composta)
6. 5,94% p/ 40 dias; 4,45% a.m.
7. 2,38% p/ 23 dias; 3,1% a.m.
8. $ 14.293,33
   4,32% a.m.
9. $ 34.909,10
10. $ 29.702,97
11. $ 31.617,94
12. **a)** 2,35% a.m.; 32,15% a.a.
    b) 2,38% a.m.; 32,65% a.a.
    c) 2,41% a.m.; 33,11% a.a.
13. **a)** 3,0% a.m.; 36,0% a.a.
    b) 2,96% a.m.; 35,54% a.a.
    c) 2,92% a.m.; 35,00% a.a.
14. $ 69.295,77
15. 6,2 meses
16. 104,83% a.a.
17. **a)** 4,12% a.m.
    b) 3,92% a.m.
18. 3,31% a.m. (banco A)
    3,13% a.m. (banco B)
19. 2,88 meses
20. Prazo médio ponderado: 78 dias
    Desconto bancário: $ 5.695,73
    Valor liberado: $ 118.304,27
    i (médio ponderado): 1,85% a.m.
    i (IRR): 1,82% a.m.
21. i (médio ponderado): 4,12% a.m.
    i (IRR): 3,98% a.m.

5

Matemática Financeira, Inflação e Taxa *Over* de Juros

Em ambientes inflacionários, é indispensável, para o correto uso das técnicas da Matemática Financeira, ressaltar, nas várias taxas de juros nominais praticadas na economia, o componente devido à inflação e aquele declarado como real. A parte real é aquela obtida livre das influências da taxa de depreciação monetária verificada, isto é, adicionalmente à inflação.

De maneira simplista, o processo *inflacionário* de uma economia pode ser entendido pela elevação generalizada dos preços dos vários bens e serviços.

Em sentido contrário, diante de uma baixa predominante dos preços de mercado dos bens e serviços, tem-se o fenômeno definido por *deflação*.

Tradicionalmente, o desenvolvimento da economia brasileira tem-se caracterizado pela presença marcante da inflação, apresentando taxas, na maior parte do tempo, em níveis relevantes.

É importante acrescentar, ainda, que mesmo diante de cenários econômicos de reduzida taxa de inflação, o conhecimento do juro real permanece bastante importante para a Matemática Financeira. Nestas condições, mesmo pequenas oscilações nos índices de preços produzem impacto relevante sobre as taxas de juros ao longo do tempo, alterando a competitividade dos ativos negociados no mercado.

5.1 Índices de preços e taxas de inflação

Um índice de preços é resultante de um procedimento estatístico que, entre outras aplicações, permite medir as variações ocorridas nos níveis gerais de preços de um período para outro. Em outras palavras, o índice de preços representa uma média global das variações de preços que se verificaram num conjunto de determinados bens ponderada pelas quantidades respectivas.

No Brasil, são utilizados inúmeros índices de preços, sendo originados de amostragem e critérios desiguais e elaborados por diferentes instituições de pesquisa. É importante, antes de selecionar um índice para atualização de uma série de valores monetários, proceder-se a uma análise de sua representatividade em relação aos propósitos em consideração.

A seguir, de forma ilustrativa, são relacionados os valores do IGP (*Índice Geral de Preços –* conceito disponibilidade interna da FGV) referentes aos meses de maio a dezembro de determinado ano.

MÊS	Maio	Junho	Julho	Agosto	Setembro	Outubro	Novembro	Dezembro
IGP	649,79	703,38	800,31	903,79	1.009,67	1.152,63	1.353,79	1.576,56

Pela evolução desses índices de preços pode ser constatado como os preços gerais da economia variaram positivamente no período. Para tanto, relaciona-se o índice do fim do período que se deseja estudar com o do início.

Por exemplo, a taxa de inflação do 2º semestre medida pelo IGP está refletida na evolução apresentada entre o índice de junho (início do semestre) e o de dezembro (fim do semestre). Assim:

$$\text{Inflação do 2º semestre} = \frac{1.576,56}{703,38} - 1 = 2,2414 - 1 = 124,14\%$$

Os preços nesse período cresceram 2,2414 vezes, indicando uma evolução de 124,14%.

A inflação do trimestre out./dez., seguindo o mesmo raciocínio, é medida da forma seguinte:

$$\text{Inflação de out./dez.} = \frac{1.576,56}{1.009,67} - 1 = 56,15\%$$

A inflação verificada no mês de outubro atinge 14,16%, isto é:

$$\text{Inflação de out.} = \frac{1.152,63}{1.009,67} - 1 = 14,16\%$$

e assim por diante.

Dessa maneira, a taxa de inflação, a partir de índices de preços, pode ser medida pela seguinte expressão:

$$I = \frac{P_n}{P_{n-t}} - 1$$

onde: I = taxa de inflação obtida a partir de determinado índice de preços;

P = índice de preços utilizado para o cálculo da taxa de inflação;

$n, n - t$ = respectivamente, data de determinação da taxa de inflação e o período anterior considerado.

MATEMÁTICA FINANCEIRA, INFLAÇÃO E TAXA *OVER* DE JUROS **115**

Exemplos:

1. A seguir são apresentados os índices de preços ao consumidor (IPC) representativos da inflação brasileira divulgados para o período de dez./X5 a jun./X6.

DATA	IPC	DATA	IPC
Dez./X5	4.493,17	Abr./X6	4.639,05
Jan./X6	4.550,23	Maio/X6	4.675,23
Fev./X6	4.591,18	Jun./X6	4.691,59
Mar./X6	4.610,92		

PEDE-SE calcular as taxas de inflação mensais, trimestrais e semestrais.

Solução:

DATA	IPC	INF. MÊS	INF. TRIM.	INF. SEM.
Dez./X5	4.493,17	–	–	–
Jan./X6	4.550,23	1,27%	–	–
Fev./X6	4.591,18	0,90%	–	–
Mar./X6	4.610,92	0,43%	2,62%	–
Abr./X6	4.639,05	0,61%	–	–
Maio/X6	4.675,23	0,78%	–	–
Jun./X6	4.691,59	0,35%	1,75%	4,41%

A taxa de inflação de um período é a relação do índice de preços ocorrida no período de cálculo em relação ao período anterior. Assim são calculadas as taxas de inflação (INF) mensais, trimestrais e semestrais

$INF_{JAN} = [4.550,23/4.493,17] - 1 = 1,27\%$ $INF_{TRIM\,1} = [4.610,92/4.493,17] - 1 = 2,62\%$

$INF_{FEV} = [4.591,18/4.550,23] - 1 = 0,90\%$ $INF_{TRIM\,2} = [4.691,59/4.610,92] - 1 = 1,75\%$

....

$INF_{JUN} = [4.691,59/4.675,23] - 1 = 0,35\%$ $INF_{SEM} = [4.691,19/4.493,17] - 1 = 4,41\%$

2. A seguir são transcritos alguns valores divulgados do IGP-di e do INPC (Índice Nacional de Preços ao Consumidor). Com base nestes resultados, pede-se:

a) Calcular a taxa de inflação, medida pelo IGP e INPC, para os seguintes períodos de 20X3:

- ano;
- 1º semestre;
- mês de dezembro.

b) Um bem que custava $ 5.000,00 no início do ano, quanto deve valer ao final deste ano se for corrigido pela variação do IGP e INPC?

c) Admitindo que o proprietário tenha vendido este imóvel ao final do ano por $ 90.000,00, determinar o lucro auferido.

	Dez./X2	Jun./X3	Nov./X3	Dez./X3
IGP-di	100,00	708,38	1.353,79	1.576,56
INPC	5,9341	43,4599	83,9349	100,0

Solução:

a) *Taxa de Inflação – I*

	IGP	INPC
Ano	$(1.576,56/100,0) - 1 = 1.476,56\%$	$(100,0/5,9341) - 1 = 1.585,18\%$
1º semestre	$(708,38/100,0) - 1 = 608,38\%$	$(43,4599/5,9341) - 1 = 632,38\%$
Dezembro	$(1.576,56/1.353,79) - 1 = 16,46\%$	$(100,0/83,9349) - 1 = 19,14\%$

b) *Valor Corrigido do Imóvel*

Pelo IGP:

$$\$\ 5.000,00\ \frac{1.576,56}{100,00} = \$\ 78.828,00$$

Pelo INPC:

$$\$\ 5.000,00\ \frac{100,00}{5,9341} = \$\ 84.258,80$$

c) O lucro pode ser avaliado sob duas formas: o *nominal,* medido pela simples diferença entre o valor de venda e o de compra, e o *real,* apurado adicionalmente à inflação.
No caso em questão, o proprietário vendeu o imóvel apurando lucro real, isto é, o preço de venda excedeu ao valor de compra corrigido. Assim, pelo IGP apura-se um lucro real de: $ 90.000,00 – $ 78.828,00 = $ 11.172,00, e pelo INPC o lucro real foi menor: $ 90.000,00 – $ 84.258,80 = $ 5.741,20.

3. Um investidor aplicou $ 100.000,00 e obteve, ao final de um ano, rendimentos de juros de $ 12.000,00. Sabe-se que no período da aplicação, a inflação da economia atingiu 5,6%. Desenvolva uma análise do resultado do investidor.

Solução:

- O investidor apurou os seguintes resultados:

Rendimento nominal:	$ 12.000,00
Inflação do período:	
5,6% × $ 100.000,00:	($ 5.600,00)
Ganho do investidor acima da inflação (ganho real)	$ 6.400,00

- Valor da aplicação corrigido para o final do ano:
Capital corrigido:
$ 100.000,00 × 1,056 = $ 105.600,00

MATEMÁTICA FINANCEIRA, INFLAÇÃO E TAXA *OVER* DE JUROS **117**

A taxa de retorno *nominal* do investidor é medida pela relação entre o ganho nominal e o valor histórico do capital investido, ou seja:

$$\text{Retorno nominal} = \frac{\$\ 12.000,00}{\$\ 100.000,00} = 12\%$$

O ganho *real* é obtido após depurar-se os efeitos da inflação do investimento. É calculado pela relação entre o rendimento real e o capital investido corrigido pela inflação (em moeda de poder de compra de final do ano):

$$\text{Retorno real} = \frac{\$\ 6.400,00}{\$\ 105.600,00} = 6,06\%$$

Em contexto de inflação, somente existe lucro ao se comparar valores expressos com o mesmo poder de compra.

5.1.1 Principais índices de inflação na economia brasileira

Conforme comentado, a *inflação* é um processo de aumento generalizado e contínuo dos preços dos bens e serviços. A inflação é medida por meio da construção de *índices de preços*, representativos do comportamento médio dos preços de uma cesta básica de consumo selecionada como referência.

A inflação determina uma redução do *poder de compra* da moeda nacional, ou seja, a capacidade da moeda de uma economia em adquirir bens e/ou serviços. Um sinal do aumento ou diminuição do poder de compra surge quando o consumidor com a mesma quantidade de dinheiro é capaz de comprar maior ou menor quantidade de um produto.

Em outras palavras, se a variação do salário de um trabalhador em certo período for menor que o índice de inflação, há uma perda do poder de compra. Caso contrário, se a variação do salário superar a inflação, tem-se um ganho no poder de compra. Com a mesma quantidade de dinheiro é possível adquirir mais bens e serviços na economia.

A inflação determina também maior incerteza para a economia, reduzindo o investimento e o crescimento econômico. Inflação mais alta determina também maiores taxas de juros no mercado e, como consequência, maiores custos aos tomadores de dinheiro. Os juros sobem como forma de compensar a perda de compra da moeda e o risco associado com taxas mais altas de inflação.

A *deflação,* ao contrário da inflação, é uma redução generalizada dos preços dos bens e serviços da economia em determinado intervalo de tempo. A *desinflação*, por seu lado, é identificada quando a variação (crescimento) dos preços ocorre de forma mais lenta; os preços continuam a subir, porém a taxas menores.

Os principais índices de inflação da economia brasileira são medidos por instituições especializadas, como **IBGE** (Instituto Brasileiro de Geografia e Estatística), **FGV** (Fundação Getulio Vargas) e **FIPE** (Fundação Instituto de Pesquisas Econômicas). Cada índice apresenta uma metodologia própria de cálculo, destacando-se o período de apuração, a cesta de produtos e serviços que incluem e respectivos pesos, segmento da população incluída, e assim por diante.

Principais Índices de Inflação da Economia Brasileira:

IBGE

– Índice de Preços ao Consumidor Ampliado – IPCA

Medida oficial de inflação do Brasil e indexador de diversos títulos públicos. É o principal parâmetro das autoridades monetárias na definição da meta de inflação da economia brasileira.

O índice é composto pelo consumo das famílias brasileiras com renda mensal de 1 a 40 salários mínimos nas regiões metropolitanas das principais capitais do Brasil. O índice é medido entre os dias 1 a 30 de cada mês.

– Índice Nacional de Preços ao Consumidor – INPC

A principal diferença entre o INPC e o IPCA é que o INPC abrange famílias com faixa salarial menor (mais baixa renda), de 1 até 5 salários mínimos.

FGV

– Índice Geral de Preços – IGP

O IGP abrange a variação nos preços nos setores da economia de Consumo (IPC), Atacado/Produtor (IPA) e Construção Civil (INCC). É apurado por meio da seguinte ponderação:

IGP = 60% IPA (Índice de Preços do Atacado) + 30% IPC (Índice de Preços ao Consumidor) + 10% INCC (Índice Nacional de Construção Civil).

O índice é calculado nas seguintes versões:

- IGP – DI (Disponibilidade Interna): mede a variação dos preços de todo o mês, do dia 1 ao dia 30/31;
- IGP – M (Mercado): o período de levantamento dos preços vai do dia 21 (mês anterior) até o dia 20 (mês atual);
- IGP – 10: mede a evolução dos preços coletados do dia 11 (mês anterior) ao dia 10 (mês atual).

FIPE

– Índice de Preços ao Consumidor – IPC

Este índice mede a evolução dos preços dos bens consumidos na cidade de São Paulo cobrindo famílias com renda de 1 a 10 salários mínimos.

5.1.2 Taxas negativas de inflação – Deflação

Uma taxa negativa de inflação indica uma redução no índice geral de preços da economia em determinado período. No ambiente de deflação, os preços dos bens e serviços tornam-se mais baratos permitindo que o consumidor adquira, com o mesmo volume de dinheiro, maior quantidade de produtos.

Para ilustrar, admita os seguintes índices de preços (IPCA) da economia brasileira (www.portalbrasil.net):

Mês	Número índice	Inflação do mês
Jul./20	1.377,3805	(1.377,3805/1.372,4397) – 1 = 0,36%
Jun./20	1.372,4397	(1.372,4397/1.368,8806) – 1 = 0,26%
Maio/20	1.368,8806	(1.368,8806/1.374,1021) – 1 = – 0,38%
Abr./20	1.374,1021	(1.374,1021/1.378,3751) – 1 = – 0,31%
Mar./20	1.378,3751	–

Nos meses de junho e julho o IPCA aumentou, sinalizando um reajuste nos preços gerais.

A inflação acumulada do bimestre atingiu:

INF (jun./jul.) = [(1 + 0,0036) × (1 + 0,0026)] – 1 = 0,006209 (0,6209%)

Ou: (1.377,3805/1.368,8806) – 1 = 0,6209%

Ao contrário, nos meses de abril e maio o IPCA recuou, determinando uma *deflação* (taxa negativa) no período. Ou seja, no período, os preços dos produtos e serviços indicaram uma redução.

A queda na taxa de inflação (deflação) acumulada no bimestre abril/maio foi igual a:

INF (abr./maio) = [(1 – 0,0038) × (1 – 0,0031)] – 1 = – 0,006888 (– 0,6888%)

Ou: (1.368,8806/1.378,3751) – 1 = – 0,6888%

5.2 Valores monetários em inflação

Ao relacionar valores monetários de dois ou mais períodos em condições de inflação, defronta-se com o problema dos diferentes níveis de poder aquisitivo da moeda.

Por exemplo, suponha que uma pessoa tenha adquirido um imóvel por $ 60.000,00 em certa data, e vendido, dois anos depois, por $ 80.000,00. Neste período, a inflação atingiu 40%.

Qualquer avaliação com relação ao resultado auferido nesse negócio é precipitada (Lucro: $ 80.000,00 – $ 60.000,00 = $ 20.000,00), principalmente ao se conhecer que os preços cresceram, em média, 40% no período. O ganho na venda terá sido *aparente (nominal)*, determinado prioritariamente pela evolução dos preços e não por uma valorização real (acima da inflação) do imóvel vendido.

Observe, simplistamente, que para não ocorrer prejuízo, o imóvel deveria ser vendido por um preço 40% maior que o seu valor de compra há dois anos, ou seja, por: $ 60.000,00 × (1 + 0,40) = $ 84.000,00. Somente a partir desse valor é que existe legitimamente lucro. A venda por $ 80.000,00, conforme ilustrada no exemplo, indica um prejuízo *real* de $ 4.000,00 (Preço de Venda: $ 80.000,00 – Preço de Custo Corrigido: $ 84.000,00).

Assim, do resultado encontrado ao comparar valores de diferentes datas, deve ser dissociada do ganho *nominal* de $ 20.000,00 (ou 33,3% de rentabilidade), auferida na venda do imóvel, a parcela de resultado *real* produzida adicionalmente à inflação.

Os ajustes para se conhecer a evolução real de valores monetários em inflação se processam mediante *indexações* (inflacionamento) e *desindexações* (deflacionamento) dos valores nominais, os quais se processam por meio de índices de preços.

A *indexação* consiste em corrigir os valores nominais de uma data em moeda representativa de mesmo poder de compra em momento posterior. A *desindexação,* ao contrário, envolve transformar valores nominais em moeda representativa de mesmo poder de compra num momento anterior.

Assim, no exemplo comentado de compra e venda de um imóvel, observa-se um *ganho nominal (aparente)* de 33,3%, isto é:

$$Ganho\ Nominal = \frac{\$\ 80.000,00}{\$\ 60.000,00} - 1 = 33,3\%$$

Em outras palavras, o imóvel foi vendido por 1,333 vez o seu valor de compra.

Essa relação, no entanto, compara valores de diferentes datas com capacidades de compra desiguais. É necessário, para se conhecer o resultado real da operação, expressar os valores monetários em moeda representativa de poder de compra de um mesmo momento.

Ao se indexar os valores para a data da venda, admitindo-se uma inflação de 40% no período, tem-se:

$$\frac{\text{Preço de venda na data da venda}}{\text{Preço de compra corrigido para a data de venda}} = \frac{\$\ 80.000,00}{\$\ 60.000,00 \times 1,40} - 1 = -4,76\%$$

que representa uma evolução real negativa de 4,76%.

Note que esta taxa real negativa de 4,76% é obtida rigorosamente pelo regime de juros compostos e não pelo critério linear. Este aspecto é compatível com o próprio comportamento exponencial da formação da taxa de inflação. Desta maneira, é incorreto subtrair da taxa nominal encontrada de 33,3% o percentual específico da inflação de 40%. (Itens posteriores deste capítulo abordarão este assunto com mais profundidade.)

Por outro lado, ao desindexar os valores, colocando-os em moeda da data da compra do imóvel, obtém-se:

$$\frac{\text{Preço de venda deflacionado para data da compra}}{\text{Preço de compra na data da compra}} = \frac{\$\ 80.000,00/(1,40)}{\$\ 60.000,00} - 1 = -4,76\%$$

Pelo processo de inflacionamento ou de deflacionamento, apura-se para o negócio um mesmo prejuízo real, depurado dos efeitos da inflação, de 4,76%.

5.2.1 Comportamento exponencial da taxa de inflação

O comportamento da inflação se processa de maneira exponencial, ocorrendo aumento de preço sobre um valor que já incorpora acréscimos apurados em períodos anteriores. Da mesma

MATEMÁTICA FINANCEIRA, INFLAÇÃO E TAXA *OVER* DE JUROS   121

forma que o regime de juros compostos, a formação da taxa de inflação assemelha-se a uma progressão geométrica, verificando-se juros sobre juros.

Por exemplo, sendo de 2,8%, 1,4% e 3,0%, respectivamente, as taxas de inflação dos três primeiros meses de um ano, um ativo de \$ 12.000,00 no início do ano, se corrigido plenamente pela inflação da economia, apresentaria os seguintes valores ao final dos meses:

- 1º mês: \$ 12.000,00 × 1,028 = \$ 12.336,00;
- 2º mês: \$ 12.336,00 × 1,014 = \$ 12.508,70;
- 3º mês: \$ 12.508,70 × 1,03 = \$ 12.883,97.

O incremento do valor do ativo no trimestre é de 7,03% (\$ 12.843,86/\$ 12.000,00), o que equivale ao produto (capitalização composta) das taxas mensais de inflação, isto é:

Inflação do Trimestre (I) $= [(1,028) \times (1,014) \times (1,03)] - 1 = 7,37\%$

A taxa equivalente mensal de inflação do período, identicamente ao regime de juros compostos, é apurada:

Taxa Equivalente Mensal $(I_q) = \sqrt[3]{1,0737} - 1 = 2,4\%$ ao mês

Dessa forma, são válidos para a inflação os mesmos conceitos e expressões de cálculos enunciados no estudo de juros compostos do Capítulo 3.

Exemplos:

1. A taxa mensal de inflação de um quadrimestre atinge, respectivamente, 2,8%, 3,4%, 5,7% e 8,8%. Determine a taxa de inflação acumulada do período e a taxa média (geométrica) mensal.
   Solução:
   $I = [(1,028) \times (1,034) \times (1,057) \times (1,088)] - 1 = 22,2\%$ a.q.
   $I_q = \sqrt[4]{1,222} - 1 = 5,15\%$ ao mês

2. A taxa de inflação da economia de determinado ano foi de 6,78%. Calcule as taxas equivalente semestral e mensal da inflação do período.
   Solução:
   Equivalente Semestral $- I_q = \sqrt[2]{1 + 0,0678} - 1 = 3,33\%$ a.s.
   Equivalente Mensal $- I_q = \sqrt[12]{1 + 0,0678} - 1 = 0,548\%$ a.m.

3. Sendo projetada em 0,91% ao mês a taxa de inflação para os próximos 5 meses, determine a inflação acumulada deste período.
   Solução:
   I (para 5 meses) $= (1,0091)^5 - 1 = 4,63\%$ p/ 5 meses.

4. Determinado trimestre apresenta as seguintes taxas mensais de variações nos preços gerais da economia: 7,2%, 2,9% e – 1,2% (deflação). Determine a taxa de inflação acumulada do trimestre.
   Solução:
   I (trim.) $= [(1 + 0,072) \times (1 + 0,029) \times (1 - 0,012)] - 1 = 8,99\%$ a.t.

5.2.2 Série de valores monetários deflacionados

Ao se tratar de uma série de informações monetárias é comum trabalhar-se com valores deflacionados para se chegar à evolução real de cada período.

Um exemplo desenvolvido a seguir ilustra o cálculo do crescimento real de uma série de valores monetários.

Ilustrativamente, admita que se deseja conhecer o crescimento real anual das vendas de uma empresa referentes ao período 20X0-20X4. Os valores nominais de cada ano e os índices gerais de preços que servirão de ajuste dos valores das receitas de venda são transcritos a seguir:

Ano	Vendas nominais ($)	Índice geral de preços
20X0	25.715,00	100,0
20X1	35.728,00	120,8
20X2	47.890,00	148,6
20X3	59.288,00	179,8
20X4	71.050,00	227,7

Para uma avaliação inicial do comportamento dos valores no período, são apurados a seguir a evolução nominal das vendas e o crescimento do índice de preços.

Ano	Vendas nominais ($)	Evolução nominal das vendas	Índice geral de preços	Crescimento do índice de preços
20X0	25.715,00	–	100,0	–
20X1	35.728,00	1,389	120,8	1,208
20X2	47.890,00	1,340	148,6	1,230
20X3	59.288,00	1,238	179,8	1,210
20X4	71.050,00	1,198	227,7	1,266

Tanto a evolução das vendas quanto a do índice de preços são determinadas pela divisão entre o valor de um período e o do período imediatamente anterior.

Pelos resultados apurados, é possível concluir-se que, no período de 20X0 a 20X3, as vendas apresentaram crescimento real positivo, ou seja, cresceram mais que a inflação registrada em cada ano. Este comportamento é determinado por apresentarem as vendas uma evolução anual nominal superior à dos índices de preços.

Em 20X4, verifica-se um comportamento inverso, crescendo as vendas nominalmente menos que a inflação. Depurada a inflação, pode-se afirmar que as vendas decresceram neste ano.

A partir dessas informações, a taxa real de crescimento das vendas é determinada pela divisão do índice de evolução nominal das vendas pelo índice de evolução dos preços de cada ano, ou seja:

MATEMÁTICA FINANCEIRA, INFLAÇÃO E TAXA *OVER* DE JUROS   123

Ano	Evolução real das vendas
20X1	(1,389/1,208) − 1 = 15,01%
20X2	(1,340/1,230) − 1 = 8,96%
20X3	(1,238/1,210) − 1 = 2,31%
20X4	(1,198/1,266) − 1 = (5,37%)

As vendas anuais deflacionadas e a taxa de variação real do ano são também calculadas a seguir:

Ano	(1) Vendas nominais ($)	(2) Evolução do índice de preços (Base: 20X0)	(3) = (1)/(2) Vendas deflacionadas a preços de 20X0 ($)	(4) Variação real
20X0	25.715,00	1,000	25.715,00	–
20X1	35.728,00	1,208	29.576,16	15,01%
20X2	47.890,00	1,486	32.227,46	8,96%
20X3	59.288,00	1,798	32.974,42	2,31%
20X4	71.050,00	2,277	31.203,34	(5,37%)

Conforme observou-se, as vendas apresentaram crescimento real até 20X3, decrescendo em 5,37% em 20X4. Em termos acumulados, o crescimento das receitas de vendas no período atingiu 21,3%, o qual pode ser obtido da forma seguinte:

Crescimento real de 20X0-20X4:

$$\frac{\$\,31.203,34}{\$\,25.715,00} - 1 = 21,3\%$$

ou:

$$[(1 + 0,1501) \times (1 + 0,0896) \times (1 + 0,0231) \times (1 - 0,0537)] - 1 = 21,3\%$$

5.3   Taxa de desvalorização da moeda

Enquanto a inflação representa uma elevação nos níveis de preços, a taxa de desvalorização da moeda (TDM) mede a queda no poder de compra da moeda causada por estes aumentos de preços.

Por exemplo, se em determinado período os preços em geral dobraram (inflação de 100%), conclui-se que a capacidade de compra das pessoas reduziu em 50%, ou seja, somente podem adquirir a metade do que costumavam consumir no passado. Diz-se, em outras palavras, que a capacidade aquisitiva da moeda diminuiu em 50%.

A TDM, para diferentes taxas de inflação, pode ser obtida a partir da seguinte fórmula:

$$TDM = \frac{I}{1+I}$$

sendo *I* a taxa de inflação do período.

Por exemplo, se em determinado período a taxa de inflação alcançar 8%, a queda na capacidade de compra registra a marca de 7,4%, isto é:

$$TDM = \frac{0,08}{1+0,08} = \frac{0,08}{1,08} = 7,4\%$$

A inflação de 8% determina uma redução do poder de compra da moeda igual a 7,4%, isto é, com este percentual de evolução dos preços as pessoas adquirem 7,4% a menos de bens e serviços que costumam consumir.

Quanto maior a inflação, evidentemente maior será a TDM, definindo, consequentemente, menor capacidade aquisitiva.

Outro *exemplo* permite uma melhor compreensão das taxas de inflação e de desvalorização da moeda.

Admita que a inflação em determinado período tenha alcançado a taxa de 40%. Este percentual indica uma queda na capacidade de compra geral de 28,6% (0,4/1,4) ou, o que é o mesmo, ao final do período somente podem ser consumidos 71,4% dos bens e serviços originais. Para que o poder de compra se mantenha inalterado, as rendas das pessoas devem ser corrigidas por 40%, que corresponde à inflação verificada no período.

Para um salário de, *por exemplo*, $ 1.000,00, o reajuste para manter inalterado o poder de compra deve atingir 40%, passando o seu valor para $ 1.400,00.

Se for atribuído um reajuste salarial de 50%, o assalariado obtém um ganho real em suas rendas, isto é, uma correção acima da inflação. Assim, seu salário se eleva para $ 1.500,00, que representa um reajuste adicional à inflação de $ 100,00, ou: [($ 1.500,00/$ 1.400,00) – 1] = 7,14%.

Um reajuste salarial exatamente igual à inflação de 40% preserva o poder aquisitivo constante. O salário passa para $ 1.400,00, indicando que, em média, pode ser adquirido ao final do período o mesmo montante de bens e serviços consumidos no início.

Uma correção de 25% nos salários, por outro lado, denota uma perda no poder de compra, reduzindo o ingresso de recursos, em valores reais, em $ 150,00 : [($ 1.000,00 × 1,25) – $ 1.400,00]. Esta correção nominal dos salários menor que a inflação equivale a uma perda real de 10,7% [($ 1.250,00/$ 1.400,00) – 1].

5.3.1 Inflação e prazo de pagamento

Uma aplicação do conceito da TDM muito utilizada na prática refere-se ao cálculo da perda do poder de compra do dinheiro nas operações de venda a prazo.

Conforme foi demonstrado, o dinheiro tem diferentes valores no tempo, motivados basicamente pelas taxas de juros e da inflação. Centrando o objetivo deste item unicamente na inflação, a postergação do recebimento de uma venda produz uma perda inflacionária determinada pela redução do poder de compra do dinheiro.

MATEMÁTICA FINANCEIRA, INFLAÇÃO E TAXA *OVER* DE JUROS **125**

Admita que uma empresa tenha vendido $ 100.000,00 para recebimento em 120 dias. Sendo de 10% a taxa de inflação do período, a taxa de perda inflacionária assumida pela empresa na operação atinge a:

$$\text{TDM} = \frac{I}{1 + I}$$

$$\text{TDM} = \frac{0,1}{1,1} = 9,09\%$$

Quando do recebimento do dinheiro ao final do quadrimestre, seu poder efetivo de compra reduziu-se para 90,91% de seu valor.

Em outras palavras, a receita de venda realizada perdeu 9,09% de sua capacidade aquisitiva, originando-se uma perda inflacionária de: $ 100.000,00 × 9,09% = $ 9.090,90. Esta perda indica, em valores monetários, a queda do poder de compra motivada pelo aumento nos níveis gerais de preços.

Nessa situação, ainda, a desvalorização de 9,09% pode ser interpretada como o desconto máximo que a empresa poderia conceder para pagamento imediato, de forma a tornar equivalente (indiferente) vender à vista ou a prazo em 120 dias. O desconto de 9,09% reduz a receita num montante exatamente igual à perda inflacionária determinada pela venda a prazo, admitindo-se uma taxa de inflação de 10%.

Exemplos:

1. Admita que em determinado período a inflação tenha atingido 10,6%. Determine: a) A reposição salarial necessária para que um assalariado mantenha a mesma capacidade de compra; b) A redução do poder aquisitivo do assalariado, supondo que os seus vencimentos não sofreram reajuste no período.
   Solução:
   a) A reposição salarial para manutenção do seu poder aquisitivo é a própria taxa de inflação de 10,6%.
      Por refletir o aumento médio dos bens e serviços consumidos na economia, admite-se que a correção dos salários pela taxa de inflação repõe, pelo menos ao nível de uma cesta básica de bens e serviços, a perda da capacidade de compra da moeda.
   b) A redução do poder aquisitivo é mensurada pela taxa de desvalorização da moeda, ou seja:

$$\text{TDM} = \frac{I}{1 + I} = \frac{0,106}{1,106} = 9,58\%$$

   Com a elevação de 10,6% nos índices de preços, o assalariado passa a ter uma capacidade de compra 9,58% menor.

2. Num período de inflação, a moeda perde uma parte de sua capacidade de compra, afetando principalmente aqueles que não obtêm um reajuste em suas rendas. Nestas condições, determine, para uma pessoa que manteve inalterado o seu salário no período, quanto pode

126 CAPÍTULO 5

adquirir ao final do mês daquilo que consumia no início. Considere uma inflação de 2,5% no mês.

Solução:

$$TDM = \frac{0,025}{1,025} = 2,44\%$$

A pessoa perdeu 2,44% de seu poder de compra, indicando uma capacidade de consumo de 97,56% no final do mês do que consumia no início.

3. Uma loja está vendendo suas mercadorias para pagamento em 30 dias sem acréscimo. Sendo de 1,8% ao mês a taxa de inflação, determine o percentual de perda inflacionária motivada pela venda a prazo.

Solução:

A perda inflacionária pela venda a prazo está refletida na TDM, isto é:

$$TDM = \frac{I}{1 + I} = \frac{0,018}{1,018} = 1,77\%$$

Em outras palavras, o dinheiro no momento do recebimento estará valendo 1,77% a menos, determinado pela taxa de inflação verificada no período.

4. Uma venda de $ 40.000,00 foi efetuada com prazo de pagamento de 40 dias. Sendo de 2% ao mês a inflação, determine o montante da perda inflacionária desta venda e a taxa de redução do poder de compra do dinheiro.

Solução:

$I = 2\%$ a.m. ou: $(\sqrt[30]{1,02})^{40} - 1 = 2,68\%$ p/ 40 dias

$$TDM = \frac{0,0268}{1,0268} = 2,61\% \text{ (taxa de redução do poder de compra).}$$

Montante da Perda:

$ 40.000,00 \times 2,61\% = $ 1.044,00.

5.4 Taxa nominal e taxa real

A taxa *nominal* de juros é aquela adotada normalmente nas operações correntes de mercado, incluindo os efeitos inflacionários previstos para o prazo da operação. Constitui-se, em outras palavras, numa taxa prefixada de juros, que incorpora as expectativas da inflação.

É importante separar claramente a taxa *nominal* de juros, que mede o resultado de uma operação em valor corrente, da taxa *nominal* (linear) estudada nos dois primeiros capítulos, que indica a descapitalização do juro de forma proporcional (juros simples).

Em contexto inflacionário, ainda, devem ser identificadas na taxa *nominal* (prefixada) uma parte devida à inflação, e outra definida como legítima, *real*, que reflete "realmente" os juros que foram pagos ou recebidos.

MATEMÁTICA FINANCEIRA, INFLAÇÃO E TAXA *OVER* DE JUROS **127**

Em consequência, o termo *real* para as operações de Matemática Financeira denota um resultado apurado livre dos efeitos inflacionários. Ou seja, quanto se ganhou (ou perdeu) verdadeiramente, sem a interferência das variações verificadas nos preços.

O objetivo do cálculo da taxa *real* (*r*) é o de expurgar a indexação da taxa total de juros (nominal), de maneira a expressar o juro real.

Por exemplo, foi publicado que a remuneração das aplicações em determinado título atingiu 12,8% num período, sendo de 9,2% a taxa de inflação deste intervalo de tempo. Logo, quem aplicou, ilustrativamente, $ 100.000,00 no início do período obteve um rendimento nominal de $ 12.800,00 (12,8% × $ 100.000,00) no período, totalizando um montante de $ 112.800,00.

Por outro lado, para manter inalterado o seu poder de compra, o capital acumulado do aplicador deve atingir, ao final do período, a soma de $ 109.200,00 ($ 100.000,00 × 1,092). Como o valor de resgate soma $ 112.800,00 conclui-se pela existência de um lucro *real*, em valores monetários, de $ 3.600,00 ($ 112.800,00 – $ 109.200,00). Isto é, o aplicador obteve um ganho *real*, acima do principal investido corrigido pela inflação, de $ 3.600,00. Em termos percentuais, o retorno *real* da operação, determinado pela relação entre o lucro (ganho) e o valor aplicado, ambos expressos em moeda de mesmo poder de compra, é igual a 3,3% ($ 3.600,00/$ 109.200,00).

De uma maneira geral, a fórmula de apuração da taxa real é a seguinte:

$$\text{Taxa real } (r) = \frac{1 + \text{taxa nominal } (i)}{1 + \text{taxa de inflação } (I)} - 1$$

Substituindo-se os valores do exemplo anterior na expressão de cálculo de *r*, tem-se:

$$r = \frac{1 + 0,128}{1 + 0,092} - 1 = \frac{1,128}{1,092} - 1 = 3,3\%$$

A partir da identidade da taxa real (*r*), pode-se calcular a taxa nominal (*i*) e a taxa de inflação (*I*):

$$i = (1 + r) \times (1 + I) - 1 \text{ [1]}$$

$$I = \frac{(1 + i)}{(1 + r)} - 1$$

A taxa real também pode ser *negativa*, desde que a inflação supere a variação nominal dos juros. *Por exemplo*, sabe-se que no mesmo período da ilustração anterior o dólar apresentou uma evolução de 7,5%, abaixo, portanto, da inflação de 9,2%. Quem aplicou $ 100.000,00 neste ativo no período conseguiu resgatar $ 107.500,00 ($ 100.000,00 × 1,075). Como precisava obter um montante de $ 109.200,00 para manter o poder de compra da moeda com base na taxa de inflação da economia, conclui-se que o investidor teve uma perda real de $ 1.700,00

---

[1] Essa expressão de cálculo foi originalmente proposta por Irving Fisher (*The Theory of Interest*. New York: The Macmillan, 1930), por isso sua utilização é conhecida como "efeito Fisher".

128 CAPÍTULO 5

($ 107.500,00 – $ 109.200,00). Ou, em termos percentuais, a perda real atingiu a taxa negativa de 1,56% (– $ 1.700,00/$ 109.200,00).

Em outras palavras, o aplicador obteve somente 98,44% ($ 107.500,00/$ 109.200,00) do valor de seu investimento corrigido, perdendo, em consequência, 1,56% em capacidade de compra.

Pela expressão de cálculo da taxa real, tem-se:

$$r = \frac{1 + \text{variação nominal do dólar}}{1 + \text{taxa de inflação}} - 1 = \frac{1 + 0,075}{1 + 0,092} - 1 = -1,56\%$$

Exemplos:

1. Uma pessoa aplicou $ 400.000,00 num título por 3 meses à taxa nominal de 6,5% a.t. Sendo de 4,0% a inflação deste período, demonstre os rendimentos nominal e real auferidos pelo aplicador, assim como as respectivas taxas de retorno.

   Solução:
   - Valor de Resgate: $ 400.000,00 × 1,065 = $ 426.000,00
   - Valor Aplicado $= \underline{(400.000,00)}$

     Rendimento Nominal: $ 26.000,00

   Rentabilidade Nominal $(i) = \dfrac{\$\,26.000,00}{\$\,400.000,00} = 6,5\%$ a.t.

   ou: $\sqrt[3]{1,065} - 1 = 2,12\%$ a.m.
   - Perda pela Inflação do Trimestre:

   $ 400.000,00 × 4% $($ 16.000,00)$

     Rendimento Real: $ 10.000,00

   Rentabilidade Real $(r) = \dfrac{\$\,10.000,00}{\$\,400.000,00 \ \times \ 1,04} = 2,4\%$ a.t.

   ou: $\sqrt[3]{1.024} - 1 = 0,79\%$ a.m.

   A taxa real pode ser obtida pelo emprego direto da fórmula:

   $$r = \frac{1+i}{1+I} - 1 = \frac{1+0,065}{1+0,04} - 1 = 2,4\%\ \text{a.t.}$$

2. Suponha que uma pessoa adquira, no início de determinado ano, um imóvel por $ 60.000,00, vendendo-o, dois anos após, por $ 85.320,00. Sendo de 31,1% a inflação deste biênio, pede-se determinar a rentabilidade nominal e real anual produzida por esta operação.

   Solução:

   $$\text{Rentab. Nominal} \quad (i) = \frac{\text{Preço de venda}}{\text{Preço de compra}} - 1$$

   $$i = \frac{\$\,85.320,00}{\$\,60.000,00} - 1 = 42,2\%\ \text{ao biênio}$$

   $$i = \sqrt{1 + 0,422} - 1 = 19,25\%\ \text{ao ano}$$

   $$\text{Rentab. Real} \quad (r) = \frac{1+i}{1+I} - 1$$

MATEMÁTICA FINANCEIRA, INFLAÇÃO E TAXA *OVER* DE JUROS · 129

$$r = \frac{1 + 0,422}{1 + 0,311} - 1 = \frac{1,422}{1,311} - 1$$

$$r = 8,47\% \text{ ao biênio}$$

$$r = \sqrt{1,0847} - 1 = 4,15\% \text{ ao ano.}$$

5.4.1 Taxa de juros prefixados e pós-fixados

As *taxas de juros prefixadas* são estabelecidas previamente, no momento da realização da operação financeira (investimento ou financiamento), permanecendo inalteradas por todo o período. O investidor (ou tomador de recursos) conhece exatamente, no ato da operação, o valor que irá receber ou pagar.

Por exemplo, se um financiamento foi contratado por uma taxa de juro prefixado de 2,0% a.m., este custo mensal será fixo por todo o prazo da operação, independentemente do comportamento das taxas de juros de mercado e dos indicadores financeiros. A taxa de juro prefixado é fixa (preestabelecida), como sugerido na própria denominação, e definida no momento inicial da operação, permitindo que se calculem os valores exatos dos juros a serem pagos (ou recebidos) no período.

Exemplo Ilustrativo – Admita que um título público esteja sendo negociado atualmente por $ 857,20. O valor de Resgate (ou valor de Face) do título é de $ 1.000,00, e o prazo de vencimento, de 18 meses.

Representação Gráfica da Aplicação:

Resgate: $ 1.000,00

0   18 (meses) – Data de vencimento

Aplicação: $ 857,20

$$\text{Rentabilidade do Investimento } (i) = \left(\frac{\$ \ 1.000,00}{\$ \ 857,20} \right)^{1/18} - 1$$

$$i = \mathbf{0,86\% \ a.m.}$$

A rentabilidade mensal é uma taxa *prefixada*, determinada no momento da aplicação. É a remuneração do aplicador desde que mantenha o título até seu vencimento.

Os *juros prefixados* podem ocorrer também ao longo do período da aplicação e não somente ao final do período, sendo representados por juros mensais, semestrais etc. Na data de vencimento do título, é resgatado o valor do capital investido mais os juros do último período.

Por exemplo, admita uma aplicação de $ 50.000,00 que promete pagamentos de juros de 4% a.s., ou seja: 4% × $50.000,00 = $ 2.000,00/sem. O fluxo financeiro semestral apresenta a seguinte estrutura:

Juros:

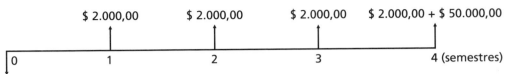

Aplicação: $ 50.000,00   Vencimento da Aplicação

Os rendimentos da aplicação ($ 2.000,00) são pagos ao investidor ao final de cada semestre, e o valor de resgate é calculado em $ 52.000,00, sendo $ 50.000,00 de capital aplicado e $ 2.000,00 referentes aos juros do último semestre.

As *taxas de juros pós-fixados*, ao contrário, são formadas por uma taxa real de juros mais a variação de um indicador financeiro (taxa de inflação, variação cambial etc.) ou econômico (taxa Selic, DI etc.). Nesse caso, a taxa efetiva da operação será conhecida somente no momento final, após a revelação do indicador.

Por exemplo, quando o indexador for a variação do IPCA (ou outro índice de inflação), o juro da operação é a taxa *real*, ou seja, o resultado é líquido da inflação da economia. Quando a remuneração incorporar a variação da taxa Selic, o juro representa o ganho (ou o custo) da operação acima da taxa básica de juro da economia (taxa Selic).

Exemplo Ilustrativo:

Encargos de um financiamento pós-fixado no valor de $ 100.000,0:
Juros de 6,0% a.a. mais variação monetária calculada pelo IGPM.

Se a variação no IGPM divulgada ao final do ano atingir 10,0%, tem-se os seguintes custos financeiros:

- Encargos Totais = (1,10 × 1,06) − 1   =   <u>16,6% a.a.</u>
- Principal da Dívida   = $ 100.000,00
  Variação IGPM (10%)   = <u>$ 10.000,00</u>
  Valor Corrigido   = $ 110.000,00
  Juros (6%)   = <u>$ 6.600,00</u>
  Montante a Pagar   = $ 116.600,00

Os encargos totais da operação serão conhecidos somente ao final do período, ao ser divulgada a variação do IGPM, indicador de correção monetária do financiamento. O custo do financiamento depende, assim, do comportamento da taxa de juro contratada e do índice de variação monetária (indexador) selecionado.

Taxa Efetiva do financiamento:

$$\text{Taxa Efetiva } (i) = \left(\frac{\$\ 116.600,00}{\$\ 100.000,00} - 1 \right) = \underline{16,6\% \text{ a.a.}}$$

ou:
$$i = \frac{\text{Encargos} = (\$\ 10.000,00 + \$\ 6.600,00)}{\text{Principal} = \$\ 100.000,00} = \underline{16,6\% \text{ a.a.}}$$

5.4.2 Juros negativos

Uma *taxa nominal negativa* de juros verifica-se quando o percentual da taxa for fixado abaixo de zero. *Por exemplo*, admita que um investidor aplicou, em certa data, $ 10.000,00 num banco e ao final de um semestre resgatou $ 9.500,00. A taxa nominal de juros é negativa em:

$$\text{Taxa Nominal } (i) = \frac{\$\ 9.500,00}{\$\ 10.000,00} - 1 = -\ \mathbf{5,0\%}$$

O investidor recebeu menos do que emprestou ao banco, apurando uma perda de 5,0% no semestre na aplicação financeira realizada. É como se a pessoa tivesse de pagar ao banco pelo investimento realizado.

A *taxa real é negativa* também quando a inflação da economia superar a taxa nominal da operação financeira, gerando juros reais negativos. *Por exemplo*, um fundo de investimento pagou rendimentos de 3,4% em determinado semestre, e a taxa de inflação do período alcançou 4,9%. A taxa real de juros é negativa em:

$$\text{Taxa Real } (r) = \frac{1 + 0,034}{1 + 0,049} - 1 = -\ \mathbf{1,43\%}$$

Os juros da aplicação são 1,43% menores que a inflação da economia, gerando uma taxa real negativa de juro.

5.5 Taxa referencial (TR)

A *taxa referencial* (TR) é apurada a partir das taxas prefixadas de juros praticadas pelos bancos na colocação de títulos de sua emissão. A TR é utilizada como um indexador em diversos contratos de financiamentos (inclusive nos pagamentos de seguros) e em aplicações financeiras, como a caderneta de poupança.

A TR é calculada e divulgada pelo Banco Central, e obedece à seguinte metodologia de apuração:

- Diariamente, os principais bancos captadores de recursos informam ao Banco Central suas taxas de juros pagas aos aplicadores em certificados e recibos de depósitos bancários (prefixados), de emissão de 30 a 35 dias;
- O Banco Central calcula então a média ponderada dos juros pagos pelo mercado bancário, sendo esta taxa média conhecida por *Taxa Básica Financeira* (TBF). A TBF representa, dessa forma, o custo médio de captação dos bancos na colocação de seus títulos de renda fixa no mercado;
- Sobre a taxa básica financeira, o Banco Central aplica um redutor, obtendo assim a TR.

Por exemplo, se a TBF e a TR publicadas em determinado dia atingirem, respectivamente, 1,1723% e 0,6787%, sabe-se que o redutor aplicado sobre as taxas de juros usadas na remuneração aos aplicadores de CDB será de 0,4936%.

132 CAPÍTULO 5

O cálculo do redutor segue, em essência, os critérios de política econômica de competência do Banco Central. Ao elevar o valor do redutor, a autoridade monetária imprime menor custo ao tomador do empréstimo corrigido em TR e, ao mesmo tempo, reduz os rendimentos dos aplicadores em caderneta de poupança.

De maneira inversa, ao diminuir o redutor, promove uma elevação do empréstimo indexado à TR, incentivando, ainda, as aplicações em caderneta de poupança pelo aumento de seus rendimentos.

A TBF atualmente (a partir de 2018) é calculda pela média ponderada das taxas de juros dos títulos públicos prefixados emitidos pelo Tesouro Nacional e negociados no mercado secundário, títulos conhecidos por *Tesouro Prefixado*. A taxa TR foi zerada em set./2017.

Exercícios resolvidos

1. No primeiro mês de um ano, a taxa de inflação foi de 1,27%. No segundo mês, foi de 1,56%, e no terceiro mês, de 1,89%. De quanto foi a inflação acumulada no trimestre?

   Solução:

   O crescimento da inflação se processa de forma exponencial (igual a juros compostos). Logo:

   $$I = [(1 + 0,0127) \times (1 + 0,0156) \times (1 + 0,0189)] - 1 = 4,79\% \text{ a.t.}$$

   SOLUÇÃO NA HP 12C

TECLAS	VISOR	SIGNIFICADO
f REG	0,00	Limpa registradores
1,0127 ENTER	1,0127	1 + taxa de inflação do 1º mês
1,0156 ENTER	1,0156	1 + taxa de inflação do 2º mês
×	1,0285	1 + taxa acumulada de inflação de 2 meses
1,0189 ×	1,0479	1 + taxa acumulada de inflação de 3 meses
1 – 100 ×	4,79	Taxa de inflação acumulada no trimestre

2. Determine a variação real do poder aquisitivo de um assalariado que obtém, em determinado semestre, um reajuste salarial de 12%, admitindo que a inflação do período tenha atingido: a) 8%; b) 12%; c) 20%.

   Solução:

   a) $r = \dfrac{1,12}{1,08} - 1 = 3,7\%$

   b) $r = \dfrac{1,12}{1,12} - 1 = nihil$

   c) $r = \dfrac{1,12}{1,20} - 1 = -6,67\%$

MATEMÁTICA FINANCEIRA, INFLAÇÃO E TAXA *OVER* DE JUROS · 133

SOLUÇÃO NA HP 12C

	TECLAS	VISOR	SIGNIFICADO
	f REG	0,00	Limpa registradores
a)	1,12 ENTER	1,12	1 + variação nominal
	1,08 ÷	1,037	1 + variação real no semestre
	1 − 100 ×	3,7	Taxa real no semestre
b)	1,12 ENTER	1,12	1 + variação nominal
	1,12 ÷	1,00	1 + variação real no semestre
	1 − 100 ×	0,00	Taxa real no semestre
c)	1,12 ENTER	1,12	1 + variação nominal
	1,20 ÷	0,9333	1 + variação real no semestre
	1 − 100 ×	−6,67%	Taxa real no semestre

3. Sabe-se que o preço à vista de um imóvel é de $ 78.000,00. Na hipótese de serem oferecidos uma entrada de 40% e o saldo restante após um semestre, determine o valor deste pagamento, sabendo-se que a taxa de inflação projetada para um ano atinge 21%.

Solução:

Valor a Financiar:

$ 78.000,00 − 40%   = $ 46.800,00

Valor Corrigido do Pagamento:

$ 46.800,00 × $\sqrt{1,21}$ = $ 51.480,00

SOLUÇÃO NA HP 12C

TECLAS	VISOR	SIGNIFICADO
f REG	0,00	Limpa registradores
78.000 ENTER	78.000,00	Valor do imóvel sem desconto
40% − FV	46.800,00	Valor do imóvel com desconto (40%)
1 n	1,00	1 semestre
10 i	10,0	Taxa de juro ao semestre (equivalente a 21% a.a.)
FV	−51.480,00	Valor do pagamento restante após um semestre

4. A taxa nominal de juros explicitada num empréstimo é de 12% ao ano. Tendo ocorrido uma variação de 5,4% nos índices de preços neste mesmo período, determine a taxa real anual de juros do empréstimo.

Solução:

$$r = \frac{1+i}{1+I} - 1 = \frac{1+0,12}{1+0,054} - 1 = \frac{1,12}{1,054} - 1 = 6,26\%$$

CAPÍTULO 5

SOLUÇÃO NA HP 12C

TECLAS	VISOR	SIGNIFICADO
f REG	0,00	Limpa registradores
1,12 ENTER	1,12	1 + taxa nominal de juros
1,054 ÷	1,0626	Divisão pela taxa de inflação
1 – 100 ×	6,26	Taxa real anual

5. Uma aplicação de $ 38.600,00, pelo prazo de 7 meses, gera um resgate de $ 48.400,00. Sendo os juros reais de 1,5% a.m., calcule a taxa de correção monetária mensal e a taxa nominal de juros desta operação.

Solução:

$FV = \$ 48.400,00 \qquad CM = ?$

$PV = \$ 38.600,00 \qquad i = ?$

$r = 1,5\%$ a.m.

$$i = \frac{48.400,00}{38.600,00} - 1 = 25,39\% \text{ p/ 7 meses}$$

Taxa Nominal $- i = \sqrt[7]{1,2539} - 1 = 3,29\%$ a.m.

Correção Monetária $- CM = \dfrac{1+i}{1+r} - 1 = \dfrac{1+0,0329}{1+0,015} - 1 = 1,76$ a.m.

SOLUÇÃO NA HP 12C

TECLAS	VISOR	SIGNIFICADO
f REG	0,00	Limpa registradores
48.400 ENTER	48.400,00	Valor do resgate (montante)
38.600 ÷	1,2539	Relação montante e valor presente (1 + taxa nominal de juro)
7 1/x y^x	1,0329	1 + taxa mensal de juro (nominal)
1 – 100 ×	3,29	Taxa nominal mensal
100 ÷ 1 +	1,0329	1 + taxa mensal de juro (nominal)
1,015 ÷	1,0176	1 + taxa mensal de juro (real)
1 – 100 ×	1,76	Taxa de correção monetária do mês

6. Calcule a rentabilidade nominal anual de uma aplicação financeira que paga juros reais de 0,5% a.m., sendo de 7,5% a correção monetária do ano.

Solução:

$i = [(1 + 0,005)^{12} \times (1 + 1,075)] - 1 = 14,13\%$ a.a.

MATEMÁTICA FINANCEIRA, INFLAÇÃO E TAXA *OVER* DE JUROS — 135

SOLUÇÃO NA HP 12C

TECLAS	VISOR	SIGNIFICADO
f REG	0,00	Limpa registradores
1,005 ENTER	1,005	1 + taxa real de juro ao mês
12 y^x	1,0617	1 + taxa real de juro ao ano
1,075 ×	1,1413	1 + taxa nominal de juro ao ano
1 – 100 ×	14,13	Taxa nominal de juro ao ano

7. Os índices gerais de preços referentes ao primeiro semestre de 20X6 são os seguintes:

Data	Índice de preços
31-12-X5	148,70
31-01-X6	150,07
28-02-X6	152,15
31-03-X6	153,98
30-04-X6	157,21
31-05-X6	158,13
30-06-X6	162,01

Com base nesses valores, calcule:

a) A evolução dos preços no semestre;
b) A evolução mensal dos preços;
c) Se as inflações de julho e agosto de 19X6 atingirem, respectivamente, 1,13% e 0,97%, determinar o índice de preços que deve vigorar em cada um desses meses.

Solução:

a) $I_{\text{sem.}} = \dfrac{162,01}{148,70} - 1 = 8,95\%$

$I_{\text{jan.}} = \dfrac{150,07}{148,70} - 1 = 0,92\%$

$I_{\text{fev.}} = \dfrac{152,15}{150,07} - 1 = 1,39\%$

$I_{\text{mar.}} = \dfrac{153,98}{152,15} - 1 = 1,20\%$

$I_{\text{abr.}} = \dfrac{157,21}{153,98} - 1 = 2,10\%$

$I_{\text{maio}} = \dfrac{158,13}{157,21} - 1 = 0,58\%$

$$I_{jun.} = \frac{162,01}{158,13} - 1 = 2,45\%$$

c) Índice/jul. $= 162,01 \times 1,0113 = 163,84$
Índice/ago. $= 163,84 \times 1,0097 = 165,43$

8. Um financiamento em moeda estrangeira (US$) cobra juros de 8,0% a.a. mais variação cambial. Sendo de 4,5% a variação cambial do dólar e de 6,8% a inflação da economia, pede-se calcular a taxa real de juros com base no dólar e na inflação.

Solução:

Moeda estrangeira

Taxa real de juros: 8,0% a.a.

Taxa nominal de juros: $[(1,08)(1,045)] - 1 = 12,86\%$

Inflação da economia

$$\text{Taxa real} = \frac{(1,08)(1,045)}{1,068} - 1 = 5,67\%$$

O devedor em dólar obteve um custo real menor em razão da inflação da economia superar a variação cambial.

5.6   Taxa *over* de juros

Algumas operações no mercado financeiro expressam a taxa de juros com base em dias úteis, e não em dias corridos. *Dia útil* é qualquer dia que não seja sábado, domingo e feriado, ou seja, dias em que o mercado financeiro opera normalmente. Esta taxa de juro por dia útil é definida por taxa *over* de juros.

A taxa *over* é adotada em diversas operações realizadas no âmbito do mercado financeiro. Os juros dessas operações são calculados somente para os dias úteis do período.

Há basicamente dois tipos de taxa *over*:

– **Taxa nominal *over***: utilizada geralmente em operações de curto prazo (mês). Equivale a taxa efetiva de um dia multiplicada por 30 dias;
– **Taxa *over* anual efetiva**: expressa para o período de um ano e admitindo a existência de 252 dias úteis.

5.6.1   Juros por dias úteis – Taxa nominal *over*

Toda taxa nominal *over* deve informar o número de dias úteis em que os juros serão capitalizados, de forma que se possa apurar a taxa efetiva do período. *Por exemplo*, suponha que a taxa *over* em determinado momento esteja definida em 1,5% a.m. No período de referência da taxa, estão previstos 22 dias úteis.

MATEMÁTICA FINANCEIRA, INFLAÇÃO E TAXA *OVER* DE JUROS

Sendo a taxa *over* definida por juros simples (taxa nominal), a taxa diária atinge:

$$i = \frac{1,5\%}{30} = 0,05\% \text{ ao dia.}$$

Sabendo que no período de referência dessa taxa existem 22 dias úteis, a taxa efetiva é obtida pela capitalização composta, ou seja:

$$i = (1 + 0,0005)^{22} - 1 = 1,11\% \text{ a.m.}$$

Em outras palavras, pode-se concluir que 1,11% representa a taxa efetiva para 22 dias úteis, ou mesmo para os 30 dias corridos do mês.

Em resumo, os procedimentos de apurar a taxa efetiva dada uma taxa nominal mensal de juros *over* são os seguintes:

- Dividir a taxa *over* mensal pelo número de dias corridos no período para se obter a taxa nominal diária;
- Capitalizar a taxa diária pelo número de dias úteis previsto na operação.

A expressão básica de cálculo da taxa efetiva é:

$$i \text{ (efetiva)} = \left(1 + \frac{OVER}{30}\right)^{du} - 1$$

sendo: *over* a taxa nominal mensal *over*; e *du* o número de dias úteis previsto no prazo da operação.

Por outro lado, muitas vezes é interessante transformar uma taxa efetiva em taxa *over*. No exemplo anterior, foi definida uma taxa nominal *over* de 1,5% a.m. para um período com 22 dias úteis. Com isso, calculou-se a taxa efetiva de 1,11% a.m.

Se fosse dada a taxa efetiva para se transformar em *over*, o procedimento de cálculo seria o inverso, ou seja:

- Descapitalizar exponencialmente a taxa efetiva para cada dia útil previsto na operação;
- Por ser nominal, e definida mensalmente, a taxa *over* é obtida pelo produto da taxa descapitalizada pelo número de dias corridos do mês.

Aplicando-se esses procedimentos na ilustração, tem-se:

$i = 1,11\%$ ao mês

$du = 22$ dias úteis

$i = (1,0111)^{1/22} - 1 = 0,05\%$ a.du. (ao dia útil)

$OVER = 0,05\% \times 30 = 1,5\%$ a.m.[2]

---

[2] Uma taxa *over* é geralmente representada por a.m.o. (ao mês *over*). Por exemplo, uma taxa *over* mensal de 1,5% é expressa por: 1,5% a.m.o.

A fórmula de cálculo da taxa *over*, dada uma taxa efetiva de juros, pode ser desenvolvida da forma seguinte:

$$OVER = [(1 + i)^{1/du} - 1] \times 30$$

Substituindo os valores ilustrativos dados, chega-se a 1,5% a.m., ou seja:

$OVER = [(1,0111)^{1/22} - 1] \times 30 = 1,5\%$ a.m.o.

Exemplos:

1. Uma taxa *over* nominal está definida em 4,8% a.m. Para um mês de 23 dias úteis, determine a taxa efetiva.
   Solução:
   $$i \text{ (efetiva)} = \left(1 + \frac{0,048}{30}\right)^{23} - 1 = 3,75\% \text{ a.m.}$$

2. Converta a taxa efetiva de 4,1% a.m. em taxa *over* mensal, sabendo que no período existem 21 dias úteis.
   Solução:
   $OVER = [(1 + 0,041)^{1/21} - 1] \times 30 = 5,75\%$ a.m.o.

3. Uma aplicação pelo prazo de 35 dias corridos, que incluem 25 dias úteis, remunerou o capital aplicado a uma taxa *over* nominal de 4,3% a.m. Determine a taxa efetiva mensal de juros.
   Solução:
   $$OVER = \frac{4,3\%}{30} = 0,1433\% \text{ ao dia.}$$

   Os juros são capitalizados somente nos dias úteis. Os 25 dias úteis considerados na operação equivalem a: 25/35 = 0,714286 dos 35 dias da aplicação financeira, ou a: 0,714286 × 30 = 21,42858 dias do mês. Logo:

   $i \text{ (efetiva)} = (1 + 0,001433)^{21,42858} - 1 = 3,12\%$ a.m.

4. Admita que a taxa efetiva de juros de mercado no mês de janeiro tenha sido de 1,03%. Pede-se:
   a) Calcular a taxa mensal *over* para o mês de janeiro, que acumula 21 dias úteis;
   b) Supondo que a taxa efetiva de 1,03% seja mantida em fevereiro, determinar a taxa *over* para o mês de fevereiro, com 17 dias úteis.
   Solução:
   a) i(a.du) = $[(1,0103)^{1/21} - 1]$ = 0,0488% a.du.
      i(a.m.o.) = 0,0488% × 30 dias = 1,46% a.m.o. (ao mês *over*)
   b) i(a.du) = $[(1,0103)^{1/17} - 1]$ = 0,0603% a.du.
      i(a.m.o) = 0,0603% × 30 dias = 1,81% a.m.o.

MATEMÁTICA FINANCEIRA, INFLAÇÃO E TAXA *OVER* DE JUROS   **139**

5.6.2   Operações financeiras com taxa *over*

Ilustrativamente, suponha uma empresa que obteve um empréstimo *hot money* por um dia. A taxa de negociação contratada é nominal tipo *over* de 4,4% a.m., sendo cobrado pelo banco, ainda, um *spread* de 0,1% a.d. pela intermediação da operação.

O *spread* é um percentual cobrado pelo banco anterior da taxa de negociação. É normalmente calculado para cada renovação.

Sabe-se que, na prática, os encargos dessas operações envolvendo taxa *over* são geralmente apurados por dia segundo o critério de juros simples. O cálculo do custo efetivo processa-se:

- $OVER = 4,4\%$ a.m.

$$OVER = \frac{4,4\%}{30} = 0,1467\% \text{ a.d.}$$

- Custo efetivo do empréstimo incluindo o *spread* cobrado:

$$i = [(1 + 0,001467) \times (1 + 0,001)] - 1 = 0,247\% \text{ a.du.}$$

Logo, a taxa efetiva para todo o mês, admitindo a existência de 21 dias úteis no período, e supondo também a renovação do empréstimo 21 vezes no mês pela mesma taxa de juro (e de *spread*), atinge:

$$i = [(1 + 0,001467)^{21} \times (1 + 0,001)^{21}] - 1 = 5,31\% \text{ a.m.}$$

Nessas condições, pode ser estabelecida a seguinte expressão genérica de cálculo do custo efetivo final de uma operação de empréstimo com taxa *over* e cobrança de *spread*:

$$i \text{ (efetiva)} = \left[\left(1 + \frac{OVER}{30} \right)^{du} \times (1 + Spread) \right] - 1$$

Exemplos:

1. Uma empresa levantou um empréstimo por sete dias corridos. Neste período, são identificados cinco dias úteis. A taxa de negociação contratada é uma *over* de 3,2% a.m., cobrando ainda a instituição financeira um *spread* de 0,6% para todo o período.

    Determine o custo efetivo mensal da operação.

    Solução:

$$i = \left[\left(1 + \frac{0,032}{30} \right)^{5} \times (1 + 0,006) \right] - 1 = 1,14\% \text{ p/ os 5 dias úteis}$$

    A taxa de 1,14% é válida para o período de sete dias corridos, sendo determinada a partir dos cinco dias úteis existentes. Logo, a taxa equivalente mensal é obtida supondo-se 30/7 renovações do empréstimo, ou seja:

$$i = (1 + 0,0114)^{30/7} - 1 = 4,98\% \text{ a.m.}$$

140 CAPÍTULO 5

Deve ser registrado que esse tipo de operação é geralmente realizado considerando-se para cada dia do prazo contratado a taxa de juro vigente. Desta maneira, os 3,2% a.m. de taxa *over*, definidos no exemplo, são válidos somente para o primeiro dia, podendo alterar-se esse percentual para os demais dias da operação financeira de acordo com as taxas estabelecidas pelo mercado.

2. Um empréstimo tipo *hot money* é contratado por três dias úteis. As taxas *over* estabelecidas para cada dia do prazo da operação são: 2,8% a.m., 3,0% a.m. e 3,1% a.m.
O intermediário financeiro cobra um *spread* de 2,4% a.m. (taxa efetiva).
Determine o custo efetivo da operação. Admita a existência de 23 dias úteis.
Solução:

- *Over* (1º dia) = $\dfrac{2,8\%}{30}$ = 0,0933% a.du.

  Over (2º dia) = $\dfrac{3,0\%}{30}$ = 0,10% a.du.

  Over (3º dia) = $\dfrac{3,1\%}{30}$ = 0,1033% a.du.

- *Spread* = 2,4% a.m. (taxa efetiva)

  Spread = $(1,024)^{1/23} - 1$ = 0,1032% a.du.

- Custo Efetivo Total (i):

  Apesar de o prazo contratado ser de três dias, o empréstimo deve ser renovado diariamente com base na taxa *over* vigente. Logo:

  i (1º dia) = $[(1,000933) \times (1,001032)] - 1$ = 0,1966%

  i (2º dia) = $[(1,0010) \times (1,001032)] - 1$ = 0,2033%

  i (3º dia) = $[(1,001033) \times (1,001032)] - 1$ = 0,2066%

  i (total) = $[(1,001966) \times (1,002033) \times (1,002066)] - 1$
  $= 0,6077\%$ p/ os 3 dias da operação.

  Tendo o mês 23 dias úteis, o custo efetivo mensal atinge:

  $i = (1,006077)^{23/3} - 1 = 4,75\%$ a.m.

3. Determine o custo efetivo mensal de uma operação de empréstimo *hot money*, sendo a taxa de negociação de 3,6% ao mês. Admitindo que a taxa se mantenha constante, determinar o custo efetivo mensal, assumindo-se os seguintes prazos para a operação:
   a) 8 dias corridos, sendo 6 dias úteis;
   b) 5 dias, todos úteis.
   Solução:

   a) $i = \left(\dfrac{1 + 0,036}{30} \right)^{6} - 1 = 0,7222\%$ p/ os 6 dias úteis

   $i = (1,007222)^{30/8} - 1 = 2,735\%$ a.m.

MATEMÁTICA FINANCEIRA, INFLAÇÃO E TAXA *OVER* DE JUROS — 141

b) $i = \left(\dfrac{1 + 0,036}{30} \right)^5 - 1 = 0,6014\%$ p/ os 5 dias úteis

$i = (1,006014)^{30/5} - 1 = 3,66\%$ a.m.

A metodologia de cálculo do custo final das operações *hot money*, conforme ilustrada em termos de dias úteis, estabelece um custo efetivo final maior quanto menor se apresentar o prazo da operação. Quando o prazo é menor, existem evidentemente mais períodos de capitalização. No exemplo anterior, o custo final cresceu quando o prazo reduziu, indicando um maior número de períodos de capitalização.

4. Uma empresa levanta um empréstimo de $ 500.000,00 por 3 dias úteis, realizando uma operação *hot money*. As taxas de juros mensais *over* para cada dia do empréstimo são, respectivamente, iguais a 1,66%, 1,54% e 1,52%. Determine:
   a) O montante a ser pago ao final;
   b) A taxa efetiva média por dia útil;
   c) A taxa *over* média mensal;
   d) A taxa *over* efetiva anual.

Solução:
a) Montante a pagar = $ 500.000,00 $\times \left(1 + \dfrac{0,0166}{30} \right) \times \left(1 + \dfrac{0,0154}{30} \right) \times \left(1 + \dfrac{0,0152}{30} \right)$

Montante a pagar = $ 500.787,08

b) Taxa dia útil = $\left[\left(1 + \dfrac{0,0166}{30} \right) \times \left(1 + \dfrac{0,0154}{30} \right) \times \left(1 + \dfrac{0,0152}{30} \right) \right]^{1/3} - 1$

Taxa dia útil = 0,0005244 (0,0524% a.du.)

c) Taxa *over* mensal = 0,0524% $\times$ 30 dias = 1,5733% a.m.o.

d) Taxa *over* anual = $\left(1 + \dfrac{0,015733}{30} \right)^{252} - 1 = 14,12\%$ a.a.o.

5.6.3 Equivalência das taxas de aplicações financeiras

O raciocínio desenvolvido sobre a taxa *over* pode ser estendido também para avaliações em aplicações em títulos de renda fixa cujos vencimentos ocorrem em feriados ou fins de semana. As taxas nominais de juros desses títulos costumam elevar-se, dando, por vezes, a impressão de um aumento na rentabilidade, sem que necessariamente esse ganho maior tenha ocorrido.

Ilustrativamente, suponha uma aplicação num título prefixado pelo prazo corrido de 30 dias, o qual apresenta 22 dias úteis, à taxa efetiva de 30% ao ano. A remuneração do período da aplicação é obtida, conforme foi visto, pela taxa equivalente composta, isto é:

$i = (1,30)^{30/360} - 1 = 2,21\%$ a.m.

Ao se verificar, *por exemplo*, que a data de resgate do título cai num sábado, o prazo corrido se eleva para 32 dias, mantendo-se ainda em 22 o número de dias úteis do período.

142 CAPÍTULO 5

Nesse caso, a taxa equivalente para 32 dias se eleva para:

$i = (1,30)^{32/360} - 1 = 2,36\%$ p/ 32 dias

No entanto, a taxa equivalente anual de juros da aplicação por 32 dias corridos e 22 dias úteis se reduz para:

$i = (1,0221)^{360/32} - 1 = 27,9\%$ a.a.

Outra aplicação prática relevante é determinar, a partir de um percentual de juros definido para um período, a taxa equivalente para outro intervalo de tempo com diferente número de dias úteis.

Por exemplo, admita que a taxa efetiva de um título esteja definida, para uma aplicação por 30 dias, em 26% a.a. No período da aplicação, são identificados 22 dias úteis. Qual a taxa de juro equivalente para uma aplicação por 34 dias e 24 dias úteis?

Em dias corridos, a aplicação por 30 dias apresenta a seguinte rentabilidade:

$i = (1,26)^{30/360} - 1 = 1,94\%$ a.m.,

que equivale a 0,087% por dia útil, ou seja:

$i = (1,0194)^{1/22} - 1 = 0,087\%$ por dia útil.

Ampliando-se o prazo para 24 dias úteis, a taxa de juro passa para:

$i = (1,00087)^{24} - 1 = 2,11\%$ p/ 24 dias úteis.

Logo, a taxa equivalente anual para uma aplicação por 34 dias corridos com 24 dias úteis atinge:

$i = (1,0211)^{360/34} - 1 = 24,74\%$ a.a.

Exemplo:

1. Um investidor aplica $ 120.000,00 no mercado financeiro e resgata $ 125.600,00 90 dias após. Neste intervalo de tempo, são contados 62 dias úteis. Pede-se calcular:
   a) A taxa de retorno efetiva do período;
   b) A taxa por dia corrido;
   c) A taxa ao mês *over* (a.m.o.).

   Solução:

   a) $EFE(i) = \dfrac{125.600,00}{120.000,00} - 1 = 4,67\%$ p/ 90 dias

   b) i (dia corrido) $= \left(\dfrac{125.600,00}{120.000,00} \right)^{1/90} - 1 = 0,0507\%$ ao dia

   c) i (dia útil) $= \left(\dfrac{125.600,00}{120.000,00} \right)^{1/62} - 1 = 0,0736\%$ a.du.

   i (mês *over*) $= 0,0736\% \times 30$ dias $= 2,21\%$ a.m.o.

MATEMÁTICA FINANCEIRA, INFLAÇÃO E TAXA *OVER* DE JUROS   143

> ### TAXA SELIC E TAXA DI
> *Selic (Sistema Especial de Liquidação e Custódia)* é um sistema computadorizado adotado pelo Banco Central do Brasil destinado ao controle das emissões e negociações diárias de títulos públicos emitidos pelo Tesouro Nacional. A taxa Selic é determinada pela média ponderada das taxas de juros praticadas neste mercado, sendo considerada como a *taxa básica de juros da economia.*
> Há dois tipos de taxa Selic:
> – Selic Meta
> – Selic *Over*
> A *Taxa Selic Meta* é estipulada periodicamente (a cada 45 dias) e divulgada pelo Comitê de Política Monetária (COPOM) do Banco Central. A definição da Selic orienta o comportamento futuro das taxas de juros da economia.
> A *Taxa Selic Over*, por outro lado, é a taxa efetiva praticada no mercado. Esta taxa é apurada diariamente pela média ponderada de todas as operações com títulos públicos realizadas no âmbito do sistema Selic. Esta taxa torna-se uma referência para as instituições financeiras operarem no mercado. O Banco Central atua no mercado negociando (comprando e vendendo) títulos de maneira a trazer esta taxa *over* o mais próximo possível da meta estabelecida. A tendência das duas taxas é estarem sempre muito próximas.
>
> ### TAXA DI – CDI
> O *CDI (Certificado de Depósito Interfinanceiro)* é um título de curtíssima maturidade, prazo de vencimento de um dia útil, tendo por lastro as operações de transferências de recursos (empréstimos) realizadas entre instituições financeiras. O objetivo destes títulos é o de viabilizar as operações de empréstimos e tomada de recursos dos bancos entre si, contribuindo para o equilíbrio e a regulação do sistema financeiro.
> *Por exemplo*, se um banco apresentar em determinado dia uma pressão maior de resgates (saques) do que de entradas de caixa, pode levantar um empréstimo através da emissão de um CDI visando reequilibrar seu caixa. Este CDI emitido pela instituição captadora é adquirido por outra instituição superavitária, contribuindo assim para o restabelecimento do equilíbrio de caixa.
> Nas operações realizadas entre bancos há cobrança de juros, e a taxa média calculada para todas as transações realizadas com CDI é divulgada diariamente ao mercado, sendo conhecida por "Taxa DI". Esta taxa de juros revela a média dos juros dos empréstimos entre os bancos, sendo uma referência para as outras taxas de juros do mercado.
> A *taxa Selic* e a *taxa DI* costumam estar bastante próximas, apresentando as mesmas tendências de evolução.

5.6.4   Taxa *over* anual efetiva

As taxas de juros *over*, conforme descritas neste item, estão referenciadas no padrão mês. A partir de 1998, no entanto, o Banco Central do Brasil passou a privilegiar o tratamento dessas taxas em base ano, visando difundir uma visão de longo prazo no mercado financeiro. Com o término das altas taxas de inflação predominantes até 1995, o objetivo da autoridade monetária era o de formar uma taxa básica de juros na economia que fosse capaz de refletir um período maior, independentemente do mês e do número de dias úteis.

O cálculo da taxa *over* ano é processado com base em 252 dias úteis. *Por exemplo*, sendo de 18,43% ao ano a taxa efetiva de um título, a taxa por dia útil atinge:

$$\left(\sqrt[252]{1,1843} \right) - 1 = 0,0671\% \text{ a.du.}$$

Para obter-se a taxa *over* nominal expressa ao mês, basta multiplicar a taxa ao dia útil por 30. No mês, a taxa *over* nominal é de: 0,0671% × 30 dias = 2,014% a.m.o. (ao mês *over*).

A taxa *over* efetiva do mês é apurada capitalizando-se a taxa ao dia útil pelo número de dias úteis. Admitindo a existência de 22 dias úteis no mês, tem-se:

$$i = (1,000671)^{22} - 1 = 1,487\% \text{ a.m.o.}$$

No exemplo, a taxa de 18,43% é denominada taxa *over* anual efetiva. Equivale a uma taxa anual efetiva, transformada para dia útil considerando a presença de 252 dias úteis no período. Os jornais costumam publicar diversas taxas de juros efetivas anuais referenciadas em taxa *over* anualizada.

Exemplos:

1. Sendo de 20,24% a.a. a taxa efetiva de juro, determine a taxa *over* nominal mensal.
   Solução:
   - Taxa Efetiva por Dia Útil: $\left(\sqrt[252]{1,2024} \right) - 1 = 0,0732\%$ a.du.
   - Taxa *Over* Nominal Mensal: $0,0732\% \times 30$ dias = 2,19% a.m.o.
   - Ao se desejar apurar a taxa *over* efetiva do mês, deve-se capitalizar a taxa diária pelos dias úteis no mês, ou seja:

   $i = (1,000732)^{du} - 1$

   Admitindo $du = 22$:

   $i = (1,000732)^{22} - 1 = 1,623\%$ a.m.o.

2. Sendo de 1,52% a taxa *over* efetiva mensal de um CDB, determine sua equivalente *over* anual, sabendo que existem 21 dias úteis no mês.
   Solução:
   - Taxa efetiva por dia útil no mês:

   $\left(\sqrt[21]{1,0152} \right) - 1 = 0,0719\%$ a.du.
   - Taxa *over* anual:

   $(1,000719)^{252} - 1 = 19,8\%$ a.a.o.

3. Demonstre os cálculos da taxa *over* anual de um título conforme publicada em um jornal de economia e finanças.

Data	Prazo (dias úteis)	Taxa % a.a. efetiva
19-9	21	20,7%

   Solução:
   - Taxa Equivalente Mensal

   $\left(\sqrt[12]{1,207} \right) - 1 = 1,58\%$ a.m.
   - Taxa por Dia Útil

   $\left(\sqrt[21]{1,0158} \right) - 1 = 0,0747\%$ a.du.
   - Taxa *Over* Anual

   $(1,000747)^{252} - 1 = 20,7\%$ a.a.o.

MATEMÁTICA FINANCEIRA, INFLAÇÃO E TAXA *OVER* DE JUROS — 145

4. A seguir, são fornecidos os dados históricos da taxa Selic anual efetiva referentes aos dias úteis do mês de fevereiro/X5.

Data	Taxa anual*	Data	Taxa anual	Data	Taxa anual
01-02	18,24%	11-02	18,26%	21-02	18,75%
02-02	18,25%	14-02	18,26%	22-02	18,75%
03-02	18,25%	15-02	18,26%	23-02	18,75%
04-02	18,25%	16-02	18,26%	24-02	18,75%
09-02	18,25%	17-02	18,75%	25-02	18,75%
10-02	18,25%	18-02	18,75%	28-02	18,74%

* Taxa efetiva *over* (base 252 dias úteis).

a) Determine a taxa efetiva Selic para o mês de fevereiro.
$i_{FEV} = [(1,1824)^{1/252} \times (1,1825)^{1/252} \times (1,1825)^{1/252} \times ... \times (1,1874)^{1/252}] - 1$
$i_{FEV} = 1,2182\%$ a.m.o. (ao mês *over*)

b) Determine a taxa efetiva Selic (ao ano *over*).
Como fevereiro/X5 tem 18 dias úteis, a taxa mensal é capitalizada 252/18 vezes, ou seja:
$i_{SELIC} (1,012182)^{252/18} - 1 = 18,47\%$ a.a.o.

5. Uma aplicação financeira foi realizada pelo prazo de 33 dias corridos. No período existem apenas 24 dias úteis. A taxa *over* efetiva anual considerada na operação atingiu 11,75%. Pede-se determinar a taxa de retorno da operação.

Solução:

- *Período de 24 dias úteis*
  $i = (1,1175)^{24/252} - 1 = 1,06366\%$ p/ 24 dias úteis
  A taxa efetiva de 1,06366% equivale a 24 dias úteis ou 33 dias corridos.
- *Mês (taxa efetiva mensal)*
  $i = (1,0106366)^{30/33} - 1 = 0,9665\%$ a.m.
- *Taxa* over *nominal mensal*
  $i = (1,0106366)^{1/24} - 1 = 0,044095\%$ a.du.
  $i = 0,044095\% \times 30 = 1,32\%$ a.m. (*over* nominal)

Exercícios resolvidos

1. Uma empresa contrata junto a um banco um empréstimo *hot money* de $ 50.000,00 pelo prazo de um dia útil. A taxa de negociação firmada é de 4,1% a.m. mais um *spread* de 0,4% para todo o período. Determine:

a) O montante a pagar;
b) O custo efetivo da operação no período.

Solução:

a) *Total a Pagar*

$$50.000,00 \times \left(1 + \frac{0,041}{30}\right) \times (1,004) = \$\ 50.268,60$$

b) *Custo Efetivo do Período*

$$i = \left[\left(1 + \frac{0,041}{30}\right) \times (1,004)\right] - 1 = 0,54\% \text{ ao dia}$$

2. Uma empresa capta no mercado um empréstimo de $\$\ 90.000,00$ para ser resgatado em 44 dias, à taxa nominal de 18% ao ano.

No entanto, a condição formalizada pela instituição financeira é a de liberar o valor do empréstimo em parcelas, de acordo com o seguinte cronograma de desembolso:

Valor da parcela a liberar ($)	Dias para liberação
40.000,00	no ato
30.000,00	4 dias
20.000,00	8 dias

Diante dessas condições estabelecidas, calcule o custo efetivo mensal desta operação de empréstimo.

Solução:

- Montante a Pagar do Empréstimo:

$$FV_{44} = \$\ 90.000,00 \times \left(1 + \frac{0,18}{360} \times 44\right) = \$\ 91.980,00$$

- Fluxo de Caixa da Operação:

Uma forma de apurar o custo efetivo desse empréstimo é atualizar os valores das parcelas liberadas por uma taxa de desconto representativa do custo de oportunidade do tomador dos recursos. Admitindo-se ser essa taxa de 1,0% ao mês, tem-se:

$$PV \text{ do Empréstimo} = 40.000,00 + \frac{30.000,00}{(1,01)^{4/30}} + \frac{20.000,00}{(1,01)^{8/30}}$$

$$PV \text{ do Empréstimo} = \$\ 89.907,23$$

MATEMÁTICA FINANCEIRA, INFLAÇÃO E TAXA *OVER* DE JUROS — 147

O custo efetivo do empréstimo, embutindo-se a reciprocidade, é obtido:

$$i = \frac{91.980,00}{89.907,23} - 1 = 2,3\% \text{ p/ 44 dias}$$

$$i = (1,023)^{30/44} - 1 = 1,57\% \text{ a.m.,}$$

que equivale à taxa efetiva de 20,5% a.a.

3. Considerando a taxa *over* de 2,85% a.m., pede-se determinar:
   a) A taxa efetiva mensal num mês com 22 dias úteis;
   b) A taxa *over* anualizada.

Solução:

a) Taxa por dia útil $\dfrac{2,85\%}{30 \text{ dias}} = 0,095\%$ a.du.

   Taxa Efetiva Mensal $[(1,00095)^{22} - 1] = 2,11\%$ a.m.o.

b) *Taxa* over *anualizada*

   $(1,00095)^{252} - 1 = 27,03\%$ a.a.o.

4. Sendo de 14,8% a taxa *over* anualizada, determine a taxa *over* nominal ao mês.
   Solução:
   Taxa Equivalente ao Dia:

   $$\left(\sqrt[252]{1,148} \right) - 1 = 0,0548\%$$

   Taxa *Over* Nominal ao Mês:
   $0,0548\% \times 30 \text{ dias} = 1,64\%$ a.m.o

5. Admita uma aplicação financeira que paga taxa de 13,5% a.a.o. O prazo da operação é de 21 dias úteis.
   Pede-se:
   a) Taxa efetiva de retorno no período da operação (21 dias úteis).
      Solução:

      $$i = (1,135)^{21/252} - 1 = 1,061\% \text{ p/ 21 dias úteis}$$

   b) Sendo de 33 dias corridos e 21 dias úteis o prazo da operação, calcular a taxa efetiva de retorno do mês (30 dias).
      Solução:

      $$i = (1,01061)^{30/33} - 1 = 0,964\% \text{ a.m.}$$

6. A taxa básica de juro divulgada como meta pelo Banco Central (taxa SELIC), para fevereiro de 2012, está fixada em 10,5% a.a. Pede-se calcular a taxa equivalente por dia útil.
   Solução:

   $$i \text{ (dia útil)} = [(1,105)^{1/252} - 1] = 0,0396\% \text{ a.du.}$$

CAPÍTULO 5

7. Admita que um banco esteja prevendo uma taxa de juros anual efetiva de 13,75% (base de 252 dias úteis) para o mês de setembro, que tem 20 dias úteis. Dessa forma, seu interesse em aplicar recursos em contratos futuros de juros deve ser a uma taxa maior que os 13,75% a.a.o. previstos. Admitindo que o banco realize um negócio à taxa de 14,25% a.a.o., pede-se calcular o PU do contrato, ou seja, quanto estaria o banco disposto a pagar hoje para receber R$ 100.000,00 no vencimento do contrato.

Solução:

$$PU = \frac{100.000,00}{1,1425^{20/252}} = R\$ \ 98.948,28$$

8. Uma aplicação promete rendimentos financeiros baseados na taxa *over* anual efetiva de 10,85% (base: 252 dias úteis). Sobre o ganho nominal obtido incide imposto de renda de 20%. O prazo da operação é de 3 meses, existindo nesse período 64 dias úteis. Pede-se calcular a taxa de retorno efetiva mensal (base: 30 dias corridos) da aplicação.

Solução:

Taxa *over* anual: 10,85% a.a.o.

Taxa por dia útil: $[(1,1085)^{1/252} - 1] = 0,04088\%$ a.du.

Taxa efetiva p/ o período (3 meses): $[(1,04088)^{64} - 1] = 2,65\%$ p/ 64 dias úteis

Taxa líquida do IR: $2,65\% \times (1 - 0,20) = 2,12\%$

Taxa efetiva mensal: $[(1,0212)^{1/3} - 1] = 0,70\%$ a.m.

Exercícios propostos

1. Uma aplicação rendeu 2,95% de taxa nominal em determinado mês. Sabendo que a variação cambial do dólar em relação à moeda nacional foi de 1,8% e a inflação da economia, de 2,2% no mesmo período, determine a rentabilidade real da aplicação em relação à inflação interna e à variação cambial.

2. Qual o custo real mensal de uma operação de financiamento por 5 meses, sabendo-se que os juros nominais cobrados atingem 2,8% ao mês e a inflação de todo o período, 12%?

3. Uma pessoa levanta um empréstimo para ser liquidado ao final de 4 meses, pagando uma taxa real de juros de 20% ao ano. Determine a taxa nominal equivalente mensal de juros desta operação ao se prever, para cada um dos meses considerados, respectivamente, as seguintes taxas de inflação: 1,5%, 1,2%, 2,2% e 1,7%.

4. Um banco oferece duas alternativas de rendimentos para aplicação em título de sua emissão:

a) taxa prefixada de 50% a.a.;

b) correção monetária pós-fixada mais juros de 20% a.a.

Qual a taxa de correção monetária anual que determina os mesmos rendimentos para as duas alternativas?

MATEMÁTICA FINANCEIRA, INFLAÇÃO E TAXA *OVER* DE JUROS

5. Um imóvel foi adquirido por $ 3.000,00 em determinada data, sendo vendido por $ 30.000,00 quatro anos depois. Sendo a taxa de inflação equivalente em cada um desses anos de 100%, determine a rentabilidade nominal e real anual desta operação.

6. Em determinado período, a variação cambial do dólar foi de 15%, enquanto a inflação da economia atingiu 17,5%. Admitindo que uma dívida em dólar esteja sujeita a juros de 16% no período mais variação cambial, determine o custo real da operação em dólar em relação à inflação da economia.

7. Os rendimentos nominais mensais de uma aplicação financeira no segundo trimestre de determinado ano foram os seguintes:

abril $- i = 3,984\%$

maio $- i = 3,763\%$

junho $- i = 3,400\%$

   a) Determine o rendimento nominal acumulado da aplicação no trimestre.

   b) Com base nas variações mensais do índice de preços ao consumidor demonstradas a seguir, apure a rentabilidade real da poupança no trimestre.

   abril: 2,90%

   maio: 2,21%

   junho: 4,39%

8. Sendo de 9,8% a inflação de determinado semestre, calcule a variação real do poder de compra de um assalariado, admitindo que:

   a) não tenha ocorrido reajuste de salário no período;

   b) o salário tenha sido corrigido em 5,3%;

   c) o salário tenha sido corrigido em 12,1%.

9. A correção monetária de um empréstimo baseada no IPC em determinado período foi de 24%. Neste mesmo período, os índices gerais de preços da economia variaram 30%. Se for de 14% a taxa real de juros, apure o custo real efetivo do empréstimo no período em relação ao IGP da economia.

10. Em determinado semestre em que a inflação alcançou a marca dos 15%, os salários foram reajustados em 11,5%. Determine a perda efetiva no poder de compra do assalariado.

11. Admita que uma pessoa deseja ganhar 25% ao ano de taxa real em suas aplicações financeiras. Projetando-se a inflação no valor médio mensal de 1,8% nos próximos 3 meses, e de 1,0% ao longo dos 3 meses seguintes, determinar a que taxa nominal mensal a pessoa deve aplicar seus recursos no semestre.

12. Um investidor adquiriu um título por $ 40.000,00 e o resgatou 70 dias após por $ 41.997,00. Sabendo que a correção monetária deste período atingiu a 6,6%, pede-se determinar a rentabilidade real mensal auferida pelo investidor.

13. Sendo de 1.183,5% a inflação de determinado ano, calcule a taxa média equivalente mensal.

14. Até abril de um ano, a inflação atingiu 4,4%. Mantendo-se em 1,1% a taxa mensal de inflação até o fim do ano, calcule a inflação acumulada do período.

150 CAPÍTULO 5

15. A inflação de certo mês atingiu 3,94%. Tendo este mês 20 dias úteis, determine a taxa de inflação por dia útil.

16. Um índice de preços ao consumidor publicado apresentou os seguintes valores para o segundo trimestre de um ano: abril = 739,18; maio = 786,43; e junho = 828,23. Sendo de 4,6%, 3,1% e 3,9%, respectivamente, as taxas de inflação de julho, agosto e setembro, determine o valor mensal deste índice de preços ao consumidor para o terceiro trimestre deste ano.

17. Sendo de 2,2% a taxa de inflação de determinado mês e de 1,8% a taxa do mês seguinte, determine a redução no poder de compra verificada no bimestre.

18. Sendo de 11,8% a taxa de desvalorização da moeda em determinado período, calcule a inflação que determinou este resultado negativo no poder de compra da moeda.

19. Os índices gerais de preços (IGP) referentes aos seis primeiros meses de determinado ano no Brasil foram:

Dez./X8   107,325
Jan./X9   108,785
Fev./X9   110,039
Mar./X9   112,035
Abr./X9   114,614
Maio/X9   115,071
Jun./X9   118,090

Pede-se calcular:
a) taxa de inflação dos meses de janeiro, fevereiro e março de X9;
b) inflação do primeiro trimestre de X9;
c) taxa média mensal de inflação do primeiro trimestre de X9;
d) taxa de inflação do semestre;
e) considerando 2,24% a inflação de julho, apurar o IGP do mês.

20. A taxa de inflação verificada em cada um dos quatro primeiros meses de determinado ano é apresentada a seguir:

$I_{jan.} = 0,92\%$
$I_{fev.} = 0,35\%$
$I_{mar.} = -0,53\%$ (deflação)
$I_{abr.} = 1,01\%$

Pede-se determinar a taxa acumulada de inflação do quadrimestre e a equivalente mensal.

21. Um empréstimo em dólar foi contratado à taxa real efetiva de 14% ao ano, mais variação cambial, pelo prazo de três meses. Os índices de correção cambial atingem, para cada um dos meses da operação, respectivamente, 1,18%, 1,27% e 1,09%. Admitindo que a operação seja liquidada ao final do trimestre, determine o custo efetivo nominal trimestral e mensal do empréstimo.

22. Admita uma instituição financeira que deseja obter uma remuneração real de 1,5% a.m. em suas operações de crédito. Sendo de 0,9% a.m. a taxa esperada de inflação, pede-se calcular a taxa nominal de juros a ser cobrada.

MATEMÁTICA FINANCEIRA, INFLAÇÃO E TAXA *OVER* DE JUROS

23. Os rendimentos trimestrais acumulados de uma poupança em determinado ano foram:

1º trimestre = 1,98%
2º trimestre = 2,11%
3º trimestre = 2,21%

Para que se obtenha um rendimento total de 12% a.a., qual deveria ser a taxa de remuneração da poupança no último trimestre?

24. Admita que o governo tenha fixado uma meta de inflação (IGP-M) de 2,2% no primeiro trimestre do ano de X2. A tabela a seguir apresenta os índices de preços dos primeiros meses do ano. Qual deve ser o IGP-M de março/X2 para que se obtenha a taxa de inflação projetada de 2,2% para o ano?

Mês/ano	IGP-M
Dez./X1	213,34
Jan./X2	215,02
Fev./X2	217,01
Mar./X2	?

25. Admita as seguintes informações de três aplicações financeiras:
   * *Fundo de investimento* A:
     – Remuneração: 10,5% a.a. (taxa efetiva);
     – Tributação: 25% s/ os rendimentos nominais.
   * *Caderneta de poupança*:
     – Remuneração: taxa de juros de 6% com capitalização linear mensal, mais correção pela TR;
     – Tributação: isento.
   * *Fundo de investimento* B:
     – Remuneração: 9,75% a.a. (taxa efetiva);
     – Tributação: 20% s/ os rendimentos nominais.

   A taxa de inflação projetada da economia para o próximo mês (IPCA) é igual a 0,5%. Pede-se calcular a rentabilidade real líquida mensal e anual de cada alternativa de investimento.

26. Em determinada data, a taxa *over* estava fixada em 0,0412% a.du. Sabe-se que no mês existem 21 dias úteis. Determine a taxa *over*-mês nominal e a taxa *over*-ano efetiva.

27. Admita uma aplicação de $ 300.000,00 em um título por 59 dias corridos nos quais são previstos 39 dias úteis. O valor de resgate é de $ 313.500,00. Pede-se calcular:
   a) A taxa efetiva do período da aplicação;
   b) A taxa efetiva mensal;
   c) A taxa efetiva por dia corrido;
   d) A taxa efetiva por dia útil;

152 CAPÍTULO 5

e) A taxa *over* nominal mês;

f) A taxa *over* ao ano.

28. Para uma taxa *over* nominal mensal de 2,28%, pede-se determinar a taxa *over* efetiva anual (ao ano *over*).

29. Para uma taxa *over* efetiva anual de 16,5%, determine a taxa de juros *over* nominal mensal e a taxa efetiva mensal, admitindo um mês com 22 dias úteis.

30. Uma aplicação financeira produziu uma taxa efetiva de retorno de 1,92% no período. Supondo que no intervalo de tempo da aplicação existam 47 dias corridos e 33 dias úteis, determine a taxa *over* mensal.

Respostas

1. r (inflação) = 0,73%

r (câmbio) = 1,13%

2. r = 2,5% p/ 5 meses

r = 0,496% a.m.

3. i = 13,45% a.q.

i = 3,2% a.m.

4. I = 25%

5. i = 77,83% a.a.

r = − 11,09% a.a.

6. r = 13,53%

7. i = 11,57% a.t.

r = 1,62% a.t.

8. a) − 8,93%

b) − 4,1%

c) 2,09%

9. 8,73%

10. 3,04%

11. 3,3% a.m.

12. r = − 1,5% p/ 70 dias

r = − 0,65% a.m.

13. I = 23,7% a.m.

14. I = 13,95%

15. I = 0,193% p/ dia útil

16. Julho = 866,33

Agosto = 893,18

Setembro = 928,02

17. 3,88%

18. I = 13,38%

19. a) $I_{jan.}$ = 1,36%

$I_{fev.}$ = 1,15%

$I_{mar.}$ = 1,81%

MATEMÁTICA FINANCEIRA, INFLAÇÃO E TAXA *OVER* DE JUROS — 153

   b) $I_{trim.} = 4,39\%$

   c) $I_{média} = 1,44\%$ a.m.

   d) $I_{sem.} = 10,0\%$

   e) $IGP_{jul.} = 120,735$

20. $I_{quadr.} = 1,75\%$

   $I_{mensal} = 0,44\%$

21. $i = 7,03\%$ a.t.

   $i = 2,29\%$ a.m.

22. $i = 2,41\%$ a.m.

23. $i = 5,23\%$ a.t.

24. IGP-M = 218,04

25. Fundo *A*: 0,126% a.m.; 1,52% a.a.

   Caderneta de poupança: 0,5% a.m.; 6,1678% a.a.

   Fundo *B*: 0,1220% a.m.; 1,47% a.a.

26. $i = 1,236\%$ a.m.o.

   $i = 10,938\%$ a.a.o.

27. a) 4,5% ao período

   b) 2,26% a.m.

   c) 0,0746% a.dc (ao dia corrido)

   d) 0,1129% a.du (ao dia útil)

   e) 3,39% a.m.o (ao mês *over*)

   f) 32,89% a.a.

28. 21,10% a.a.

29. Taxa *over* mês = 1,8187% a.m.

   Taxa efetiva mês = 1,34% a.m.

30. $i = 1,729\%$ a.m.o.

6

Fluxos de Caixa

Um fluxo de caixa representa uma série de pagamentos ou de recebimentos que se estima ocorrer em determinado intervalo de tempo.

É bastante comum, na prática, defrontar-se com operações financeiras que se representam por um fluxo de caixa. *Por exemplo*, empréstimos e financiamentos de diferentes tipos costumam envolver uma sequência de desembolsos periódicos de caixa. De maneira idêntica, têm-se os fluxos de pagamentos/recebimentos de aluguéis, de prestações oriundas de compras a prazo, de investimentos empresariais, de dividendos etc.

Os fluxos de caixa podem ser verificados das mais variadas formas e tipos em termos de *períodos de ocorrência* (postecipados, antecipados ou diferidos), de *periodicidade* (períodos iguais entre si ou diferentes), de *duração* (limitados ou indeferidos) e de *valores* (constantes ou variáveis).

Com o intuito de melhor estudar as formulações e aplicações práticas do fluxo de caixa, como um dos mais importantes temas da Matemática Financeira, o assunto será tratado separadamente. A primeira parte do capítulo dedica-se ao estudo do fluxo de caixa uniforme, o qual apresenta uma característica de formação-padrão. É entendido como o *modelo-padrão* de uma sucessão de pagamentos ou de recebimentos. A sequência do capítulo dedica-se às demais classificações dos fluxos de caixa, definidas como não convencionais.

Os termos dos fluxos de caixa são genericamente simbolizados por *PMT*, sendo para as demais variáveis empregada a mesma simbologia adotada em capítulos anteriores (*PV*, *FV*, *n*, *i*).

6.1 Modelo-padrão

Os fluxos de caixa podem ser representados sob diferentes formas e tipos, exigindo cada um deles um tratamento específico em termos de formulações.

Esquematicamente, os fluxos de caixa são identificados com base na seguinte classificação:

1. **Período de Ocorrência**
   - Postecipados
   - Antecipados
   - Diferidos

2. **Periodicidade**
   - Periódicos
   - Não periódicos

3. **Duração**
   - *Limitados* (Finitos)
   - Indeterminados (Indefinidos)

4. **Valores**
   - *Constantes*
   - Variáveis

O *modelo-padrão de um fluxo de caixa*, conforme grifado no esquema anterior, é verificado quando os termos de uma sucessão de pagamentos ou recebimentos apresentam, ao mesmo tempo, as seguintes classificações:

a) **Postecipados**: indica que os fluxos de pagamentos ou recebimentos começam a ocorrer ao final do primeiro intervalo de tempo. *Por exemplo*, não havendo carência, a prestação inicial de um financiamento é paga ao final do primeiro período do prazo contratado, vencendo as demais em intervalos sequenciais.

b) **Limitados**: o prazo total do fluxo de caixa é conhecido *a priori*, sendo finito o número de termos (pagamentos e recebimentos). Por exemplo, um financiamento por 2 anos envolve desembolsos neste intervalo fixo de tempo, sendo, consequentemente, limitado o número de termos do fluxo (prestações do financiamento).

c) **Constantes**: indica que os valores dos termos que compõem o fluxo de caixa são iguais entre si.

d) **Periódicos**: é quando os intervalos entre os termos do fluxo são idênticos entre si. Ou seja, o tempo entre um fluxo e outro é constante.

Graficamente, o fluxo de caixa *uniforme (padrão)* é representado da forma seguinte:

Observe que a estrutura desse fluxo obedece à classificação-padrão apresentada anteriormente:

- O *PMT* inicial ocorre em $n = 1$, ao final do 1º período: *postecipado*;
- A diferença entre a data de um termo e outro é constante: *periódico*;
- O prazo do fluxo é preestabelecido (fixo), apresentando n períodos: *limitado* ou *finito*;
- Os valores do *PMT* são uniformes (iguais): *constantes*.

6.1.1 Valor presente e fator de valor presente

O valor presente de um fluxo de caixa uniforme, conforme discutido no item precedente, para uma taxa periódica de juros, é determinado pelo somatório dos valores presentes de cada um de seus valores.

Reportando-se à representação gráfica do fluxo-padrão apresentado, tem-se:

Logo:

$$PV = \frac{PMT}{(1+i)} + \frac{PMT}{(1+i)^2} + \frac{PMT}{(1+i)^3} + \dots + \frac{PMT}{(1+i)^{n-1}} + \frac{PMT}{(1+i)^n}$$

Colocando-se *PMT* em evidência:

$$PV = PMT\left[\frac{1}{(1+i)} + \frac{1}{(1+i)^2} + \frac{1}{(1+i)^3} + \dots + \frac{1}{(1+i)^{n-1}} + \frac{1}{(1+i)^n}\right]$$

$$PV = PMT\underbrace{[(1+i)^{-1} + (1+i)^{-2} + (1+i)^{-3} + \dots + (1+i)^{-n+1} + (1+i)^{-n}]}_{FPV}$$

A expressão entre colchetes é denominada de *Fator de Valor Presente* (*FPV*), sendo representada pela Matemática Financeira da forma seguinte:

$$FPV\,(i,\,n)$$

Com isso, a formulação genérica do valor presente assume a expressão:

$$PV = PMT \times FPV\,(i,\,n)$$

Observe que *FPV,* conforme é apresentado na formulação anterior entre colchetes, equipara-se à soma de uma progressão geométrica (*PG*) de *n* termos, sendo o primeiro termo (a_1) e a razão (*q*) igual a $(1+i)^{-1}$, e o *n*-ésimo termo (a_n), igual a $(1+i)^{-n}$.

A fórmula de cálculo da soma de uma *PG* é dada por:

$$Sn = FPV\,(i,\,n) = \frac{a_1 - a_n \times q}{1-q}$$

Substituindo-se os valores da expressão na soma dos termos de uma *PG*, tem-se:

$$FPV(i,\,n) = \frac{(1+i)^{-1} - (1+i)^{-n} \times (1+i)^{-1}}{1-(1+i)^{-1}}$$

Seguindo-se a sequência de dedução adotada por Mathias e Gomes[1] multiplica-se o numerador e o denominador por $(1 + i)$, obtendo-se:

$$FPV(i, n) = \frac{[(1 + i)^{-1} - (1 + i)^{-n} \times (1 + i)^{-1}] \times (1 + i)}{[1 - (1 + i)^{-1}] \times (1 + i)}$$

$$FPV(i, n) = \frac{(1 + i)^{-1} \times (1 + i) - (1 + i)^{-n} \times (1 + i)^{-1} \times (1 + i)}{(1 + i) - (1 + i)^{-1} \times (1 + i)}$$

$$FPV(i, n) = \frac{(1 + i)^{-1+1} - (1 + i)^{-n} \times (1 + i)^{-1+1}}{(1 + i) - (1 + i)^{-1+1}}$$

$$FPV(i, n) = \frac{1 - (1 + i)^{-n}}{1 + i - 1}$$

$$FPV(i, n) = \frac{1 - (1 + i)^{-n}}{i}$$

Essa expressão é muitas vezes representada da maneira seguinte:

$$FPV(i, n) = \frac{1 - \dfrac{1}{(1 + i)^n}}{i}$$

$$FPV(i, n) = \frac{\dfrac{(1 + i)^n - 1}{(1 + i)^n}}{i}$$

$$FPV(i, n) = \frac{(1 + i)^n - 1}{(1 + i)^n \times i}$$

Mediante o FPV, a fórmula do valor presente de um fluxo de caixa uniforme é apresentada da maneira seguinte:

$$PV = PMT \times \frac{1 - (1 + i)^{-n}}{i}$$

ou

$$PV = PMT \times FPV(i, n)$$

Exemplos:

1. Determinado bem é vendido em 7 pagamentos mensais, iguais e consecutivos de \$ 4.000,00. Para uma taxa de juros de 2,6% a.m., até que preço compensa adquirir o aparelho à vista?

---

[1] MATHIAS, N. Franco; GOMES, J. Maria. *Matemática financeira*. 2. ed. São Paulo: Atlas, 1998. p. 242.

FLUXOS DE CAIXA **159**

Solução:

$PMT = \$\ 4.000,00 \qquad PV = ?$

$i \quad = 2,6\%\ \text{a.m.}$ **Usando a HP 12 C**

$n \quad = 7$ 4.000   CHS PMT

$PV \quad = PMT \times \dfrac{1 - (1 + i)^{-n}}{i}$ 2,6   I

ou   7 n

                    PV (Resp: \$ 25.301,18)

$PV \quad = PMT \times FPV\ (i,\ n)$

$PV \quad = 4.000,00 \times \dfrac{1 - (1,026)^{-7}}{0,026}$

$PV \quad = 4.000,00 \times 6,325294 = \$\ 25.301,18$

O valor presente pode também ser calculado pela atualização de cada um dos termos do fluxo, ou seja:

$$PV = \frac{4.000,00}{(1,026)} + \frac{4.000,00}{(1,026)^2} + \frac{4.000,00}{(1,026)^3} + ... + \frac{4.000,00}{(1,026)^7}$$

Resolvendo-se a expressão chega-se, evidentemente, ao mesmo resultado:

$PV = \$\ 25.301,18$

2. Determine o valor presente de um fluxo de 12 pagamentos trimestrais, iguais e sucessivos de \$ 700,00, sendo a taxa de juros igual a 1,7% a.m.

Solução:

$PMT = \$\ 700,00$

$n \quad = 12$ pagamentos trimestrais

$i \quad = 1,7\%$ a.m. ou $(1,017)^3 - 1 = 5,19\%$ a.t.

$PV \quad = PMT \times FPV\ (i,\ n)$

$PV \quad = \$\ 700,00 \times FPV\ (5,19\%,\ 12)$

$PV \quad = \$\ 700,00 \times 8,769034$

$PV \quad = \$\ 6.138,30$

3. Um empréstimo de \$ 20.000,00 é concedido para pagamento em 5 prestações mensais, iguais e sucessivas de \$ 4.300,00. Calcule o custo mensal deste empréstimo.

Solução:

$PV \quad = \$\ 20.000,00$ **Usando a HP 12 C**

$n \quad = 5$ pagamentos mensais   20.000   PV

$PMT = \$\ 4.300,00$ 5 n

$i \quad = ?$ 4.300   CHS PMT

$PV \quad = PMT \times FPV\ (i,\ n)$ i (Resp: 2,46%)

$20.000,00 = 4.300,00 \times FPV\ (i,\ 5)$

$20.000,00 = 4.300,00 \times \dfrac{1 - (1 + i)^{-5}}{i}$

Resolvendo-se com o auxílio de uma calculadora eletrônica, tem-se o seguinte custo mensal efetivo do empréstimo:

$i = 2,46\%$ a.m.

4. Um veículo novo está sendo vendido por $ 4.000,00 de entrada mais 6 pagamentos mensais, iguais e consecutivos de $ 3.000,00. Sabendo-se que a taxa de juros de mercado é de 5,5% a.m., determine até que preço interessa comprar o veículo à vista.
Solução:

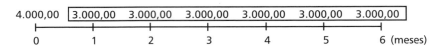

O preço à vista é formado pela entrada de $ 4.000,00 mais a soma dos valores atuais das prestações de $ 3.000,00 cada, ou seja:

PV = Entrada + $[PMT \times FPV(i, n)]$
$PV = 4.000,00 + 3.000,00 \times FPV(5,5\%, 6)$
$PV = 4.000,00 + 3.000,00 \times 4,995530$
$PV = \$ 18.986,59$

Usando a HP 12 C

4.000	g	CF_0
3.000	g	CFj
6	g	Nj
5,5	i	
f	NPV	(Resp: 18.986,59)

5. Um financiamento de $ 200.000,00 é concedido a uma empresa para ser pago em 3 anos, por meio de 36 prestações mensais, iguais e sucessivas. A taxa de juro cobrada na operação é de 1,6% a.m. Determine o valor de cada prestação.
Solução:
PV (financ.) = 200.000,00
i = 1,6% a.m.
n = 36 (36 prestações)

O valor presente das 36 prestações mensais, descontadas à taxa de juro de 1,6% a.m., deve ser igual ao valor do financiamento. Assim:

$PV = PMT \times FPV(i, n)$

$200.000,00 = PMT \times FPV(1,6\%, 36)$

$200.000,00 = PMT \times \dfrac{1 - (1,016)^{-36}}{0,016}$

$200.000,00 = PMT \times 27,205541$

$PMT = \$ 7.351,44/\text{mês}$

Usando a HP 12 C

200.000	CHS	PV
36	n	
1,6	i	
PMT	(Resp: 7.351,44)	

6.1.2 Valor futuro e fator de valor futuro

O valor futuro, para determinada taxa de juros por período, é a soma dos montantes de cada um dos termos da série de pagamentos/recebimentos. Graficamente, tem-se a seguinte representação:

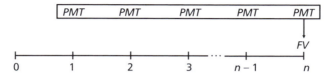

O valor futuro pelo padrão ocorre junto com o último termo do fluxo de caixa. Capitalizando-se cada um dos valores da série, apura-se a seguinte expressão:

$$FV = PMT + PMT \times (1+i) + PMT \times (1+i)^2 + PMT \times (1+i)^3 + \ldots + PMT \times (1+i)^{n-1}$$

Colocando-se PMT em evidência:

$$FV = PMT \underbrace{[1 + (1+i) + (1+i)^2 + (1+i)^3 + \ldots + (1+i)^{n-1}]}_{FFV}$$

Identicamente, a expressão entre colchetes é definida por *Fator de Valor Futuro* (*FFV*) e representada por:

FFV (i, n)

A formulação genérica do valor futuro de um fluxo de caixa uniforme é expressa da forma seguinte:

$$FV = PMT \times FFV\,(i, n)$$

Da mesma maneira em relação ao desenvolvimento da fórmula do valor presente, observe que a expressão do *FFV* representa a soma dos termos de uma progressão geométrica, onde $a_1 = 1$; $q = (1+i)$ e $a_n = (1+i)^{n-1}$.

Pela mesma equação de cálculo da soma dos valores de uma *PG* (*Sn*), tem-se:

$$Sn = FFV \times (i, n) = \frac{a_1 - a_n \times q}{1 - q}$$

Promovendo os mesmos ajustes e simplificações desenvolvidos na identidade do valor presente, chega-se a:

$$FFV(i, n) = \frac{(1+i)^n - 1}{i}$$

Assim, a partir do *FFV* pode-se elaborar a expressão de cálculo do valor futuro (montante) de um fluxo de caixa uniforme, ou seja:

$$FV = PMT \times \frac{(1+i)^n - 1}{i}$$

ou

$$FV = PMT \times FFV\,(i,\,n)$$

Exemplos:

1. Calcule o montante acumulado ao final do 7º mês de uma sequência de 7 depósitos mensais e sucessivos, no valor de $ 800,00 cada, numa conta de poupança que remunera a uma taxa de juros de 2,1% a.m.
Solução:

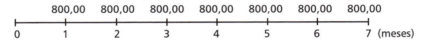

O valor futuro pode ser calculado pela soma do montante de cada depósito, isto é:

$FV = 800,00 + 800,00\,(1,021) + 800,00\,(1,021)^2 + 800,00\,(1,021)^3 + \ldots + 800,00\,(1,021)^6$
$FV = \$ 5.965,41$

Aplicando-se a fórmula-padrão de apuração do valor futuro, tem-se, de forma abreviada, o mesmo resultado:
$FV = PMT \times FFV\,(i,\,n)$
$FV = PMT \times \dfrac{(1+i)^n - 1}{i}$
$FV = 800,00 \times \dfrac{(1,021)^7 - 1}{0,021}$
$FV = 800,00 \times 7,456763 = \$ 5.965,41$

2. Uma pessoa irá necessitar de $ 22.000,00 daqui a um ano para realizar uma viagem. Para tanto, está sendo feita uma economia mensal de $ 1.250,00, a qual é depositada numa conta de poupança que remunera os depósitos a uma taxa de juros compostos de 4,0% a.m. Determine se essa pessoa terá acumulado o montante necessário ao final de um ano para fazer a sua viagem.
Solução:

							FV
	1.250,00	1.250,00	1.250,00	1.250,00	1.250,00
0	1	2	3	4	-----	12

$FV = PMT \times FFV\,(4\%,\,12)$

$FV = 1.250,00 \times \dfrac{(1,04)^{12} - 1}{0,04}$

Usando a HP 12 C
1.250 CHS PMT

12 n

$FV = 1.250,00 \times 15,025805 = \$\ 18.782,26$

4 i

FV (Resp: 17.782,26)

O montante acumulado nos 12 meses apresenta-se insuficiente para a viagem. Para apurar os $ 22.000,00 necessários, os depósitos mensais nessa conta de poupança devem ser de $ 1.464,15, ou seja:

$$FV = PMT \times \frac{(1+i)^n - 1}{i}$$

$$22.000,00 = PMT \times \frac{(1,04)^{12} - 1}{0,04}$$

$$22.000,00 = PMT \times 15,025805$$

$$PMT = \frac{22.000,00}{15,025805} = \$\ 1.464,15$$

Usando a HP 12 C

22.000 FV

12 n

4 i

PMT (Resp: – 1.464,15)

6.2 Equivalência financeira e fluxos de caixa

Deve ser ressaltado também no estudo do fluxo de caixa o conceito de equivalência financeira, conforme desenvolvido no Capítulo 2. Esse raciocínio é de fundamental importância para a Matemática Financeira, permitindo o correto entendimento e uso de seus resultados.

A equivalência financeira encontra extensas aplicações práticas, estando presente na tomada de decisões financeiras, na seleção de planos de empréstimos e financiamentos mais atraentes, em propostas de refinanciamento e reescalonamento de dívidas etc.

De acordo com o que foi desenvolvido anteriormente, diz-se que dois ou mais fluxos de caixa (capitais) são equivalentes quando produzem idênticos valores presentes num mesmo momento, convencionando-se determinada taxa de juros.

Por exemplo, os 4 fluxos de caixa ilustrados a seguir são equivalentes para uma taxa de juros de 5% ao mês, pois geram, para uma mesma taxa de juros, valores iguais em qualquer data focal escolhida.

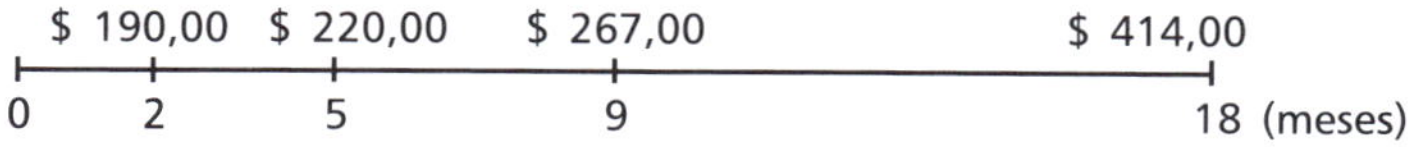

Definindo-se t_0 (momento presente como data focal):

$$\frac{190,00}{(1,05)^2} = \frac{220,00}{(1,05)^5} = \frac{267,00}{(1,05)^9} = \frac{414,00}{(1,05)^{18}}$$

Registre-se, uma vez mais, que a equivalência financeira no regime de juros compostos, para dada taxa de juros, pode ser verificada em qualquer momento tomado como referência (data focal). *Por exemplo*, se a data focal for definida em t_{18}, tem-se:

$$414,00 = 267,00\ (1,05)^9 = 220,00\ (1,05)^{13} = 190,00\ (1,05)^{16}$$

e assim por diante.

164 CAPÍTULO 6

A equivalência de dois ou mais capitais, para determinada taxa de juros, ocorre em qualquer data tomada como referência. Alterando-se a taxa, a equivalência evidentemente deixa de existir, dado que o conceito depende da taxa de juros.

Algumas ilustrações práticas evidenciando o uso do conceito de equivalência financeira são desenvolvidas a seguir.

Exemplos:

1. Admita que uma empresa esteja avaliando quatro planos de pagamentos de um financiamento de $ 300.000,00, conforme apresentados a seguir. A taxa de juros considerada nas propostas é de 7% a.m. Qual a opção de pagamento economicamente mais atraente?

Mês	Plano I ($)	Plano II ($)	Plano III ($)	Plano IV ($)
1	42.713,25	–	–	–
2	42.713,25	–	105.026,60	–
3	42.713,25	148.033,10	105.026,60	–
4	42.713,25	–	–	–
5	42.713,25	–	–	82.499,85
6	42.713,25	148.033,10	–	82.499,85
7	42.713,25	–	105.026,60	82.499,85
8	42.713,25	–	–	82.499,85
9	42.713,25	148.033,10	105.026,60	82.499,85
10	42.713,25	–	–	82.499,85
Total	427.132,50	444.099,30	420.106,40	494.999,10

Solução:

Os planos de pagamento formulados apresentam o mesmo valor presente (data zero) quando descontados à taxa de juros de 7% a.m. O resultado atualizado continua igual, mesmo se definida outra data focal. Logo, conclui-se que os fluxos de pagamento do financiamento são equivalentes, apresentando o mesmo custo.

Assim, em termos estritamente econômicos de atratividade, torna-se indiferente (equivalente) a escolha de uma ou outra forma de pagamento. Mesmo que a soma das prestações seja diferente em cada proposta, o fundamental na avaliação econômica é a comparação entre valores expressos em uma mesma unidade de tempo.

A decisão, dessa forma, deve ser tomada levando em conta o aspecto financeiro do desembolso, pois os fluxos de caixa são diferentes em cada plano em termos de valores e data de ocorrência. A forma de pagamento escolhida deve, evidentemente, adequar-se à capacidade financeira do tomador de recursos e ao comportamento das taxas de juros de mercado.

2. Determinado produto é vendido por $ 1.000,00 à vista, ou em 2 pagamentos mensais, iguais e sucessivos de $ 520,00 cada, vencendo o primeiro de hoje a 30 dias. Determine o custo mensal da compra a prazo.

Solução:

O preço à vista (na data atual) é de $ 1.000,00. O custo da venda a prazo é a taxa de juros que torna equivalentes essas duas alternativas de pagamento.

Assim, descontando-se os pagamentos mensais a determinada taxa de juros i, de forma que o PV seja igual ao preço à vista, tem-se o custo mensal, ou seja:

$PV = 1.000,00$

$PMT = 520,00$

$n = 2$

$i = ?$

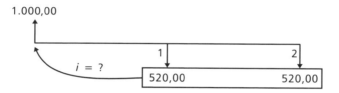

$1.000,00 = 520,00 \times FPV\,(i, 2)$

$1.000,00 = \dfrac{520,00}{(1+i)} + \dfrac{520,00}{(1+i)^2}$

Resolvendo-se:

$i = 2,66\%$ a.m.

3. Uma empresa contraiu um empréstimo de $ 90.000,00 para ser pago em 6 prestações mensais uniformes de $ 16.284,90 cada. No entanto, quando do pagamento da 2ª prestação, a empresa, passando por dificuldades financeiras, solicita ao banco que refinancie o saldo de sua dívida em 12 prestações mensais, iguais e sucessivas, vencendo a primeira a partir de 30 dias dessa data.

A taxa de juro cobrada pelo banco no refinanciamento é de 3,5% a.m.

Determine o valor de cada prestação do refinanciamento solicitado.

Solução:

- A taxa de juro cobrada no empréstimo original é de 2,4% a.m., inferior aos 3,5% cobrados no refinanciamento. Ou seja:

  $90.000,00 = 16.284,90 \times FPV\,(i, 6)$

  Resolvendo-se:

  $i = 2,4\%$ a.m.

- Após o pagamento da 2ª PMT restam ainda 4 pagamentos a serem efetuados, que equivalem a $ 61.411,24 de valor presente à taxa de 2,4% a.m.:

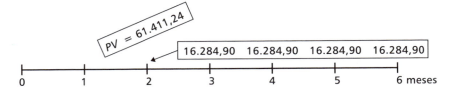

$PV = 16.284,90 \times FPV\ (2,4\%, 4)$

$PV = 16.284,90 \times 3,771054 = \$\ 61.411,24$

O fluxo de 12 *PMT* proposto, a uma taxa de juro mensal de 3,5%, deve ser equivalente ao valor presente da dívida original, isto é:

$61.411,24 = PMT \times (3,5\%, 12)$

$61.411,24 = PMT \times \dfrac{1 - (1,035)^{-12}}{0,035}$

$PMT = \dfrac{61.411,24}{9,663334} = 6.355,08$

6.3 Fluxos de caixa não convencionais

Os fluxos definidos no denominado modelo-padrão foram amplamente estudados no início do capítulo. Esta parte dedica-se, mais especificamente, aos demais tipos de caixa, não considerados no modelo-padrão.

A seguir são desenvolvidas as várias classificações não convencionais dos fluxos de caixa.

6.3.1 Período de ocorrência

Com relação ao período em que começa a ocorrer, o fluxo de caixa pode ser identificado como *postecipado, antecipado* e *diferido*.

- **POSTECIPADO – PADRÃO**

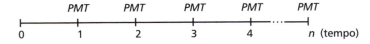

No tipo *postecipado*, a série de pagamentos/recebimentos começa a ocorrer exatamente ao final do primeiro período, de acordo com a ilustração gráfica anterior. Esse fluxo enquadra-se no *modelo-padrão* detalhado inicialmente, não havendo nada mais a acrescentar.

- **ANTECIPADO**

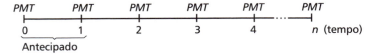

O fluxo de caixa *antecipado* indica que a série de valores começa a ocorrer *antes* do final do primeiro período, conforme o gráfico representado anteriormente. *Por exemplo*, um aluguel pago no início do período de competência (geralmente no início do mês) enquadra-se como um fluxo de caixa antecipado por um período (mês). Se dois aluguéis forem adiantados ao locador, a antecipação é de dois períodos, e assim por diante.

A determinação do valor presente e montante de um fluxo de caixa antecipado não apresenta maiores novidades. Além de ter-se sempre a opção de atualizar ou corrigir os seus termos individualmente, pode-se também utilizar a fórmula do modelo-padrão para a parte convencional do fluxo, e adicionar os termos antecipados (corrigidos) a esse resultado.

Por exemplo, admita o seguinte fluxo de caixa com antecipação de dois períodos:

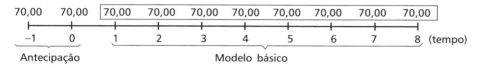

Para uma taxa de juros de 4% por período, tem-se:

$PV = [70,00 \times FPV\,(4\%, 8)] + 70,00 + 70,00 \times (1,04)$

$PV = (70,00 \times 6,732745) + 70,00 + 72,80$

$PV = 471,29 + 70,00 + 72,80 =$ **$ 614,09**

$FV = [70,00 \times FFV\,(4\%, 8)] + 70,00\,(1,04)^8 + 70,00\,(1,04)^9$

$FV = (70,00 \times 9,214226) + 95,80 + 99,63$

$FV = 645,00 + 95,80 + 99,63 =$ **$ 840,43**

- **DIFERIDO (CARÊNCIA)**

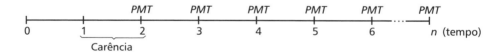

O diferimento indica que os termos da série começam a ocorrer *após* o final do primeiro período, conforme ilustrado no gráfico anterior.

Nessa ilustração, a série inicia-se no período imediatamente após o final do primeiro intervalo de tempo, indicando, consequentemente, uma carência de um período. Se a série começar a ocorrer no momento 3 do gráfico, a carência atinge dois períodos: no momento 4, tem-se uma carência de 3 períodos; e assim por diante.

Em suma, a base de comparação para se definir uma carência é o *final do primeiro período*. Para a Matemática Financeira, a carência existe quando o primeiro fluxo de caixa se verificar após o final do primeiro período, ou seja, após ter decorrido *c* períodos de tempo.

A determinação do montante de um fluxo de caixa com carência segue a formulação desenvolvida do modelo-padrão. Deve ser ressaltado, uma vez mais, que, nesse caso, *n* representa o número de termos da série, e não o seu prazo total.

A formulação do valor presente, no entanto, requer um pequeno ajuste, de forma a ser expresso na data zero, ou seja:

$$PV = PMT \times FPV(i, n) \times FAC(i, c)$$

onde: c = número de períodos de carência.
FAC = Fator de Atualização de Capital.
FAC = $1/(1 + i)^n$

Por exemplo, admita o seguinte fluxo de caixa diferido por 2 períodos:

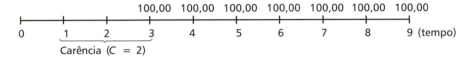

Observe que o fluxo de caixa apresenta um prazo total de 9 períodos, sendo o número de termos igual a 7 ($n = 7$) e a carência de 2 períodos ($c = 2$).

Para uma taxa de juros de 2,2% por período, têm-se os seguintes resultados:

$PV = 100,00 \times FPV(2,2\%, 7) \times FAC(2,2\%, 2)$
$PV = 100,00 \times 6,422524 \times 0,957410 = \$ 614,90$
$FV = 100,00 \times FFV(2,2\%, 7)$
$FV = 100,00 \times 7,479318 = \$ 747,93$

6.3.2 Periodicidade

A periodicidade reflete os intervalos de tempo em que os fluxos de caixa ocorrem. Se esses intervalos forem sempre iguais, diz-se que os fluxos são *periódicos*, enquadrando-se no modelo-padrão apresentado.

Se, por outro lado, os termos se verificarem em intervalos irregulares (diferentes entre si), tem-se o que se denomina de fluxos de caixa *não periódicos*.

O gráfico a seguir ilustra um fluxo de caixa não periódico, onde os valores não se verificam uniformemente em termos de sua periodicidade.

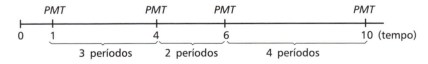

Tanto o cálculo do valor presente quanto o do valor futuro devem ser processados, respectivamente, pelo somatório da atualização e capitalização de cada um dos termos.

Genericamente, têm-se as seguintes expressões:

$$PV = \sum_{j=0}^{n} PMT_j / (1+i)^j$$

$$FV = \sum_{j=0}^{n} PMT_j \times (1+i)^{n-j}$$

Ilustrativamente, admita o seguinte fluxo de caixa não periódico:

Para uma taxa de juros de 1,9% a.m., tem-se:

- $PV = 100{,}00 + \dfrac{100{,}00}{(1{,}019)^3} + \dfrac{100{,}00}{(1{,}019)^4} + \dfrac{100{,}00}{(1{,}019)^8} + \dfrac{100{,}00}{(1{,}019)^{15}}$

  $PV = 100{,}00 + 94{,}51 + 92{,}75 + 86{,}02 + 75{,}40$

  $PV = \$\ 448{,}68$

- $FV = 100{,}00 + 100{,}00\,(1{,}019)^7 + 100{,}00\,(1{,}019)^{11} + 100{,}00\,(1{,}019)^{12} + 100{,}00\,(1{,}019)^{15}$

  $FV = 100{,}00 + 114{,}08 + 123{,}00 + 125{,}34 + 132{,}62$

  $FV = \$\ 595{,}04$

  ou:

  $FV = 448{,}68 \times (1{,}019)^{15} = \$\ 595{,}04$

6.3.3 Duração

A duração de um fluxo de caixa pode ser *finita*, característica do modelo-padrão, ou *indeterminada* (indefinida), quando o prazo não é conhecido previamente.

No caso de uma *série infinita* (ou indefinida), determina-se unicamente o seu valor presente. Para algumas situações específicas podem ser atribuídas probabilidades para se definir a duração de um fluxo, como é o caso da atividade de seguros. No entanto, este tipo de situação não será tratado aqui, ficando mais restrito ao estudo da Matemática Atuarial.

A representação gráfica de uma série indefinida pode ser ilustrada da forma seguinte:

O cálculo do valor presente é efetuado pelo somatório do valor atualizado de cada um de seus termos, isto é:

$$PV = \dfrac{PMT}{(1+i)} + \dfrac{PMT}{(1+i)^2} + \dfrac{PMT}{(1+i)^3} + \ldots + \dfrac{PMT}{(1+i)^\infty}$$

Genericamente, utiliza-se a seguinte formulação:

$$PV = \sum_{j=1}^{\infty} \dfrac{PMT_j}{(1+i)^j}$$

Detalhando a formulação:

$$PV = \frac{PMT}{(1+i)} + \frac{PMT}{(1+i)^2} + \frac{PMT}{(1+i)^3} + \frac{PMT}{(1+i)^4} + \dots + \frac{PMT}{(1+i)^\infty}$$

$$PV = PMT\left[\frac{1}{(1+i)} + \frac{1}{(1+i)^2} + \frac{1}{(1+i)^3} + \frac{1}{(1+i)^4} + \dots + \frac{1}{(1+i)^\infty}\right]$$

Os valores entre colchetes representam a soma dos termos de uma progressão geométrica indefinida, cuja razão é menor que 1. Aplicando-se o teorema de limite na fórmula da soma dos termos, tem-se:

$$FPV = \lim_{n\to\infty} \frac{a_1 - a_n \times q}{1-q}$$

Processando-se as deduções e simplificações pertinentes a partir dessa expressão, chega-se ao valor presente de um fluxo de caixa igual, constante, periódico e indeterminado, ou seja:

$$PV = \frac{PMT}{i}$$

Em outras palavras, o valor presente desse fluxo é determinado pela relação entre o pagamento/recebimento periódico, igual e sucessivo, e a taxa de juros considerada. É importante destacar, ainda, que essa identidade assume valores de caixa (PMT) periódicos e constantes ao longo de tempo.

As séries indeterminadas encontram aplicações práticas principalmente em avaliações de imóveis efetuadas com base nos rendimentos de aluguéis, na apuração do preço de mercado de uma ação a partir do fluxo previsto de dividendos etc.

Com o intuito de proceder a uma aplicação prática do cálculo do valor presente de um fluxo indeterminado, *admita* que um imóvel esteja rendendo $ 2.000,00 de aluguel mensalmente por prazo indeterminado. Sendo de 2% a.m. o custo de oportunidade de mercado (ganho da melhor alternativa de aplicação disponível), pode-se avaliar preliminarmente que o valor deste imóvel atinge $ 100.000,00, isto é:

$$PV = \frac{2.000,00}{0,02} = \$\ 100.000,00$$

O valor de referência do imóvel, válido para uma avaliação inicial, é o valor presente do fluxo de rendimentos mensais (aluguéis) previsto por um prazo indeterminado, descontado a um custo de oportunidade.

Exemplo:

1. Uma pessoa adquire um lote de ações com o intuito de formar um pecúlio para sua aposentadoria. Não pretendendo se desfazer destas ações em tempo previsível, admite-se que a aplicação é realizada por prazo indeterminado. As ações foram adquiridas pelo preço de $ 27,50 cada. O investidor define ainda em 12% ao ano sua taxa mínima exigida de retorno.

Pede-se demonstrar se o preço pela ação foi economicamente adequado, prevendo-se um fluxo anual de dividendos no valor de $ 3,30 por ação.

Solução:

Descontando-se o fluxo de dividendos de $ 3,30 à taxa de atratividade de 12% ao ano, conforme definida pelo investidor, chega-se a um valor presente de $ 27,50, igual ao valor pago pela ação. Logo, o investidor está ganhando exatamente a taxa de retorno desejada, sendo o preço pago o valor máximo permitido de compra. Isto é:

$$P_0 = \frac{D}{K}$$

$$P_0 = \frac{3,30}{0,12} = \$ \ 27,50$$

ou:

$$27,50 = \frac{3,30}{K}$$

$$K = \frac{3,30}{27,50} = 12\%$$

Duração Indeterminada com Crescimento

Conforme foi comentado, o modelo de fluxos de caixa com duração indeterminada pressupõe que o valor dos fluxos de caixa permaneça inalterado ao longo dos anos. No entanto, podem ser previstos em diversas situações crescimentos periódicos nesses valores e, nesses casos, é utilizado o denominado modelo de *Gordon* para a determinação do valor da ação.

Definindo-se por **g** a taxa periódica e constante de crescimento dos valores de caixa, tem-se para um fluxo de caixa indeterminado:

$$P_0 = \frac{D_0(1+g)}{(1+K)} + \frac{D_0(1+g)^2}{(1+K)^2} + \frac{D_0(1+g)^3}{(1+K)^3} + ... + \frac{D_0(1+g)^\infty}{(1+K)^\infty}$$

Ao se admitir que a taxa constante de crescimento (**K**) seja inferior à taxa de desconto (**K**), hipótese implícita no modelo, a extensa fórmula anterior é deduzida matematicamente para:

$$PV = \frac{FC_1}{K-g}$$

ou:

$$K = \frac{FC_1}{PV} + g$$

O modelo de *fluxo de caixa indeterminado com taxa de crescimento (g) constante* foi proposto por Myron Gordon e Eli Shapiro em 1956, sendo aplicado para precificação de ações. O modelo prevê um crescimento perpétuo dos valores de caixa a uma taxa constante "g", sendo formado por três variáveis:
- *fluxo de caixa* do próximo período;
- *taxa de desconto* a ser aplicada para descontar os fluxos de caixa (K);
- *taxa de crescimento* constante esperada dos fluxos de caixa (g).

Exemplos:

1. O dividendo de determinada ação está fixado em $ 0,85 para o próximo ano. Está previsto também que estes dividendos irão crescer a uma taxa constante de 4% ao ano indefinidamente.

   Admitindo-se que os acionistas dessa empresa desejam obter uma rentabilidade mínima de 15% a.a., determine o valor teórico de compra desta ação.

   Solução:

   Por se tratar de um fluxo de caixa indefinido (indeterminado), com os valores de caixa (dividendos) crescendo anualmente a uma taxa constante g, é utilizado o modelo de Gordon para o cálculo do valor presente da ação, ou seja:

   $$PV = \frac{FC_1}{K - g}$$

   $$PV = \frac{\$\ 0,85}{0,15 - 0,04} = \frac{\$\ 0,85}{0,11} = \$\ 7,73/\text{ação}$$

   O valor presente (PV) calculado representa o preço máximo (teórico) que se pagaria por essa ação de forma a satisfazer o retorno mínimo desejado de 15%.

2. Uma ação pagou no ano atual (X2) dividendos de $ 1,80. O mercado projeta um crescimento indeterminado dos dividendos a taxa de 2,2% a.a. A taxa de remuneração exigida pelos investidores (taxa de desconto) é igual a 9,0% a.a. Pede-se:

   a) Determinar o Valor da ação utilizando o modelo de crescimento constante de Gordon;

   b) A ação está sendo negociada atualmente (ano X2) no mercado por $ 40,0. Calcular a taxa de crescimento anual dos dividendos desta ação que possa explicar este preço.

   Solução:

   a) Dividendo Atual – X2 ($D0$) = $ 1,80

   Taxa de Crescimento dos Dividendos (g) = 2,2% a.a.

   Taxa de Desconto (K) = 9,0% a.a.

   $$PV = \frac{FC_1}{K - g}$$

   $$PV = \frac{D_1}{K - g} \qquad D_1: \text{Dividendo ao final do ano seguinte (X3)}$$

   $$PV = \frac{\$\ 1,8396}{(0,09 - 0,022)} \qquad D_1: \$\ 1,80 \times 1,022 = \$\ 1,8396$$

   $$PV = \$\ 27,05/\text{ação}$$

   b) Preço de Mercado = $ 40,00

   $$\$\ 40,0 = \frac{\$\ 1,80 \times (1 + g)}{(0,09 - g)}$$

   $$3,6 - \$\ 40,0\ g = \$\ 1,8 + \$\ 1,8\ g$$

$$- \$\,40{,}0\,g - \$\,1{,}8\,g = \$\,1{,}8 - \$\,3{,}6$$

$$\$\,41{,}8\,g = \$\,1{,}8$$

Taxa de Crescimento $(g) = \$\,1{,}8\,/\,\$\,41{,}8 = 4{,}3\%$

6.3.4 Valores

No que se refere aos valores, os termos de caixa podem ser *constantes*, se os fluxos de caixa se apresentarem sempre iguais, ou *variáveis*, se os fluxos não forem sempre iguais entre si.

Se os valores de caixa forem constantes, o fluxo identifica-se com o modelo-padrão estudado. No entanto, se os valores de caixa apresentarem-se desiguais (variáveis), o valor presente é calculado pela soma dos valores atualizados de cada um de seus termos. O valor futuro, por seu lado, é determinado pelo somatório dos montantes de cada um dos termos ou, ainda, capitalizando-se o valor presente para a data futura.

Identicamente aos fluxos de caixa não periódicos, têm-se as seguintes generalizações:

$$PV = \sum_{j=1}^{n} PMT_j \,/\, (1+i)^j$$

$$FV = \sum_{j=1}^{n} PMT_j \times (1+i)^j$$

ou

$$FV = PV \times (1+i)^n$$

Por exemplo, admita um fluxo de caixa com os seguintes valores, ocorrendo respectivamente ao final de cada um dos próximos 5 anos: \$ 80,00, \$ 126,00, \$ 194,00, \$ 340,00 e \$ 570,00. Para uma taxa de juros de 4% a.a., têm-se os seguintes resultados:

```
          80,00      126,00      194,00      340,00      570,00
    |--------+----------+----------+----------+----------+
    0        1          2          3          4          5 (anos)
```

- $PV = \dfrac{80{,}00}{(1{,}04)} + \dfrac{126{,}00}{(1{,}04)^2} + \dfrac{194{,}00}{(1{,}04)^3} + \dfrac{340{,}00}{(1{,}04)^4} + \dfrac{570{,}00}{(1{,}04)^5}$

  $PV = 76{,}92 + 116{,}49 + 172{,}46 + 290{,}63 + 468{,}50$

  $PV = \$\,1.125{,}00$

- $FV = 570{,}00 + 340{,}00(1{,}04) + 194{,}00(1{,}04)^2 + 126{,}00(1{,}04)^3 + 80{,}00(1{,}04)^4$

  $FV = 570{,}00 + 353{,}60 + 209{,}83 + 141{,}73 + 93{,}59$

  $FV = \$\,1.368{,}80$

  ou

  $FV = 1.125{,}00 \times (1{,}04)^5 = \$\,1.368{,}80$

Exercícios resolvidos[2]

1. Uma mercadoria é vendida a prazo em 5 pagamentos mensais de $ 700,00. Sendo de 3,5% a.m. a taxa de juros, determine o seu preço à vista admitindo que:
   a) O primeiro pagamento é efetuado no ato da compra;
   b) O primeiro pagamento é efetuado ao final do primeiro mês;
   c) O primeiro pagamento é efetuado ao final do segundo mês.

   Solução:

   a)

   $PV = 700,00 + [700,00 \times FPV(3,5\%, 4)]$
   $PV = 700,00 + (700,00 \times 3,673079)$
   $PV = \$ 3.271,16$

   b)

   $PV = 700,00 \times FPV(3,5\%, 5)$
   $PV = 700,00 \times 4,515052$
   $PV = \$ 3.160,54$

   c)

   $PV = 700,00 \times [FPV(3,5\%, 5)] \times [FAC(3,5\%, 1)]$
   $PV = 700,00 \times 4,515052 \times 0,966184$
   $PV = \$ 3.053,66$

   ### SOLUÇÃO NA HP 12C

   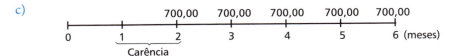

	TECLAS	VISOR	SIGNIFICADO
	f REG f FIN	0,00	Limpa registradores
	700 CHS PMT	–700,00	Valor da parcela mensal
	3,5 i	3,50	Taxa de juro ao mês
	5 n	5,00	Quantidade de pagamentos
a)	g BEG PV	3.271,16	Preço à vista com entrada
b)	g END PV	3.160,54	Preço à vista no modelo-padrão
c)	1,035 ÷	3.053,66	Preço à vista com carência

---

[2] Para a solução dos vários exercícios e cálculos financeiros através de calculadoras financeiras, recomenda-se: ASSAF NETO, Alexandre; LIMA, F. Guasti. *Investimentos no mercado financeiro usando a calculadora HP 12C*. 4. ed. São Paulo: Atlas, 2019.

FLUXOS DE CAIXA 175

2. Uma pessoa irá necessitar de $ 7.000,00 daqui a 10 meses. Quanto deverá ela depositar mensalmente num fundo de poupança que rende 1,7% a.m. de juros?
Solução:

$FV = PMT \times FFV (i, n)$
$7.000,00 = PMT \times FFV (1,7\%, 10)$
$7.000,00 = PMT \times 10,800733$
$PMT = \dfrac{7.000,00}{10,800733} = \$ 648,10$

SOLUÇÃO NA HP 12C

TECLAS	VISOR	SIGNIFICADO
f REG f FIN	0,00	Limpa registradores
7.000 CHS FV	−7.000,00	Valor futuro (montante)
1,7 i	1,70	Taxa de juro ao mês
10 n	10,00	Prazo em meses
PMT	648,10	Valor do depósito mensal

3. Uma pessoa possui hoje $ 50.000,00 em dinheiro e uma capacidade de poupança de $ 3.000,00 mensais no próximo semestre e $ 4.000,00 mensais nos 4 meses seguintes ao semestre. Se esse fluxo de poupança for depositado mensalmente num fundo que rende 2,5% a.m., determine quanto essa pessoa terá acumulado ao final de:
   a) 10 meses;
   b) 15 meses.
Solução:
a) *Valor Acumulado no 10º Mês*

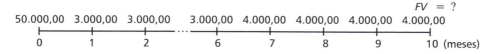

Todo o fluxo de depósitos deve ser corrigido para o 10º mês. Com o intuito de melhor explicar o processo, a correção será efetuada em três partes: depósito inicial, 6 depósitos mensais de $ 3.000,00 e 4 depósitos mensais de $ 4.000,00.
- $FV_{10} = 50.000,00 \times FCC (2,5\%, 10)$
  $FV_{10} = 50.000,00 \times (1,025)^{10} = \$ 64.004,23$
- $FV_{10} = [3.000,00 \times FFV (2,5\%, 6)] \times FCC (2,5\%, 4)$

$$FV_{10} = \left[3.000,00 \times \dfrac{(1,025)^6 - 1}{0,025} \right] \times (1,025)^4$$

$FV_{10} = (3.000,00 \times 6,387737) \times 1,103813$

$FV_{10} = \$ 21.152,60$

Observe que o *FFV* corrige o fluxo para a data do último depósito (6º mês). Para obter o valor acumulado no 10º mês, o montante encontrado deve ser corrigido por mais 4 meses.

- $FV_{10} = 4.000,00 \times FFV (2,5\%, 4)$

  $FV_{10} = 4.000,00 \times \dfrac{(1,025)^4 - 1}{0,025}$

  $FV_{10} = 4.000,00 \times 4,152516 = \$ 16.610,06$

- *Valor Total Acumulado no 10º Mês*:

  $64.004,23 + 21.152,60 + 16.610,06 = \$ 101.766,89$

b) *Valor Acumulado no 15º Mês*

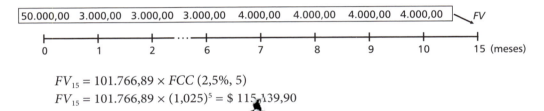

$FV_{15} = 101.766,89 \times FCC (2,5\%, 5)$

$FV_{15} = 101.766,89 \times (1,025)^5 = \$ 115.139,90$

SOLUÇÃO NA HP 12C

TECLAS	VISOR	SIGNIFICADO
f REG f FIN	0,00	Limpa registradores
50.000 g CFo	50.000,00	Valor disponível na data atual
3.000 g CFj	3.000,00	Valor disponível mensal
6 g Nj	6,00	Valor disponível se repete por 6 meses
4.000 g CFj	4.000,00	Valor disponível mensal
4 g Nj	4,00	Valor disponível se repete por 4 meses
2,5 i	2,50	Taxa de juro ao mês
f NPV	79.500,13	Valor presente do fluxo de poupança
a) 10 n FV	–101.766,89	Valor total acumulado no 10º mês
b) f NPV	79.500,13	Recupera o valor presente do fluxo de poupança
c) 15 n FV	–115.139,90	Valor total acumulado no 15º mês

4. Um veículo, cujo preço à vista é $ 30.000,00, está sendo vendido nas seguintes condições:

   a) Entrada = 30%;

   b) Saldo em 6 prestações mensais, iguais e sucessivas, vencendo a primeira daqui a dois meses.

   Determine o valor de cada prestação, admitindo uma taxa de juros de 2% a.m.

Solução:

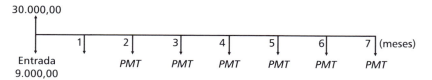

- Valor a Financiar = 30.000,00 − 9.000,00 = $ 21.000,00
- $PV = PMT \times FPV\,(2\%,\,6) \times FAC\,(2\%,\,1)$

$$21.000{,}00 = PMT \times \frac{1 - (1{,}02)^{-6}}{0{,}02} \times (1{,}02)^{-1}$$

$21.000{,}00 = PMT \times 5{,}601431 \times 0{,}980392$

$21.000{,}00 = PMT \times 5{,}491598$

$$PMT = \frac{21.000{,}00}{5{,}491598} = \$\,3.824{,}02$$

SOLUÇÃO NA HP 12C

TECLAS	VISOR	SIGNIFICADO
f REG f FIN	0,00	Limpa registradores
30.000 ENTER	30.000,00	Valor do veículo
30 %	9.000,00	Valor do desconto
− CHS PV	−21.000,00	Valor líquido a financiar
6 n	6,00	Quantidade de parcelas
2 i	2,0	Taxa de juro ao mês
PMT	3.479,04	Valor da parcela mensal (modelo-padrão)
1,02 ×	3.824,02	Valor da parcela corrigido pela carência (1 mês)

5. Determinado produto está sendo vendido por $ 1.800,00 à vista, ou em 3 pagamentos mensais e iguais de $ 650,00. Estando atualmente em 3,3% a.m. as taxas de juros de mercado, pede-se avaliar a melhor alternativa de compra.

Solução:
A indicação da alternativa de compra mais interessante pode ser obtida pelo valor presente das duas propostas (escolhe-se evidentemente aquela de menor PV), ou pela determinação do custo mensal da venda a prazo (o percentual apurado é comparado com a taxa de mercado).

- PV (à vista) = $ 1.800,00
- PV (a prazo) = 650,00 × $FPV\,(3{,}3\%,\,3)$ = 650,00 × 2,812375 = $ 1.828,04

A venda a prazo, por apresentar um PV maior que o valor à vista, indica um custo maior que a taxa de mercado (3,3% a.m.). Interessa a compra à vista.

O custo mensal da compra a prazo é calculado:
$PV = PMT \times FPV\,(i,\,n)$

$$1.800,00 = 650,00 \times \frac{1-(1+i)^{-3}}{i}$$

$i = 4,11\%$ a.m.

Confirma-se um custo embutido na venda a prazo de 4,11% a.m. maior que os juros de mercado (3,3% a.m.).

SOLUÇÃO NA HP 12C

TECLAS	VISOR	SIGNIFICADO
f REG f FIN	0,00	Limpa registradores
1.800 CHS PV	–1.800,00	Valor à vista do produto
650 PMT	650,00	Valor de cada parcela mensal
3 n	3,00	Quantidade de parcelas
i	4,11	Custo efetivo mensal

6. Calcule o valor presente de cada um dos fluxos a seguir:

a) 48 prestações mensais, iguais e sucessivas de $ 4.000,00. Taxa de juros = 1,2% a.m.;

b) 14 prestações trimestrais, iguais e sucessivas de $ 7.000,00. Taxa de juros = 5% a.m.;

c) 5 prestações mensais e sucessivas crescentes em *PA* à razão de 2.000,00. O valor da primeira prestação é de $ 10.000,00. Taxa de juros = 2,6% a.m.

Solução:

a)

$PV = 4.000,00 \times FPV\ (1,2\%,\ 48)$

$PV = 4.000,00 \times 36,327241 = \$\ 145.309,00$

b)

$i = 5\%$ a.m. $- i = (1,05)^3 - 1 = 15,76$ a.t.

$PV = 7.000,00 \times FPV\ (15,76\%,\ 14)$

$PV = 7.000,00 \times 5,527420 = \$\ 38.691,94$

c)

$$PV = \frac{10.000,00}{1,026} + \frac{12.000,00}{(1,026)^2} + \frac{14.000,00}{(1,026)^3} + \frac{16.000,00}{(1,026)^4} + \frac{18.000,00}{(1,026)^5}$$

$PV = 9.746,59 + 11.399,52 + 12.962,42 + 14.438,78 + 15.832,00$

$PV = \$\ 64.379,30$

SOLUÇÃO NA HP 12C

	TECLAS	VISOR	SIGNIFICADO
a)	f REG f FIN	0,00	Limpa registradores
	4.000 CHS PMT	−4.000,00	Valor das parcelas mensais
	48 n	48,0	Quantidade de parcelas mensais
	1,2 i	1,20	Taxa de juro ao mês
	PV	145.309,00	Valor presente
b)	f REG f FIN	0,00	Limpa registradores
	7.000 CHS PMT	−7.000,00	Valor das parcelas mensais
	14 n	14,0	Quantidade de parcelas trimestrais
	15,76 i	15,76	Taxa de juro ao trimestre: $[(1,05) − 1] \times 100$
	PV	38.691,94	Valor presente
c)	f REG f FIN	0,00	Limpa registradores
	10.000 g CFj	10.000,00	Valor da prestação no 1° mês
	12.000 g CFj	12.000,00	Valor da prestação no 2° mês
	14.000 g CFj	14.000,00	Valor da prestação no 3° mês
	16.000 g CFj	16.000,00	Valor da prestação no 4° mês
	18.000 g CFj	18.000,00	Valor da prestação no 5° mês
	2,6 i	2,60	Taxa de juro ao mês
	f NPV	64.379,30	Valor presente

7. Determinada mercadoria é vendida por $ 2.500,00 à vista ou por 20% de entrada mais prestações mensais de $ 309,00. Sendo de 2% a.m. a taxa corrente de juros, determine o número de prestações.

Solução:

- Valor a Financiar: $2.500,00 − 20\% = \$ 2.000,00$
- $PV = PMT + FPV\,(i,\ n)$

$$2.000,00 = 309,00 \times FPV\,(2{,}0\%,\ n)$$

$$2.000,00 = 309,00 \times \frac{1 − (1,02)^{-n}}{0,02}$$

$$\frac{2.000,00}{309,00} \times 0,02 = 1 − (1,02)^{-n}$$

$$0,129450 = 1 − (1,02)^{-n}$$

$$(1,02)^{-n} = 0,870550$$

Aplicando-se a propriedade de logaritmo (ver Apêndice B):

$$− n \times \log 1,02 = \log 0,870550$$

$$n = − \frac{\log 0,870550}{\log 1,02}$$

$$n = \frac{−0,060206}{0,008600} = 7 \text{ meses (prestações mensais)}$$

SOLUÇÃO NA HP 12C

TECLAS	VISOR	SIGNIFICADO
f REG f FIN	0,00	Limpa registradores
2.500 ENTER	2.500,00	Valor da mercadoria
20 %	500,00	Valor da entrada
− CHS PV	−2.000,00	Valor líquido da mercadoria (a financiar)
309 PMT	309,00	Valor das parcelas mensais
2 i	2,00	Taxa de juro ao mês
n	7,0	7 prestações mensais

8. Um eletrodoméstico é vendido à vista por $ 8.000,00 ou em 4 pagamentos mensais de $ 2.085,79, ocorrendo o primeiro pagamento 3 meses após a compra. Qual deve ser o valor da entrada admitindo uma taxa de juros de 4% a.m.?
Solução:

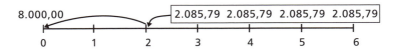

$PV = PMT \times FPV\,(i, n) \times FAC\,(i, n)$

$PV = 2.085,79 \times \dfrac{1 - (1,04)^{-4}}{0,04} \times (1,04)^{-2}$

$PV = 2.085,79 \times 3,629895 \times 0,924556$

$PV = \$\ 7.000,00$

Pelo conceito de equivalência financeira, o valor presente das prestações deve ser igual ao preço à vista. Logo:

Entrada = 8.000,00 − 7.000,00 = $ 1.000,00

SOLUÇÃO NA HP 12C

TECLAS	VISOR	SIGNIFICADO
f REG f FIN	0,00	Limpa registradores
0 g CFj	0,00	Valor da prestação no 1º mês
0 g CFj	0,00	Valor da prestação no 2º mês
2.085,79 g CFj	2.085,79	Valor da prestação no 3º mês
4 g Nj	4,00	Repete o fluxo anterior por 4 meses
4 i	4,00	Taxa de juro mensal
f NPV	7.000,00	Valor presente dos fluxos de caixa
8.000 −	−1.000,00	Valor da entrada

9. Um financiamento no valor de $ 35.000,00 é concedido para pagamento em 12 prestações mensais, iguais, com 3 meses de carência. Para uma taxa de juros de 3,5% a.m., determine o valor das prestações.

Solução:

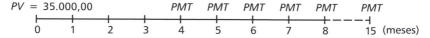

$PV = PMT \times FPV\,(i, n) \times FAC\,(i, c)$

$35.000,00 = PMT \times \dfrac{1-(1,035)^{-12}}{0,035} \times (1,035)^{-3}$

$35.000,00 = PMT \times 9,663334 \times 0,901943$

$35.000,00 = 8,715776 \times PMT$

$PMT = \dfrac{35.000,00}{8,715776} = \$\,4.015,70$

SOLUÇÃO NA HP 12C

TECLAS	VISOR	SIGNIFICADO
f REG f FIN	0,00	Limpa registradores
35.000 CHS PV	–35.000,00	Valor do financiamento
12 n	12,0	Quantidade de prestações mensais
3,5 i	3,50	Taxa de juro do mês
PMT	3.621,94	Valor de cada prestação (padrão)
1,035 ENTER 3 y^x	1,1087	Fator de correção das prestações na carência
X	4.015,70	Valor da prestação com carência

10. Um fluxo de caixa está definido em 12 prestações mensais de $ 1.200,00. Calcule o fluxo de caixa equivalente para 5 prestações trimestrais iguais. Considere uma taxa de juros de 1,5% a.m.

Solução:

Dois fluxos de caixa se dizem equivalentes quando produzem o mesmo valor num mesmo momento. Admitindo a data de hoje como a data focal, tem-se:

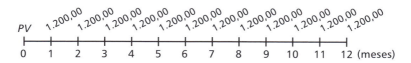

$PV = PMT \times FPV\,(i, n)$
$PV = 1.200,00 \times (1,5\%,\ 12)$
$PV = 1.200,00 \times 10,907505$
$PV = \$\,13.089,00$

$i = 1,5\%$ a.m. $\to i = (1,015)^3 - 1 = 4,57\%$ a.t.

$PV = PMT \times FPV\,(4{,}57\%, 5)$

$PV = PMT \times 4{,}381427$

Igualando-se o PV dos dois fluxos, tem-se o valor de cada uma das cinco prestações trimestrais:

$13.089{,}00 = PMT \times 4{,}381427$

$PMT\ \dfrac{13.089{,}00}{4{,}381427} = \$\,2.987{,}40$

SOLUÇÃO NA HP 12C

TECLAS	VISOR	SIGNIFICADO
f REG f FIN	0,00	Limpa registradores
1.200 CHS PMT	–1.200,00	Valor da prestação mensal
12 n	12,00	Quantidade de prestações mensais
1,5 i	1,50	Taxa de juro do mês
PV	13.089,00	Valor presente
5 n	5,00	Quantidade de prestações trimestrais
4,57 i	4,57	Taxa de juro ao trimestre: $[(1{,}015)^3 - 1] \times 100$
PMT	–2.987,40	Valor da prestação trimestral equivalente

11. Um empréstimo no valor de $ 15.000,00 é concedido à taxa de juro de 2,23% a.m. Os fluxos de caixa da operação são apresentados a seguir:

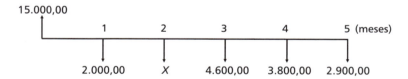

Para os dados do empréstimo, pede-se calcular o valor da parcela referente ao 2º mês.

Solução:

Pelo conceito de equivalência de capital estudado, os fluxos de saídas de caixa devem igualar-se, a certa taxa de juro, às entradas de caixa em um momento do tempo. Logo:

$$15.000{,}00 = \dfrac{2.000{,}00}{(1{,}0223)} + \dfrac{X}{(1{,}0223)^2} + \dfrac{4.600{,}00}{(1{,}0223)^3} + \dfrac{3.800{,}00}{(1{,}0223)^4} + \dfrac{2.900{,}00}{(1{,}0223)^5}$$

$15.000{,}00 = 1.956{,}37 + 0{,}9568X + 4.305{,}49 + 3.479{,}13 + 2.597{,}20$

$0{,}9568X = 2.661{,}81$

$X = \$\,2.782{,}00$

SOLUÇÃO NA HP 12C

TECLAS	VISOR	SIGNIFICADO
f REG f FIN	0,00	Limpa registradores
2.000 g CFj	2.000,00	Valor do fluxo de caixa no 1º mês
0 g CFj	0,00	Valor do fluxo de caixa no 2º mês
4.600 g CFj	4.600,00	Valor do fluxo de caixa no 3º mês
3.800 g CFj	3.800,00	Valor do fluxo de caixa no 4º mês
2.900 g CFj	2.900,00	Valor do fluxo de caixa no 5º mês
2,23 i	2,23	Taxa de juro ao mês
f NPV	12.338,20	Valor presente
15.000	−2.661,80	Valor da parcela no momento zero
1,0223 ENTER	1,045	Fator de correção da 2ª parcela
2 y^x		
X	2.782,00	Valor da parcela no 2º mês

12. Um empréstimo no valor de $ 12.500,00 deve ser pago em 4 parcelas trimestrais de valores linearmente crescentes na razão de 12%. A primeira parcela vence de hoje a 3 meses, e as demais sequencialmente.

A taxa de juro contratada para a operação é de 27% ao ano (taxa efetiva). Determine o valor de cada pagamento do empréstimo.

Solução:

$i = 27\%$ a.a., equivalendo a:
$i = (1{,}27)^{1/4} - 1 = 6{,}16\%$ a.t.

$$12.500{,}00 = \frac{PMT}{1{,}0616} + \frac{1{,}12\ PMT}{(1{,}0616)^2} + \frac{1{,}24\ PMT}{(1{,}0616)^3} + \frac{1{,}36\ PMT}{(1{,}0616)^4}$$

$12.500{,}00 = 0{,}9420\ PMT + 0{,}9938\ PMT + 1{,}0364\ PMT + 1{,}0708\ PMT$
$12.500{,}00 = 4{,}0430\ PMT$
$PMT = \$ 3.091{,}80$

- Valor de cada prestação:
  $PMT_1 = \$ 3.091{,}80$
  $PMT_2 = \$ 3.091{,}80 \times 1{,}12 = \$ 3.462{,}80$
  $PMT_3 = \$ 3.091{,}80 \times 1{,}24 = \$ 3.833{,}80$
  $PMT_4 = \$ 3.091{,}80 \times 1{,}36 = \$ 4.204{,}80$

Exercícios propostos

1. Determine o valor presente (PV) de cada fluxo de caixa identificado a seguir. Admita uma taxa de juros de 2,9% ao mês.

a) 36 prestações mensais, iguais e sucessivas de $ 1.650,00;

b) 24 prestações mensais, iguais e sucessivas de $ 850,00 cada, vencendo a primeira ao final do 3º mês;

c) 10 prestações trimestrais, iguais e sucessivas de $ 2.800,00 cada;

d) 5 prestações bimestrais e sucessivas de, respectivamente, $ 4.200,00; $ 5.300,00; $ 7.700,00; $ 10.900,00 e $ 15.000,00;

e) 6 prestações iguais de $ 1.200,00 cada, com vencimentos, respectivamente, no 3º mês, 7º mês, 11º mês, 25º mês, 28º mês e 33º mês.

2. São efetuados, a partir do final do primeiro mês, 12 depósitos mensais de $ 900,00 num fundo de investimento que paga juros de 1,85% a.m. Calcule o montante acumulado ao final dos seguintes meses:

a) 12º mês;

b) 15º mês;

c) 24º mês.

3. Um terreno é vendido por $ 20.000,00 à vista, ou por 40% de entrada e o restante em 12 prestações mensais. Para uma taxa de juros de 2,5% a.m., determinar o valor de cada prestação mensal.

4. Sabe-se que uma pessoa tem a receber os seguintes pagamentos:

a) 10 prestações mensais de $ 700,00 cada, vencendo a primeira de hoje a um mês;

b) 6 prestações trimestrais de $ 2.800,00 cada, vencendo a primeira 3 meses após o término da sequência de pagamentos anterior.

Para uma taxa de juros de 4,1% a.m., determine o valor presente (na data zero) e o valor futuro (ao final do 19º mês) deste fluxo de pagamentos.

5. Uma pessoa deve a outra 15 pagamentos mensais de $ 2.400,00. Até o final do 6º mês não havia efetuado nenhum pagamento. Nesta data, o devedor procura o credor e decide liquidar toda a sua dívida (vencida e vincenda). Para uma taxa de juros de 3,7% a.m., determine quanto deve ser pago.

6. Um empréstimo no valor de $ 24.300,00 prevê a sua liquidação em 4 parcelas iguais e vencíveis, respectivamente, de hoje a 17 dias, 39 dias, 66 dias e 90 dias. Para uma taxa efetiva de juro de 3,1% a.m., pede-se calcular o valor de cada parcela de pagamento.

7. Uma televisão está sendo negociada em 6 pagamentos mensais de $ 72,00 cada um. Qual deve ser a entrada, de forma que o financiamento seja equivalente ao preço à vista de $ 650,00? A taxa de juro mensal é de 3,9%.

FLUXOS DE CAIXA **185**

8. Uma dívida de $ 17.600,00 deve ser paga em 5 parcelas mensais e decrescentes na razão aritmética de 10%. Os vencimentos começam a ocorrer de hoje a 60 dias. Pede-se calcular o valor de cada prestação mensal admitindo uma taxa efetiva de juros de 23,5% ao ano.

9. Uma pessoa deseja acumular $ 14.000,00 ao final de um semestre. Para tanto, deposita mensalmente num fundo a importância de $ 1.500,00, sendo corrigida à taxa de 4,5% a.m. Qual deve ser o valor do depósito inicial (momento zero) de forma que possa obter o montante desejado ao final do período?

10. Um veículo é vendido por $ 18.000,00 à vista, ou a prazo com $ 4.000,00 de entrada e 4 prestações mensais de $ 3.845,05 cada. Determine o custo efetivo mensal do financiamento.

11. Uma loja apresenta duas propostas de venda de um produto eletrônico:
    a) entrada de $ 400,00 mais 8 prestações mensais de $ 720,00 cada;
    b) entrada de $ 650,00 mais 15 prestações mensais de $ 600,00 cada.
    Sendo de 3,5% a.m. a taxa corrente de juros, indique a alternativa mais atraente para o comprador.

12. Calcule o valor presente de um fluxo de 15 pagamentos mensais de $ 2.100,00 cada, sendo que o primeiro desembolso ocorre de hoje a 15 dias. Admita uma taxa de juros de 2,2% a.m.

13. Um sítio é vendido nas seguintes condições:
    a) entrada = $ 30.000,00;
    b) 20 prestações mensais de $ 1.100,00 cada, vencendo a primeira daqui a 30 dias;
    c) 6 prestações semestrais de $ 7.500,00 cada, vencíveis a partir do final do 3° mês.
    Sendo de 2,5% a.m. a taxa de juros, determine até que preço é interessante adquirir este sítio à vista.

14. Determinado produto é vendido numa loja por $ 1.120,00 à vista ou em 5 prestações mensais de $ 245,00 cada. Calcule o custo efetivo mensal admitindo que:
    a) a primeira prestação vence ao final do 1° mês;
    b) a primeira prestação é paga como entrada (no momento inicial);
    c) a primeira prestação vence ao final do segundo mês.

15. Um imóvel é vendido nas seguintes condições de pagamento:
    a) $ 10.000,00 de entrada;
    b) mais 4 pagamentos trimestrais de $ 5.000,00 cada, vencendo o primeiro daqui a 120 dias;
    c) mais 60 prestações mensais de $ 800,00 cada, ocorrendo o primeiro pagamento daqui a dois meses.
    Sendo de 1,8% a.m. a taxa corrente de juros de mercado, até que preço vale a pena pagar o imóvel à vista?

186 CAPÍTULO 6

16. Uma empresa apresenta o seguinte fluxo de desembolso de um financiamento de $ 29.800,00:

Valor a pagar	Momento do pagamento
$ 5.600,00	17 dias
$ 7.900,00	44 dias
$ 8.700,00	73 dias
$ X $	109 dias
$ 4.100,00	152 dias

Para uma taxa de juros efetiva de 34,2% a.a., determine o montante do pagamento previsto para daqui a 109 dias.

17. Uma pessoa deve atualmente 18 prestações mensais de $ 2.200,00 cada uma. Com o intuito de adequar esses desembolsos mensais com suas disponibilidades de caixa, está propondo ao credor a transformação deste fluxo numa série de 8 pagamentos trimestrais, iguais e sucessivos. Para uma taxa de juros de 2,4% a.m., determine o valor de cada prestação trimestral que está sendo proposta.

18. Um financiamento no valor de $ 70.000,00 está sendo concedido a uma taxa de juros de 4% a.m. O prazo da operação é de 12 meses, e as alternativas de pagamento da dívida apresentadas são as seguintes:
    a) 12 pagamentos mensais, iguais e sucessivos;
    b) 4 pagamentos trimestrais, iguais e sucessivos;
    c) 7 pagamentos mensais, iguais, com carência de 5 meses;
    d) 4 pagamentos mensais, vencendo o primeiro ao final do 2º mês, o segundo ao final do 5º mês, o terceiro ao final do 9º mês e o quarto ao final do 12º mês.
    Calcule o valor das prestações para cada proposta de pagamento.

19. Um depósito de $ 8.000,00 é efetuado num fundo de poupança que rende juros de 2,1% a.m. Após 5 meses, o depositante decide retirar sua poupança em 12 parcelas mensais, iguais e sucessivas, vencendo a primeira 30 dias após. Admitindo a manutenção da mesma taxa de juros para todo o período, determine o valor das parcelas que serão sacadas.

20. Um financiamento no valor de $ 6.800,00 é concedido para pagamento em 10 prestações mensais e iguais com 2 meses de carência. Sendo de 3,6% a.m. a taxa de juros, calcule o valor de cada pagamento mensal.

21. Determine quanto deve ser aplicado mensalmente num fundo de poupança durante 8 meses, de forma que se possa efetuar, a partir do 11º mês, 4 retiradas trimestrais de $ 1.900,00 cada. Considere uma taxa de juros de 1,5% a.m.

22. Uma pessoa efetua um depósito inicial de $ 28.000,00, numa conta remunerada, processando sequencialmente mais 9 depósitos mensais iguais de $ 3.000,00 cada.

FLUXOS DE CAIXA **187**

Determine quanto essa pessoa terá acumulado quando da realização do último depósito, admitindo-se uma taxa de juros de 1,7% a.m.

23. Uma empresa consegue um empréstimo de $ 30.000,00 para ser liquidado da seguinte maneira: 20% do montante ao final de 2 meses e o restante em 6 prestações mensais iguais vencíveis a partir do 4º mês. Para uma taxa de juros de 3,4% a.m., determine o valor dos pagamentos.

24. Um financiamento no valor de $ 8.700,00 está sendo negociado a uma taxa de juros de 2,7% a.m. Determine o valor de cada prestação admitindo as seguintes condições de pagamento:

    a) 10 prestações mensais, iguais, com 2 meses de carência;
    b) 3 prestações iguais vencíveis, respectivamente, ao final do 1º mês, 4º mês e 10º mês.

25. Uma empresa tem atualmente as seguintes dívidas junto a um banco: $ 12.000,00, $ 16.000,00, $ 21.000,00, $ 30.000,00 e $ 50.000,00 vencíveis sucessivamente ao final dos próximos 5 bimestres. Esta dívida foi contraída pagando uma taxa de juro nominal de 28% a.a.

    A empresa está negociando o refinanciamento desta dívida em 10 prestações bimestrais, iguais e sucessivas, vencendo a primeira em dois meses. O banco está exigindo uma taxa de juro nominal de 40% a.a. para aceitar o negócio.

    Determine o valor de cada pagamento bimestral.

26. A capacidade de pagamento mensal de um consumidor é de $ 350,00. Desejando adquirir a prazo um aparelho eletrônico no valor de $ 2.700,00, pede-se determinar o número de prestações que o financiamento deve apresentar nas seguintes hipóteses:

    a) a primeira prestação é paga de hoje a 30 dias;
    b) a primeira prestação é paga no ato como entrada.

    Admita uma taxa de juros de 2,3% a.m.

27. Uma pessoa deve 36 prestações de $ 1.200,00 cada uma. Tendo atualmente $ 9.000,00 em disponibilidade, deseja liquidar tantas prestações quantas forem possíveis. Para uma taxa de juro definida em 3,5% a.m., calcule quantas prestações podem ser pagas admitindo que sejam liquidadas:

    a) As n primeiras;
    b) As n últimas.

28. Admita um financiamento de $ 5.000,00 a ser pago em 8 prestações iguais e mensais. A taxa de juro cobrada na operação é de 2,6% a.m. Determine o valor das prestações sabendo que:

    a) a primeira prestação vence em 20 dias e as demais de 30 em 30 dias;
    b) a primeira prestação vence em 45 dias e as demais de 30 em 30 dias.

29. Um financiamento de $ 3.500,00 é concedido a juros de 2,35% a.m. Podendo dispor de $ 270,00 ao final de cada mês, determine quantos pagamentos são necessários para liquidar o empréstimo.

30. Um empréstimo de $ 38.000,00 deve ser liquidado em 3 pagamentos trimestrais crescentes em progressão geométrica a uma razão igual a 2. Sendo de 8,5% a.t. a taxa corrente de juros, calcule o valor de cada prestação.

31. Um imóvel é vendido por $ 180.000,00 à vista. A construtora facilita o negócio da forma seguinte:
    - entrada de 10%;
    - prestações intermediárias de $ 18.000,00 vencíveis de hoje a 3 meses, $ 24.000,00 de hoje a 7 meses, e $ 36.000,00 de hoje a 12 meses;
    - 12 prestações mensais, iguais e sucessivas, vencíveis de hoje a um mês

    Para uma taxa de juros de 3,2% a.m., determine o valor de cada prestação mensal.

32. Uma empresa captou um financiamento de $ 54.000,00 para ser liquidado em 18 prestações mensais, iguais e sucessivas. Quando do pagamento da 7ª prestação, passando por dificuldades financeiras, solicitou ao banco que refinanciasse o seu saldo devedor para 20 prestações mensais, iguais e sucessivas. O empréstimo foi levantado com juros de 2,9% a.m., e o refinanciamento foi processado cobrando juros de 4,0% a.m. Determine o valor de cada prestação do refinanciamento.

33. Uma loja de móveis diz financiar a seus clientes de acordo com as seguintes condições:
    - entrada = 20%;
    - saldo em 4 prestações mensais e iguais;
    - cálculo do valor de cada prestação:

    $$PMT = \frac{(\text{Valor de Compra} - \text{Entrada}) \times 1,2}{4}$$

    A loja anuncia estar cobrando 5% de juros ao mês. Você concorda?

34. Um bem é financiado em 15 prestações mensais crescentes em PA à razão de $ 1.400,00 por mês. Sabe-se que o valor da 9ª prestação é de $ 22.500,00. Para uma taxa de juros de 3,5% ao mês, determine o valor presente deste fluxo de caixa (valor à vista).

35. Calcule o valor presente dos fluxos de caixa ilustrados a seguir, admitindo-se uma taxa de juros de 3% ao mês.

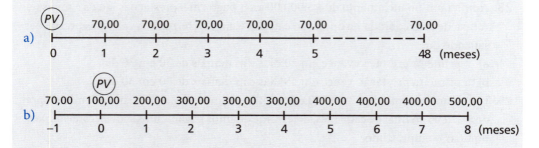

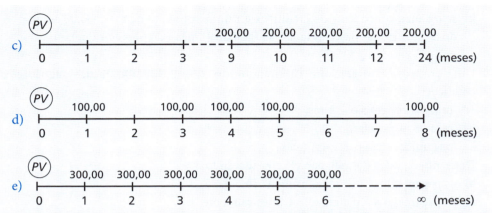

36. Calcule o valor futuro dos fluxos de caixa ilustrados a seguir, admitindo-se uma taxa de juros de 5% ao mês.

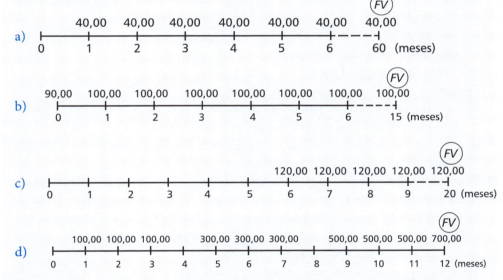

37. Um Fundo de Poupança inicia-se, em determinado mês, com um saldo de $ 7.750,00. Ao final de cada um dos meses seguintes são depositados $ 9.000,00 no Fundo. A cada trimestre ainda são sacados $ 13.000,00. Para uma taxa de juros de 2,5% ao mês, determine o montante acumulado pelo Fundo de Poupança ao final de 3 e de 8 anos.

38. Uma pessoa irá necessitar de um montante de $ 31.000,00 daqui a 4 anos. Ela deposita hoje $ 2.500,00 e planeja fazer depósitos mensais no valor de $ 290,00 por período numa conta de poupança. Que taxa de juros deve esta conta pagar mensalmente para que o poupador receba o montante desejado ao final dos 4 anos?

39. Uma pessoa levanta um financiamento de $ 70.000,00, pagando uma taxa de juros de 1,74% a.m. Pede-se:
   a) se o financiamento for liquidado em duas parcelas iguais, respectivamente ao final do 3º mês e do 5º mês, determinar o valor de cada parcela;

190 CAPÍTULO 6

b) se o banco concedente do crédito exigir um pagamento de $ 25.000,00 ao final do 2° mês, e duas parcelas iguais ao final do 4° mês e do 6° mês, calcular o valor de cada parcela.

40. Uma empresa contrata um financiamento de $ 2.500.000,00 nas seguintes condições:
- prazo da operação: 2 anos;
- taxa de juros (efetiva): 11,5% a.a.;
- pagamentos em parcelas iguais.

Determine o valor de cada parcela considerando:

a) os pagamentos são efetuados mensalmente;

b) os pagamentos são efetuados trimestralmente;

c) se o financiamento prever uma carência de 4 meses, e forem mantidos 24 pagamentos mensais, iguais e sucessivos, calcular o valor de cada parcela mensal.

41. Um financiamento no valor de $ 2.000.000,00 é concedido por um banco nas seguintes condições:
- taxa efetiva de juros: 12% a.a.;
- pagamento em parcelas iguais;
- prazo da operação: 3 anos.

Pede-se:

a) calcular o valor de cada parcela do empréstimo se os pagamentos forem feitos mensalmente (ao final de cada um dos próximos 36 meses);

b) calcular o valor de cada parcela se os pagamentos forem realizados no início de cada um dos próximos 12 trimestres.

42. Uma pessoa planeja depositar mensalmente, nos próximos 10 anos, uma determinada quantia em um fundo de investimentos, que promete pagar uma remuneração de 0,7% a.m. O valor acumulado nos 10 anos de poupança deve ser suficiente para que a pessoa efetue uma retirada mensal de $ 2.000,00 por mais 12 anos. As retiradas devem iniciar um mês após o último depósito.

Admitindo parcelas iguais, pede-se calcular o valor do depósito mensal a ser efetuado no fundo de investimento por 12 anos.

Respostas

1. a) $ 36.566,78
   b) $ 13.742,87
   c) $ 18.005,30
   d) $ 35.122,27
   e) $ 4.553,30
2. a) $ 11.969,57
   b) $ 12.646,25
   c) $ 14.914,60
3. $ 1.169,85

FLUXOS DE CAIXA 191

4. $PV = \$ 13.178,37 \ FV_{19} = \$ 28.276,50$

5. $\$ 33.890,84$

6. $\$ 6.409,14$

7. $\$ 271,33$

8. $PMT_2 = \$ 4.697,83$

   $PMT_3 = \$ 4.228,05$

   $PMT_4 = \$ 3.758,26$

   $PMT_5 = \$ 3.288,48$

   $PMT_6 = \$ 2.818,70$

9. $\$ 3.013,73$

10. 3,87% a.m.

11. A alternativa a), por apresentar menor PV, é a mais atraente.

    $PV_a = \$ 5.349,25 \ PV_b = \$ 7.560,45$

12. $\$ 26.874,90$

13. $\$ 76.932,70$

14. **a)** $i = 3,06\%$ a.m.

    b) $i = 4,69\%$ a.m.

    c) $i = 2,28\%$ a.m.

15. $\$ 55.906,00$

16. $\$ 5.289,63$

17. $\$ 5.411,68$

18. **a)** $PMT = \$ 7.458,65$

    b) $PMT = \$ 23.282,93$

    c) $PMT = \$ 14.189,42$

    d) $PMT = \$ 22.774,10$

19. $\$ 844,48$

20. $\$ 882,00$

21. $\$ 807,02$

22. $\$ 61.497,90$

23. $\$ 4.962,90$

24. **a)** $\$ 1.059,32$

    b) $\$ 3.297,03$

25. $\$ 15.357,38$

26. **a)** 8,5895 prestações

    b) 7,3767 prestações

27. **a)** 8,8511 prestações

    b) 18,7448 prestações

28. **a)** $\$ 694,35$

    b) $\$ 709,36$

29. 15,6410 pagamentos

30. $PMT_1 = \$ 6.606,17$
$PMT_2 = \$ 13.212,34$
$PMT_3 = \$ 26.424,68$

31. $\$ 10.339,69$

32. $\$ 2.665,29$

33. Não. O custo efetivo do crédito é de 7,71% a.m.

34. $\$ 232.708,80$

35. a) $\$ 1.768,67$
b) $\$ 2.590,12$
c) $\$ 1.983,17$
d) $\$ 442,65$
e) $\$ 10.000,00$

36. a) $\$ 14.143,35$
b) $\$ 2.344,96$
c) $\$ 2.589,43$
d) $\$ 4.051,16$

37. $FV_3 = \$ 292.364,22$
$FV_8 = \$ 1.935.478,70$

38. 2,16% a.m.

39. a) Parcela $(x) = \$ 37.494,74$
b) Parcela $(x) = \$ 24.985,20$

40. a) $PMT = \$ 116.444,12/mês$
b) $PMT = \$ 352.525,31/trim.$
c) $PMT = \$ 120.746,19/mês$

41. a) $\$ 65.844,15$
b) $\$ 193.841,89$

42. $\$ 967,88$

7

Coeficientes de Financiamento

O coeficiente de financiamento pode ser entendido como um fator financeiro constante que, ao multiplicar-se pelo valor presente de um financiamento, apura o valor das prestações.

Esses coeficientes são amplamente utilizados na prática, sendo importante o seu manuseio. As operações de financiamento pelo Crédito Direto ao Consumidor (CDC), e as operações de arrendamento mercantil constituem-se em aplicações práticas importantes desses fatores.

O capítulo desenvolve os coeficientes de financiamento para séries uniformes, inseridas no modelo-padrão apresentado anteriormente, para séries não periódicas, as quais apresentam intervalos de tempo entre uma e outra prestação desigual, e para fluxos de caixa com carência. A partir das formulações estudadas nessas situações, é possível desenvolver fatores para outras formas de amortização.

7.1 Coeficientes de financiamento para fluxos de caixa uniformes

Nesse caso, o coeficiente é desenvolvido a partir do modelo-padrão dos fluxos de caixa adotado pela Matemática Financeira, e estudado no capítulo anterior.

Por exemplo, admita que uma instituição financeira divulgue que seu coeficiente para financiamento a ser liquidado em 6 prestações mensais, iguais e sucessivas atinge atualmente 0,189346 (utiliza-se geralmente seis casas decimais).

Consequentemente, um financiamento de $ 16.000,00 envolve o pagamento de 6 prestações mensais e iguais de $ 3.029,54, ou seja:

$PMT = PV \times$ Coeficiente de Financiamento

$PMT = \$ 16.000,00 \times 0,189346 = \$ 3.029,54$

194 CAPÍTULO 7

Esse fator financeiro indica, em outras palavras, o valor da prestação para cada unidade monetária tomada emprestada. Assim, cada $ 1,00 de empréstimo gera 6 prestações iguais de $ 0,189346; $ 2,00 determinam $ 0,378692 de prestação; e assim por diante. Logo, um financiamento de $ 16.000,00, conforme ilustrado, determina prestações de $ 3.029,54 mensais, iguais e sucessivas.

A expressão de cálculo do coeficiente de financiamento é desenvolvida a partir da fórmula do valor presente padrão dos fluxos de caixa, conforme estudada no Capítulo 6, ou seja:

$$PV = PMT \times FPV\,(i,\, n)$$

Operando-se com PMT:

$$PMT = \frac{PV}{FPV\,(i, n)}$$

$$PMT = PV \times \frac{1}{FPV(i, n)}$$

Observe que multiplicando o valor presente do financiamento pelo inverso do FPV chega-se ao valor de cada prestação. Logo:

$$CF = \frac{1}{FPV(i, n)}$$

onde: CF = coeficiente de financiamento
FPV = fator de valor presente

Expressando-se a fórmula do FPV, tem-se:

$$CF = \frac{1}{\dfrac{1 - (1 + i)^{-n}}{i}}$$

$$CF = \frac{i}{1 - (1 + i)^{-n}}$$

Resultados do coeficiente de financiamento (CF) para diferentes valores de i e n podem ser obtidos de tabelas de fator de valor presente (FPV) especialmente preparadas, ou mediante a utilização de calculadoras financeiras (ou planilhas eletrônicas).

Por exemplo, o coeficiente de financiamento de uma dívida a ser paga em 10 prestações mensais, iguais e sucessivas, admitindo-se uma taxa de juros de 3% a.m., atinge:

$$CF = \frac{i}{1 - (1 + i)^{-n}}$$

$$CF = \frac{0,03}{1 - (1,03)^{-10}} = \frac{0,03}{0,255906} = 0,117231$$

COEFICIENTES DE FINANCIAMENTO **195**

Usando a HP 12 C

1   CHS   *PV*

10   *n*

3   *i*

PMT   (Resp: 0,117231)

Logo, cada unidade de capital emprestado envolve o pagamento de 10 prestações mensais de $ 0,117231. *Por exemplo*, se o valor do financiamento for de $ 4.800,00 a operação envolve o desembolso mensal de 10 prestações de $ 562,70 cada ($ 4.800,00 × 0,117231).

Por outro lado, a partir do coeficiente de financiamento, pode-se determinar a taxa de juros cobrada na operação. *Por exemplo*, suponha que o fator calculado para 5 prestações mensais seja de 0,217420. O custo desse financiamento embutido no fator é:

$$CF = \frac{i}{1-(1+i)^{-n}}$$

$$0,217420 = \frac{i}{1-(1+i)^{-5}}$$

Resolvendo-se com o auxílio de uma calculadora financeira, chega-se ao custo efetivo de:

$i = 2,85\%$ a.m.

Usando a HP 1C

1   CHS   *PV*

0,217420   *PMT*

5   *n*

i   (Resp: 2,8499)

Conforme foi exposto, o coeficiente de financiamento embute os juros definidos para a operação. No entanto, outras despesas podem ainda ser consideradas no fator financeiro, tais como IOF, taxa de abertura de crédito usualmente cobrada em operações de financiamento, encargos do valor residual de um contrato de arrendamento mercantil etc.

Exemplos:

1. Construa o coeficiente financeiro de um contrato de financiamento envolvendo 15 prestações mensais, iguais e sucessivas, a uma taxa de juros de 3,5% a.m.

    Solução:

$$CF = \frac{i}{1-(1+i)^{-n}}$$

$$CF = \frac{0,035}{1-(1,035)^{-15}} = \frac{0,035}{0,403109} = 0,086825$$ Para o cálculo da prestação mensal, basta multiplicar o valor do financiamento pelo fator encontrado ($CF = 0,086825$).

2. Uma empresa está avaliando o custo de determinado financiamento. Para tanto, identificou as seguintes condições em dois bancos:

a) Coeficiente = 0,119153
   Pagamento = 10 prestações mensais, iguais e sucessivas.
b) Coeficiente = 0,307932
   Pagamento = 4 prestações trimestrais, iguais e sucessivas.

Determine a proposta que apresenta o menor custo mensal.

Solução:

a) A taxa mensal de juros cobrada pela primeira proposta atinge:

$$CF = \frac{i}{1-(1+i)^{-n}}$$

$$0{,}119153 = \frac{i}{1-(1+i)^{-10}}$$

Resolvendo-se:
$i = 3{,}32\%$ ao mês

b) A segunda proposta, apesar de apresentar um coeficiente maior indicando prestações mais elevadas, envolve pagamentos em intervalos trimestrais. Logo:

$$0{,}307932 = \frac{i}{1-(1+i)^{-4}}$$

$i = 8{,}89\%$ a.t., que equivale a:
$i = \sqrt[3]{1{,}0889} - 1 = 2{,}88\%$ a.m.

Pela taxa equivalente mensal de 2,88%, conclui-se ser esta proposta de menor custo que a primeira.

7.2 Coeficientes de financiamento para séries não periódicas

Conforme foi demonstrado, o coeficiente de financiamento para séries uniformes (modelo-padrão) é obtido a partir da identidade de cálculo do valor presente, ou seja:

$$PV = PMT \times FPV\,(i,\,n)$$

O desenvolvimento do fator financeiro nessas condições implica a determinação de prestações *periódicas* (intervalos de tempo entre as prestações sempre iguais), *iguais* (de mesmo valor), *sucessivas* e *finitas*.

No entanto, certas operações financeiras envolvem a apuração de prestações iguais e finitas, porém com intervalos de ocorrência desiguais. Por exemplo, um financiamento pode prever resgate em 3 prestações iguais, porém vencendo a primeira ao final do 1º mês, a segunda ao final do 4º mês e a terceira ao final do 9º mês.

Graficamente, essa situação é representada da forma seguinte:

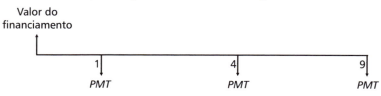

COEFICIENTES DE FINANCIAMENTO   197

Como não se constitui em série uniforme definida no modelo-padrão (os fluxos não são periódicos), não é possível utilizar-se a fórmula direta do valor presente para todos os fluxos de caixa. As prestações devem ser atualizadas uma a uma, constituindo-se o seu somatório no valor presente da série. Isto é:

$$PV = \frac{PMT}{(1+i)} + \frac{PMT}{(1+i)^4} + \frac{PMT}{(1+i)^9}$$

Colocando-se PMT em evidência:

$$PV = PMT \times \left[\frac{1}{(1+i)} + \frac{1}{(1+i)^4} + \frac{1}{(1+i)^9} \right]$$

Os termos entre colchetes são os *fatores de atualização* (ou de valor presente) a juros compostos, conforme definidos no Capítulo 3 (item 3.1), para cada um dos termos do fluxo de prestações, ou seja:

$$FAC(i, n) = \frac{1}{(1+i)^n}$$

Dessa maneira:

$$PV = PMT \times [FAC(i, 1) + FAC(i, 4) + FAC(i, 9)]$$

$$PMT = \frac{PV}{[FAC(i,1) + FAC(i,4) + FAC(i,9)]}$$

$$PMT = PV \times \underbrace{\frac{1}{[FAC(i,1) + FAC(i,4) + FAC(i,9)]}}_{\substack{\text{Coeficiente de financiamento para} \\ \text{séries não periódicas}}}$$

Logo, pode-se representar o coeficiente de financiamento para fluxos de caixa não periódicos como o inverso do somatório dos $FAC(i, n)$ de cada prestação. Assim, para o exemplo em consideração, tem-se:

$$CF = 1/[FAC(i, 1) + FAC(i, 4) + FAC(i, 9)]$$

$$\text{ou: } CF = 1 / \left[\frac{1}{(1+i)} + \frac{1}{(1+i)^4} + \frac{1}{(1+i)^9} \right]$$

Generalizando-se a expressão:

$$CF = 1 / \left[\sum_{j=1}^{t} FAC(i, n)_j \right]$$

No exemplo ilustrativo em consideração, definindo-se em 4% a taxa mensal de juros, e em $ 40.000,00 o valor do financiamento, obtém-se:

$$CF = 1 / \left[\frac{1}{(1,04)} + \frac{1}{(1,04)^4} + \frac{1}{(1,04)^9} \right]$$

$CF = 1/(0,961538 + 0,854804 + 0,702587)$
$CF = 1/2,518929 = 0,396994$

Logo, o valor de cada prestação vencível ao final do 1º, 4º e 9º meses atinge:

$PMT = PV \times CF$
$PMT = 40.000,00 \times 0,396994 = \$\ 15.879,76$

Graficamente:

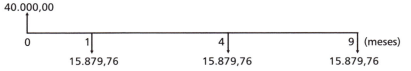

Observe que, ao se determinar o custo efetivo desse financiamento pelo método da taxa interna de retorno, chega-se evidentemente à taxa mensal equivalente de 4%, ou seja:

$$40.000,00 = \frac{15.879,76}{(1+i)} + \frac{15.879,76}{(1+i)^4} + \frac{15.879,76}{(1+i)^9}$$

Calculando-se com o auxílio de uma máquina financeira:

$i = 4,0\%$ a.m.,

corroborando-se assim o raciocínio utilizado no cálculo do fator financeiro.

Exemplo:

1. Uma pessoa contrata, no início de janeiro de determinado ano, um empréstimo para ser pago em 5 prestações iguais, vencíveis ao final dos seguintes meses: janeiro, março, junho, julho e dezembro. Sendo de 1,8% ao mês a taxa de juros cobrada nesta operação, determine:
   a) O coeficiente de financiamento para as 5 prestações não periódicas;
   b) O valor de cada prestação, admitindo que o valor do empréstimo atinja $\$\ 120.000,00$.
   Solução:

a) $CF = 1 / \left[\dfrac{1}{1,018} + \dfrac{1}{(1,018)^3} + \dfrac{1}{(1,018)^6} + \dfrac{1}{(1,018)^7} + \dfrac{1}{(1,018)^{12}} \right]$

$CF = 1/4,518584$
$CF = 0,221308$

b) $PMT = PV \times CF$
$PMT = 120.000,00 \times 0,221308$
$PMT = \$\ 26.556,96$

Esse é o valor de cada prestação vencível nos meses assinalados anteriormente.

7.3 Coeficientes de financiamento com carência

Um fluxo de caixa com carência (ou diferido) é aquele em que os pagamentos/recebimentos começam a ocorrer *após o final do primeiro período*, conforme demonstrado no capítulo anterior.

Graficamente, pode-se representar o diferimento da forma seguinte:

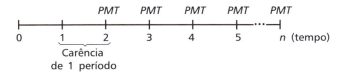

Ilustrativamente, se um empréstimo é contraído para pagamento em 5 prestações mensais e iguais com carência de 3 meses, tem-se a seguinte representação:

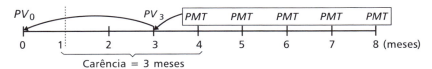

Ao se desejar determinar o PV desse fluxo de caixa no momento zero pela atualização de cada um de seus termos, tem-se:

$$PV = \frac{PMT}{(1+i)^4} + \frac{PMT}{(1+i)^5} + \frac{PMT}{(1+i)^6} + \frac{PMT}{(1+i)^7} + \frac{PMT}{(1+i)^8}$$

Por outro lado, a aplicação direta da fórmula do valor presente para *n* fluxos de caixa traz os valores somente para o momento 3 (PV_3, conforme ilustrado no gráfico). A partir desse ponto, o capital calculado deve ser atualizado para a data inicial (zero) pelo período de carência, de acordo com o ilustrado no gráfico.

Utilizando-se as expressões de cálculo apresentadas anteriormente:

$$PV = \underbrace{PMT \times FPV(i,5)}_{PV\ no\ mês\ 3} \times \underbrace{FAC(i,3)}_{PV\ na\ data\ zero}$$

É importante observar que a atualização do FPV pelo FAC de 3 meses representa o intervalo de tempo em que os fluxos de caixa se encontram diferidos. É o prazo de carência.

Sabendo-se que o coeficiente de financiamento equivale ao inverso desses fatores, tem-se:

$$CF = \frac{1}{FPV(1,n)} \times \frac{1}{FAC(i,c)}$$

$$CF = \frac{1}{\frac{1-(1+i)^{-n}}{i}} \times \frac{1}{\frac{1}{(1+i)^c}}$$

onde: c = número de períodos de carência.

Logo:

$$CF = \frac{i}{1-(1+i)^{-n}} \times (1+i)^c$$

O coeficiente de financiamento diferido é igual ao coeficiente desenvolvido para um fluxo de caixa uniforme e corrigido pela taxa de juros capitalizada pelo período de carência.

Por exemplo, se um financiamento for pago em 18 prestações mensais e iguais, com carência de um trimestre, e admitindo-se uma taxa de juros de 2,3% ao mês, o coeficiente de financiamento assume a seguinte expressão:

n = 18 prestações mensais e iguais;
c = 3 meses de carência;
i = 2,3% ao mês.

$$CF = \frac{i}{1-(1+i)^{-n}} \times (1+i)^c$$

$$CF = \frac{0,023}{1-(1,023)^{-18}} \times (1,023)^3$$

$CF = 0,068474 \times 1,070599$

$CF = 0,073308$

Admitindo-se ainda que o valor do financiamento seja de $ 25.000,00, as prestações mensais somam:

$PMT = 25.000,00 \times 0,073308$
$PMT = \$ 1.832,70$ cada uma

Graficamente, representa-se:

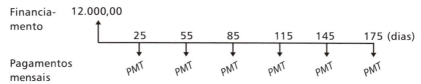

Exemplos:

1. Determine o coeficiente de financiamento e o valor das prestações de uma operação de financiamento de $ 25.000,00 a ser liquidado em 18 prestações mensais e iguais com carência de um trimestre. Admita uma taxa de juros de 2,73% a.m.

Solução:

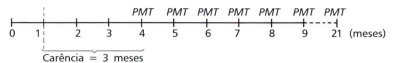

- $CF = \dfrac{i}{1-(1+i)^{-n}} \times (1+i)^c$

  $CF = \dfrac{0{,}0273}{1-(1{,}0273)^{-18}} \times (1{,}0273)^3$

  $CF = 0{,}071059 \times 1{,}084156 = 0{,}077039$

- $PMT = PV \times CF$

  $PMT = 25.000{,}00 \times 0{,}077039$

  $PMT = \$\ 1.926{,}00$

A liquidação do financiamento deve ser efetuada em 18 prestações mensais e sucessivas de $ 1.926,00, vencendo a primeira ao final do 3º mês.

2. O preço à vista de uma TV é de $ 2.000,00. O vendedor está oferecendo as seguintes condições para venda a prazo:
   a) Entrada = 20%;
   b) Saldo em 4 prestações mensais, iguais e sucessivas, vencendo a primeira de hoje a 60 dias.

   Determine o valor de cada prestação admitindo uma taxa de juros de 3,1% a.m.

   Solução:

   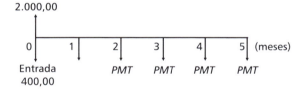

   Uma maneira direta de calcular o valor da prestação mensal é por meio do coeficiente de financiamento com carência, ou seja:

   - Valor a Financiar $(PV) = \$\ 2.000{,}00 - 20\%$

     $\qquad\qquad\qquad\quad = \$\ 1.600{,}00$

   - $CF\ (\text{c/carência}) = \dfrac{i}{1-(1+i)^{-n}} \times (1+i)^c$

     $CF = \dfrac{0{,}031}{1-(1{,}031)^{-4}} \times 1{,}031$

     $CF = 0{,}269671 \times 1{,}031 = 0{,}278030$

   - $PMT = PV \times CF$

     $PMT = 1.600{,}00 \times 0{,}278030 = \$\ 444{,}85$

Pelo conceito de equivalência financeira, o valor presente desse fluxo de pagamento, descontado à taxa de 3,1% ao mês, deve ser igual ao valor do financiamento, ou seja:

$PV \doteq [444{,}85 \times FPV\,(3{,}1\%,\,4)] \times FAC\,(3{,}1\%,\,1)$
$PV = 444{,}85 \times 3{,}708227 \times 0{,}969932$
$PV = \$\,1.600{,}00$

7.4 Coeficientes de financiamento com entrada

A entrada para os fluxos de caixa é definida, conforme estudado no capítulo anterior, quando a primeira prestação é paga no ato da operação. Graficamente, esta alternativa é ilustrada da forma seguinte:

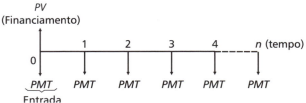

A formulação do valor presente dessa estrutura de fluxo de caixa é apresentada:

$$PV = PMT + \left[PMT \times \frac{1-(1+i)^{-(n-1)}}{i} \right]$$

Colocando-se PMT em evidência:

$$PV = PMT \left[1 + \frac{1-(1+i)^{-(n-1)}}{i} \right]$$

$$PMT = \frac{PV}{1 + \dfrac{1-(1+i)^{-(n-1)}}{i}}$$

$$\boxed{PMT = PV \times \frac{1}{1 + \dfrac{1-(1+i)^{-(n-1)}}{i}}}$$

O coeficiente de financiamento (CF) para uma série de valores com entrada (fluxo de caixa antecipado) é representado pela formulação:

$$\boxed{CF(\text{Entrada}) = \frac{1}{1 + \dfrac{1-(1+i)^{-(n-1)}}{i}}}$$

Por exemplo, suponha que uma loja esteja interessada em determinar o coeficiente de financiamento com entrada a ser aplicado às modalidades de vendas em 4 e 5 pagamentos. A taxa de juros definida para a operação é de 4,2% a.m.

A elaboração dos fatores, admitindo o primeiro pagamento como entrada, é desenvolvida:

- $CF(1+3) = \dfrac{1}{1 + \dfrac{1 - (1,042)^{-(4-1)}}{0,042}} = 0,265633$

Para cada $ 1 de compra a prazo, o cliente deve pagar $ 0,265633 de prestação, vencendo a primeira no ato, isto é:

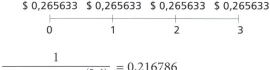

- $CF(1+4) = \dfrac{1}{1 + \dfrac{1 - (1,042)^{-(5-1)}}{0,042}} = 0,216786$

Identicamente, para uma compra a prazo de $ 3.400,00 em 5 pagamentos com entrada, o cliente deve pagar prestações de: $ 3.400,00 × 0,216786 = $ 737,07 mensais, vencendo a primeira no momento da compra.

7.5 Período singular de juros

O denominado período singular de juros é identificado quando o prazo da primeira prestação de um fluxo de caixa não coincide com os prazos das demais prestações, todas iguais e sucessivas. *Por exemplo*, o financiamento de um veículo em 10 prestações mensais é oferecido, vencendo a primeira prestação em 20 dias e as demais, sequencialmente, a cada 30 dias. O prazo de pagamento da primeira parcela (20 dias) é diferente dos demais pagamentos periódicos (mensais), sendo conhecido por *período singular de juros*.

Quando o intervalo de tempo para pagamento da primeira parcela for menor que os demais períodos, tem-se um fluxo definido por *antecipado*; quando for maior, será *postecipado*.

A. EXEMPLO DE UM FLUXO ANTECIPADO

Admita um financiamento de $ 12.000,00 a ser pago em 6 prestações mensais. A primeira parcela vence em 25 dias e as demais de 30 em 30 dias. A taxa de juros considerada na operação é de 3,6% a.m.

Determine o valor da prestação.

Solução:

Graficamente, o financiamento é ilustrado da maneira seguinte:

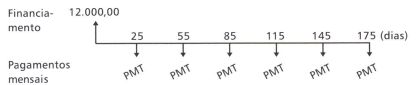

Ao se aplicar a fórmula do fluxo de caixa padrão, os valores das prestações serão atualizados pela taxa mensal de 3,6% pelo intervalo de 30 dias, sendo identificados no momento – 5. Logo, para se colocar todas as parcelas num mesmo momento (data focal = 0), o resultado atualizado deve ser corrigido por 5 dias, isto é:

$$12.000,00 = [PMT \times FPV\,(3,6\%,\,6)] \times FCC\,(3,6\%,\,5/30)$$

$$12.000,00 = \left(PMT \times \frac{1 - (1,036)^{-6}}{0,036} \right) \times (1,036)^{5/30}$$

$$12.000,00 = PMT \times 5,311094 \times 1,005912$$
$$PMT = \$\ 2.246,14$$

O financiamento prevê 6 pagamentos mensais de $\$\ 2.246,14$, vencendo o primeiro em 25 dias e os demais de 30/30 dias.

Quando o período singular for de um fluxo de caixa antecipado, o *coeficiente de financiamento* se expressa da maneira seguinte:

$$PMT = \frac{PV}{FPV(i, n) \times FCC[i, (t - a)/t]}$$

$$PMT = PV \times \frac{1}{FPV\,(i, n)} \times \frac{1}{FCC[i, (t - a)/t]}$$

Logo:

$$PMT = PV \times \frac{1}{FPV\,(i, n)} \times FAC\,[i, (t - a)/t]$$

Dessa forma, o coeficiente de financiamento de um período singular antecipado (CF_a) pode ser apurado pela expressão:

$$CFa = 1/FPV\,(i,\,n) \times FAC\,[i,\,(t - a)/t]$$

sendo: t o intervalo de tempo padrão do fluxo de caixa; e a o prazo do primeiro pagamento do período singular.

Desenvolvendo a formulação:

$$CFa = \frac{i}{1 - (1 + i)^{-n}} \times \frac{1}{(1 + i)^{(t-a)/t}}$$

Substituindo os valores do exemplo ilustrativo anterior na expressão do coeficiente de financiamento, chega-se a:

$$CFa = \frac{0,036}{1 - (1,036)^{-6}} \times \frac{1}{(1,036)^{(30-25)/30}}$$
$$CFa = 0,188285 \times 0,994123$$
$$CFa = 0,187178$$

Efetivamente, multiplicando-se o coeficiente calculado pelo valor do financiamento, encontra-se a prestação mensal, conforme indicada no exemplo:

$PMT = PV \times CFa$
$PMT = 12.000,00 \times 0,187178$
$PMT = \$ 2.246,14$

B. EXEMPLO DE FLUXO POSTECIPADO

Suponha, no exemplo anterior, que o primeiro pagamento deve ocorrer em 40 dias, vencendo os demais sequencialmente a cada intervalo de 30 dias. Mantendo as demais informações do financiamento, calcular o valor da prestação.

Solução:

Graficamente, tem-se:

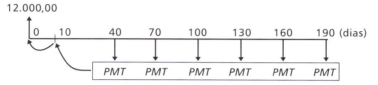

Nesse caso, o valor atualizado das prestações é definido pelo modelo-padrão no 10º dia, devendo este resultado ser expresso no momento 0. Ou seja:

$12.000,00 = [PMT \times FPV\,(3,6\%, 6)] \times FAC\,(3,6\%, 10/30)$

$12.000,00 = \left(PMT \times \dfrac{1 - (1,036)^{-6}}{0,036} \right) \times (1,036)^{-10/30}$

$12.000,00 = PMT \times 5,311094 \times 0,988280$

$PMT = \$ 2.286,22$

A expressão de cálculo do coeficiente de financiamento de um período singular com fluxo postecipado (CF_p) é apurada:

$$CF_P = 1/FPV\,(i, n) \times FCC\,[i, (p - t)/t]$$

sendo p o período singular de juros de um fluxo postecipado (intervalo de tempo do primeiro pagamento).

Substituindo-se os dados do exemplo ilustrativo anterior na formulação do coeficiente de financiamento, tem-se:

$CF_P = \dfrac{0,036}{1 - (1,036)^{-6}} \times (1,036)^{(40 - 30)/30}$

$CF_P = 0,188285 \times 1,011859$

$CF_P = 0,190518$

Multiplicando-se o valor do financiamento pelo coeficiente, apura-se o montante dos pagamentos periódicos, vencendo o primeiro em 40 dias, e os demais sucessivamente a cada 30 dias. Isto é:

$$PMT = PV \times CF_p$$
$$PMP = 12.000,00 \times 0,190518$$
$$PMP = \$ \ 2.286,22$$

Exercícios propostos

1. Construa os coeficientes de financiamento mensais e uniformes a partir das seguintes taxas de juros e prazos:

Taxa de Juros   *Prazo*

a) $i = 2,5\%$ a.m. $n = 6$ meses

b) $i = 2,1\%$ a.m. $n = 12$ meses

c) $i = 1,7\%$ a.m. $n = 20$ meses

2. A partir dos coeficientes de financiamento para séries mensais, iguais e sucessivas, e prazos respectivos apresentados a seguir, determine o custo efetivo considerado em cada coeficiente.

Coeficiente de

Financiamento   *Prazo*

a) 0,278744 $n = 4$ meses

b) 0,081954 $n = 18$ meses

c) 0,069817 $n = 36$ meses

3. Apure os coeficientes de financiamento para pagamentos iguais, porém ocorrendo em diferentes momentos, conforme discriminados a seguir. Admita uma taxa de juros de 3% a.m.

a) 5 pagamentos previstos para serem efetuados ao final dos meses 1, 5, 7, 13 e 20;

b) 6 pagamentos previstos para serem efetuados ao final dos meses 3, 6, 10, 15, 21 e 27.

4. Um financiamento é concedido para pagamento em 18 prestações mensais, iguais e sucessivas com carência de 3 meses. Para uma taxa de juros de 4% a.m., determine:

a) o coeficiente de financiamento;

b) o valor de cada prestação para um financiamento de $ 18.000,00.

5. Com base nos valores discriminados a seguir, calcule o custo efetivo mensal de cada opção de financiamento.

Opção de financiamento	Coeficiente de financiamento	Condições de pagamento
a	0,110136	10 prestações mensais e iguais
b	0,239211	5 prestações trimestrais e iguais
c	0,424666	4 prestações semestrais e iguais

COEFICIENTES DE FINANCIAMENTO   207

6. O coeficiente de financiamento para um plano de pagamento de 24 prestações mensais e iguais com 6 meses de carência atinge 0,079604. Determine:
   a) o custo efetivo do financiamento;
   b) o custo efetivo mensal, admitindo-se que o período de carência se reduza para 4 meses.

7. Uma empresa está contratando um financiamento junto a um banco para pagamento em 4 prestações iguais, vencendo a primeira de hoje a 3 meses, a segunda de hoje a 5 meses, a terceira de hoje a 9 meses e a última de hoje a 15 meses. Determine o coeficiente de financiamento sabendo-se que a taxa de juros cobrada na operação atinge 2,2% a.m.

8. Um bem é financiado em 24 prestações mensais com um mês de carência. A taxa de juros prefixada é de 3,14% a.m. Determine o coeficiente de financiamento.

9. Um financiamento é concedido para pagamento em 18 prestações mensais, iguais e sucessivas. Para uma taxa de juros de 2,56% a.m., determine o coeficiente de financiamento, sendo:
   a) a primeira prestação paga ao final do mês;
   b) a primeira prestação paga no ato (entrada);
   c) a primeira prestação paga com carência de um mês.

10. Um financiamento está sendo contratado para ser pago em 3 prestações, vencendo a primeira em 28 dias, a segunda em 42 dias e a terceira em 56 dias. Determine o coeficiente de financiamento desta operação, sabendo-se que a taxa de juros cobrada é de 2,3% a.m.

11. Admita um financiamento para pagamento em 7 prestações mensais, sendo a primeira vencível em 20 dias e as demais de 30 em 30 dias. Os juros cobrados na operação atingem 3,7% a.m. Determine o coeficiente de financiamento.

12. O coeficiente de financiamento publicado por um banco é de 0,158933 para 8 prestações mensais, sendo a primeira vencível em 40 dias e as demais de 30/30 dias cada uma. Apure o custo efetivo mensal deste financiamento.

13. Uma instituição financeira revela que seu coeficiente de financiamento para séries uniformes de 10 prestações iguais é de 0,113269. Se, além disso, ainda cobrar 2% sobre o valor do financiamento no ato da liberação dos recursos a pretexto de cobrir despesas de abertura de crédito, determine a taxa de juros mensal efetivamente cobrada.

14. Um computador está sendo vendido por $ 5.000,00 à vista. O vendedor oferece as seguintes condições para venda a prazo:
   a) entrada = 30%;
   b) saldo em 5 prestações mensais, iguais e sucessivas, vencendo a primeira de hoje a 60 dias.
   Determine o valor de cada prestação, admitindo uma taxa de juros de 3% a.m.

15. Calcule os termos dos fluxos de caixa apresentados a seguir, admitindo-se uma taxa mensal de juros de 3%.

a) PV = 4.000,00   PMT   PMT   PMT   PMT   PMT   PMT   PMT
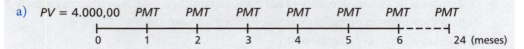
0   1   2   3   4   5   6   24 (meses)

b) PV = 2.500,00
   PMT PMT PMT PMT PMT PMT PMT PMT PMT PMT PMT
   0   1   2   3   4   5   6   7   8   9   10 (meses)

c) PV = 6.000,00   PMT PMT PMT PMT PMT PMT PMT PMT PMT
   0   1   2   3   4   5   6   7   8   9   10 11   12 (meses)

d) PV = 9.000,00   PMT   PMT   PMT   PMT   PMT
   0   3   7   15   21   36 (meses)

e) PV = 10.000,00 PMT   PMT   PMT   PMT   PMT   PMT   PMT
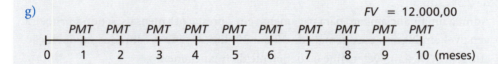
0   1   2   3   4   5   6   ∞ (meses)

f) PV = 7.000,00   X   X   2X   3X
   0   1   2   3   4 (meses)

g)   FV = 12.000,00
   PMT PMT PMT PMT PMT PMT PMT PMT PMT PMT
   0   1   2   3   4   5   6   7   8   9   10 (meses)

h)   FV = 24.000,00
      PMT   PMT   PMT   PMT   PMT   PMT   PMT
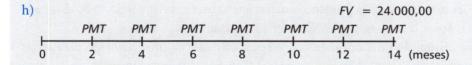
0   2   4   6   8   10   12   14 (meses)

16. Uma instituição financeira publica que seu coeficiente de financiamento a ser aplicado sobre o custo do bem a recuperar nas contraprestações é de 0,054732. Admitindo-se um contrato de arrendamento de 36 pagamentos mensais e um valor residual garantido igual a 6% do valor global do bem arrendado, que atinge $ 3.500.000,00, determine o valor das contraprestações mensais e o custo efetivo do arrendamento.

17. Dois pagamentos no valor de $ 15.000,00 e $ 25.000,00, vencíveis, respectivamente, ao final dos 3º e 4º meses, serão substituídos por quatro pagamentos no final do 5º, 6º, 7º e 8º meses. A taxa de juros negociada é de 1,7% a.m.
   a) se os valores dos quatro pagamentos forem iguais, determine o valor de cada parcela a ser paga;

b) se os valores das duas primeiras parcelas forem iguais e o valor da 3ª e da 4ª for igual ao dobro de cada uma das outras parcelas, determine o valor de cada pagamento.

18. Uma empresa apresenta os seguintes compromissos de dívidas com um banco:
   - pagar $ 23.340,00 em um mês;
   - pagar $ 42.960,00 em dois meses;
   - pagar $ 99.180,00 em quatro meses;
   - pagar $ 253.400,00 em seis meses.

   As dívidas foram originariamente contratadas à taxa de juros de 1,8% a.m.

   Prevendo dificuldades de caixa para honrar com os compromissos nas datas acertadas, a empresa propõe ao banco credor substituir a dívida por 4 pagamentos trimestrais iguais e sucessivos. O banco aceita a proposta, porém define em 2,4% a.m. a taxa de juros a ser cobrada na recomposição da dívida.

   Pede-se calcular o valor de cada parcela trimestral.

19. Admita que um investidor tenha aplicado $ 40.000,00 em um título com vencimento para 10 meses. A taxa líquida de juro prometida pela aplicação é de 0,85% a.m. Pede-se:
   a) o valor do título na data de resgate;
   b) o investidor vendeu o título 4 meses após a aplicação. O negócio foi realizado pela taxa de 0,6% a.m. Calcular o valor pago ao investidor pela venda do título;
   c) determinar a rentabilidade efetiva auferida pelo investidor pela negociação do título (venda do título) 4 meses após ter aplicado seus recursos (adquirido o título).

Respostas

1. **a)** 0,181550
   b) 0,095141
   c) 0,059401
2. **a)** 4,5% a.m.
   b) 4,46% a.m.
   c) 6,17% a.m.
3. **a)** 0,257652
   b) 0,242347
4. **a)** 0,088857
   b) $ 1.599,43
5. **a)** 1,795% a.m.
   b) 2,05% a.m.
   c) 3,81% a.m.
6. **a)** 3,74% a.m.
   b) 4,26% a.m.

CAPÍTULO 7

7. 0,296091
8. 0,061824
9. a) 0,070031
   b) 0,068283
   c) 0,071824
10. 0,344103
11. 0,162784
12. 5,24% a.m.
13. 2,72% a.m.
14. $ 787,17
15. a) $ 236,19
    b) $ 262,32
    c) $ 842,06
    d) $ 2.766,95
    e) $ 300,00
    f) $X = $ 1.092,18$
    g) $ 1.046,77
    h) $ 2:851,40
16. *Contraprestações:*
    Mês 1 a 35 = $ 188.993,28
    Mês 36 = $ 398.993,28
    Custo efetivo (i) = 4,25% a.m.
    ou 64,8% a.a.
17. a) $ 10.495,06
    b) $PMT_5 = $ \ 7.036,24$
       $PMT_6 = $ \ 7.036,24$
       $PMT_7 = $ 14.072,49$
       $PMT_8 = $ 14.072,49$
18. $PMT = $ 116.166,81$
19. a) $ 43.533,04
    b) $ 41.998,24
    c) $ 0,8158% a.m.

8

Análise de Investimentos e Reposição de Ativos

Basicamente, toda operação financeira é representada em termos de fluxos de caixa, ou seja, em fluxos futuros esperados de recebimentos e pagamentos de caixa. A avaliação desses fluxos consiste, em essência, na comparação dos valores presentes, calculados segundo o regime de juros compostos a partir de uma dada taxa de juros, das saídas e entradas de caixa.

Em consideração ao conceito do valor do dinheiro no tempo, raciocínio básico da Matemática Financeira adotado neste livro, coloca-se como fundamental atribuir maior destaque aos métodos que levem em conta o critério do fluxo de caixa descontado.

Dessa maneira, o capítulo desenvolve os métodos do *payback* médio, efetivo e descontado, da *taxa interna de retorno* e do *valor presente líquido*, e outros admitidos como os de maior utilização e rigor conceitual nas análises das operações financeiras (aplicações e captações) e de projetos de investimento.

O capítulo dedica-se, também, como uma das mais interessantes aplicações dos métodos de avaliação de caixa, às decisões básicas de reposição de ativos. O intuito principal é o de estabelecer uma linha de raciocínio financeiro nas decisões de substituição de ativos, incorporando preocupações associadas ao custo do investimento, à vida econômica, ao valor de revenda etc.

8.1 Método do *Payback*

O *Payback* apura o tempo necessário para que o capital investido no projeto seja recuperado por meio dos fluxos futuros esperados de caixa. Ao se definir que o *payback* de um investimento é igual a 3,0, indica que o capital investido no projeto irá demandar 3 anos para ser recuperado através das entradas previstas de caixa. O *payback* pode ser *Simples* ou *Descontado*.

O *Payback Simples* não leva em consideração o valor do dinheiro no tempo. Esta modalidade apura unicamente o tempo necessário para se recuperar o capital investido, sem incluir o custo de oportunidade (taxa requerida de retorno) do investimento nos cálculos. Pode ser apurado em valor *Médio,* critério mais adotado na prática, ou *Efetivo*, conforme ilustrado a seguir.

O *Payback Descontado*, ao contrário, considera na apuração do prazo de recuperação do capital o seu custo de oportunidade. O *Payback* Descontado apura o valor presente dos fluxos de caixa esperados e compara este resultado atualizado com o capital investido no projeto. O *Payback Descontado* é desenvolvido mais adiante neste capítulo, no item 8.4.1.

Para ilustrar o cálculo do *Payback Médio* e *Efetivo,* admita os seguintes fluxos de caixa de um investimento:

Anos	0	1	2	3	4
Fluxos de Caixa	($ 1.000)	$ 100	$ 300	$ 400	$ 800
Saldo Líquido do Investimento	($ 1.000)	($ 900)	($ 600)	($ 200)	$ 600

8.1.1 *Payback* Simples Médio

O tempo de recuperação do capital investido nesta abordagem é geralmente calculado em valor *médio*. Para avaliar o investimento, *payback* médio calculado deve ser comparado com o tempo ideal de recuperação do capital investido, conforme definido pela empresa. Pela análise sabe-se se o tempo médio de recuperação do investimento excede ou fica abaixo do padrão da empresa.

O Fluxo Médio de Entradas de Caixa (*FC*) atinge a $ 400/ano, ou seja:

$$FC\,(\text{Médio}) = \frac{\$\,100 + \$\,300 + \$\,400 + \$\,800}{4\;\text{anos}} = \$\,400/\text{ano}$$

Em média, o capital investido de $ 1.000 é recuperado em 2,5 anos, ou seja:

$$Payback\;Médio = \frac{Capital\;investido = \$\,1.000}{FC\;Médio = \$\,400} = \mathbf{2,5\;anos}$$

O capital aplicado de $ 1.000 será recuperado no prazo médio de 2,5 anos. Além de ignorar o custo de oportunidade do investimento, o método desconsidera os fluxos de caixa que ocorrem após o período de *payback*.

8.1.2 *Payback* Simples Efetivo

Observe que ao final do 3º ano o investimento gerou um saldo acumulado de caixa igual a: $ 100 + $ 300 + $ 400 = $ 800, valor ainda insuficiente para cobrir o investimento inicial de $ 1.000, restando $ 200 para recuperar o capital aplicado. O *payback* de 2,5 anos é calculado

ANÁLISE DE INVESTIMENTOS E REPOSIÇÃO DE ATIVOS **213**

pelo valor médio dos fluxos de caixa e não revela *efetivamente* o prazo de recuperação do capital.

Ao final do 3º ano são necessários mais $ 200 para a recuperação total do capital investido de $ 1.000. Como o fluxo de caixa do ano seguinte (ano 4) é igual a $ 800, o caixa necessário equivale a ¼ desse valor, apurando-se assim o *payback* efetivo de:

$$Payback\ Efetivo = 3\ anos + \frac{\$\ 200}{\$\ 800} = \textbf{3,25 anos}$$

No caso ilustrativo desenvolvido, o *payback* efetivo é superior ao *payback* médio pela maior dispersão dos fluxos de caixa no período.

8.1.3 Fluxos de Caixa Após o *Payback*

Importante ressaltar que, muitas vezes, os investimentos em avaliação podem apresentar fluxos de caixa diferentes após o período de recuperação (*payback*). Nesses casos, não se pode afirmar que a melhor alternativa é sempre a que apresentar o menor tempo de recuperação, pois o método não leva em consideração os resultados de caixa que ocorrem após o *payback*.

De maneira simples, considere os seguintes fluxos de caixa (*FC*) de um investimento:

Anos	0	1	2	3	4
Invest. "A"	($ 100,0)	$ 70,0	$ 30,0	$ 30,0	$ 50,0
Invest. "B"	($ 100,0)	$ 30,0	$ 70,0	$ 20,0	$ 40,0

Invest. "A" – *Payback* Efetivo = 2,0 anos

$$- Payback\ Médio = \frac{Capital\ investido = \$\ 100,0}{FC\ Médio = \$\ 45,0} = \textbf{2,22 anos}$$

Invest. "B" – *Payback* Efetivo = 2,0 anos

$$- Payback\ Médio = \frac{Capital\ investido = \$\ 100,0}{FC\ Médio = \$\ 40,0} = \textbf{2,5 anos}$$

O payback médio indica que a melhor alternativa é "A", com menor tempo de recuperação do Capital Investido. Pelo critério de *payback efetivo*, ambas as alternativas possuem a mesma atratividade em termos de prazo de recuperação do investimento, igual a 2,0 anos, indicando ser indiferente uma ou outra.

Não é possível concluir qual é a melhor alternativa a partir unicamente dos valores apurados, pois nenhum critério de *payback* (Efetivo e Médio) considera os fluxos de caixa que ocorrem após o período de *payback*. O investimento "A", com o mesmo *payback* efetivo que "B", surge como o mais atraente em razão de produzir retornos de caixa maiores após o período de *payback*.

Outro aspecto a ser considerado para destacar a superioridade de "A" em relação a "B" é a mais rápida recuperação de caixa da alternativa "A", onde 70% do capital investido é gerado na entrada de caixa do 1º ano. Na alternativa "B", no mesmo ano, é recuperado somente 30%

do investimento. Todos esses cuidados com os fluxos após o período de *payback e sua distri-buição no tempo* devem sempre ser considerados na avaliação de investimentos usando o método do *payback*. O método da Taxa Interna de Retorno (*IRR*) e do Valor Presente Líquido (*NPV*), a serem desenvolvidos neste capítulo, consideram todos estes aspectos na avaliação econômica de investimentos.

8.2 Taxa interna de retorno (*IRR*)[1]

A *IRR* é a taxa de juros (desconto) que iguala, em determinado momento do tempo, o valor presente das entradas (recebimentos) com o das saídas (pagamentos) previstas de caixa. Ge-ralmente, adota-se a data de início da operação – momento zero – como a data focal de comparação dos fluxos de caixa.

Critério de Decisão: o investimento é economicamente atraente sempre que: *IRR* ≥ Taxa de Retorno Requerida. Sempre que o retorno exceder o custo de oportunidade do capital há uma geração de valor econômico.

Normalmente, o fluxo de caixa no momento zero (fluxo de caixa inicial) é representado pelo valor do investimento, ou empréstimo ou financiamento; os demais fluxos de caixa in-dicam os valores das receitas ou prestações devidas.

Nessas condições, a identidade de cálculo da taxa interna de retorno é identificada da forma seguinte:

$$FC_0 = \frac{FC_1}{(1+i)^1} + \frac{FC_2}{(1+i)^2} + \frac{FC_3}{(1+i)^3} + ... + \frac{FC_n}{(1+i)^n},$$

deduzindo-se que:

$$FC_0 = \sum_{j=1}^{n} \frac{FC_j}{(1+i)^j}$$

onde: FC_0 = valor do fluxo de caixa no momento zero (recebimento – empréstimo, ou pagamento – investimento);

FC_j = fluxos previstos de entradas ou saídas de caixa em cada período de tempo;

i = taxa de desconto que iguala, em determinada data, as entradas com as saídas previstas de caixa. Em outras palavras, i representa a taxa interna de retorno.

Considerando que os valores de caixa ocorrem em diferentes momentos, é possível concluir que o método da *IRR*, ao levar em conta o valor do dinheiro no tempo, expressa, na verdade, a rentabilidade, se for uma aplicação, ou custo, no caso de um empréstimo ou financiamento, do fluxo de caixa. A rentabilidade ou custo é indicada em termos de uma taxa de juros equi-valente periódica composta, conforme descrita no Capítulo 2.

---

[1] IRR: *Internal Rate of Return* (Taxa Interna de Retorno).

Por exemplo, admita um empréstimo de $ 30.000,00 a ser liquidado por meio de dois pagamentos mensais e sucessivos de $ 15.500,00 cada.

Graficamente, tem-se a seguinte representação:

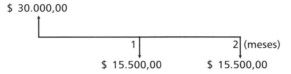

O custo desta operação, calculado pelo método da taxa interna de retorno, atinge:

$$30.000,00 = \frac{15.500,00}{(1+i)} + \frac{15.500,00}{(1+i)^2}$$

Resolvendo a expressão com o auxílio de uma calculadora, tem-se o custo efetivo mensal de:

$i = 2,21\%$ ao mês.

Usando a HP 12 C

30.000   PV
15.500   CHS   PMT
2   n
i   (Resp: 2,21%)

O custo obtido de 2,21% a.m. representa, diante das características enunciadas do método da *IRR*, a taxa de juros que iguala, em determinada data, a entrada de caixa ($ 30.000,00 – recebimento do empréstimo) com as saídas de caixa ($ 15.500,00 – valor de cada prestação desembolsada).

Conforme foi comentado, ainda, a *data focal* para o cálculo da taxa interna de retorno pode ser definida livremente, sem que isso interfira em seu resultado. *Por exemplo*, ao se fixar a data focal ao final do segundo mês, verifica-se que o custo não se altera, permanecendo inalterado em 2,21% ao mês, ou seja:

$30.000,00 (1 + i)^2 = 15.500,00 (1 + i) + 15.500,00$

Resolvendo, chega-se ao mesmo resultado:

IRR (i) = 2,21% ao mês

8.2.1 Interpretação da taxa interna de retorno por meio de planilha financeira

Uma visão mais ampla da *IRR* pode ser obtida ao elaborar-se a planilha financeira do empréstimo a ser liquidado com duas prestações iguais.

Observe na planilha apresentada a seguir que a taxa calculada de 2,21%* ao mês recai unicamente sobre o saldo devedor líquido da operação. As prestações determinadas por esta taxa, além de remunerarem o capital emprestado, permitem a liquidação completa da dívida ao final do prazo contratado.

Planilha Financeira de uma Operação de Empréstimo

Data (mês)	Saldo devedor ($)	Amortização ($)	Juros ($)	Prestação ($)
0	30.000,00	–	–	–
1	15.164,20	14.835,80	664,20	15.500,00
2	–	15.164,20	335,80	15.500,00

* Juro (i) = 2,2141% a.m.

Outro *exemplo ilustrativo* permite fixar mais concretamente o conceito de taxa interna de retorno.

Admita que um investimento de $ 70.000,00 promova expectativas de benefícios de caixa de $ 20.000,00, $ 40.000,00, $ 45.000,00 e $ 30.000,00, respectivamente, ao final dos próximos quatro anos da decisão.

Observando-se que o investimento exige um desembolso inicial e quatro fluxos futuros de ingressos esperados de caixa, tem-se a seguinte representação:

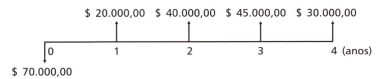

A expressão de cálculo é a seguinte:

$$70.000,00 = \frac{20.000,00}{(1+i)} + \frac{40.000,00}{(1+i)^2} + \frac{45.000,00}{(1+i)^3} + \frac{30.000,00}{(1+i)^4}$$

$IRR(i) = 30\%$ a.a.

Por meio do auxílio de uma calculadora financeira, apura-se uma *IRR* de 30,0% ao ano; isto é, ao se descontarem os vários fluxos previstos de caixa pela *IRR* calculada, o valor atualizado será exatamente igual ao montante do investimento de $ 70.000,00. Com isso, o resultado apurado denota a efetiva taxa de rentabilidade anual do investimento.

$$PV = \frac{20.000,00}{1,30} + \frac{40.000,00}{1,30^2} + \frac{45.000,00}{1,30^3} + \frac{30.000,00}{1,30^4}$$

$PV = \$ 70.000,00$

Deve ser ressaltado, ainda, que os 30,0% representam a taxa de retorno equivalente composta anual. A *IRR* não pode ser considerada como o ganho efetivo em cada período (ano), mas como a rentabilidade média ponderada geometricamente consoante o critério de juros compostos.

A rentabilidade total acumulada do projeto para os quatro anos atinge 185,6%, ou seja:

Rentabilidade Total = $(1,30)^4 - 1 = 185,6\%$ p/ os quatro anos

De outra forma, ao se aplicar os fluxos de entrada de caixa à *IRR* de 30,0% ao ano, calcula-se um montante ao final do prazo igual a $ 199.927,00 (*FV*). Este valor representa, na verdade, a riqueza econômica, ao final do último ano de vida do projeto, determinada pela aplicação de $ 70.000,00 (*PV*).

Relacionando-se esta riqueza de $ 199.927,00 com o valor do investimento inicial de $ 70.000,00, chega-se à rentabilidade de 185,6% referente aos quatro anos, ou seja:

$$IRR\ (i) = \frac{\$\ 199.927,00}{\$\ 70.000,00} - 1 = 1,856\ ou\ 185,6\%$$

Ao se mensurar a taxa equivalente composta anual da operação, apura-se:

$$IRR\ (i) = \sqrt[4]{1 + 1,856} - 1 = 0,30\ ou\ 30,0\%\ a.a.,$$

que representa a taxa interna de retorno (rentabilidade anual) calculada para o investimento.

8.2.2 Quando a taxa de reinvestimento não coincide com a taxa interna de retorno

A demonstração mencionada no tópico anterior levou em consideração que os fluxos de caixa são reaplicados, ao longo do prazo da operação, à própria taxa interna de retorno calculada (30,0% a.a.). Nesta hipótese, a *IRR* do investimento representa efetivamente sua rentabilidade periódica.

Esse é um pressuposto implícito no método da *IRR*. Em outras palavras, a taxa interna de retorno calculada de uma alternativa financeira somente é verdadeira na suposição de todos os fluxos de caixa, que se sucederão, sejam reaplicados à taxa de juro calculada pelo método. Em caso contrário, o resultado efetivo do investimento é outro.

Admita, no exemplo citado, que os fluxos de entrada de caixa possam ser reaplicados, até o final do prazo do investimento, à taxa de 22% a.a. Ao reduzir a taxa de reaplicação dos resultados de caixa de 30% para 22% a.a., a rentabilidade anual da alternativa também diminui, conforme demonstrado a seguir:

- *Montante da Reaplicação das Entradas de Caixa (FV)*:
  $FV = 20.000,00\ (1,22)^3 + 40.000,00\ (1,22)^2 + 45.000,00\ (1,22) + 30.000,00$
  $FV = \$\ 180.753,00$
- *Valor do Investimento (PV)*:
  $PV = \$\ 70.000,00$
- *Rentabilidade Periódica*:
  $$IRR\ (i) = \frac{\$\ 180.753,00}{\$\ 70.000,00} - 1$$
  $IRR\ (i) = 158,22\%\ p/\ todo\ o\ período\ (4\ anos),$

equivalendo a:

$$IRR\ (i) = (2,5822)^{1/4} - 1 = 26,76\%\ a.a.$$

Dessa maneira, pode-se concluir que a *IRR* esperada de uma decisão de investimento é dependente não somente dos resultados de caixa projetados para a alternativa, como também da reaplicação destes fluxos ao longo de todo o prazo. A rentabilidade se eleva em condições de a taxa de reaplicação superar a *IRR* calculada do investimento, ocorrendo o inverso quando a reaplicação for efetuada a uma taxa inferior.

Exemplos:

1. Determine a taxa interna de retorno (custo equivalente mensal) referente a um empréstimo de $ 126.900,00 a ser liquidado em quatro pagamentos mensais e consecutivos de $ 25.000,00, $ 38.000,00, $ 45.000,00 e $ 27.000,00.

   Solução:

   O fluxo de caixa é representado graficamente da forma seguinte:

   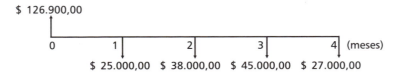

   A formulação para a solução do problema apresenta-se:

   $$126.900,00 = \frac{25.000,00}{(1+i)} + \frac{38.000,00}{(1+i)^2} + \frac{45.000,00}{(1+i)^3} + \frac{27.000,00}{(1+i)^4}$$

   A *IRR* é a taxa de desconto (juros) que iguala os pagamentos do empréstimo (saídas de caixa) com o valor do capital emprestado (entrada de caixa) em determinada data. Resolvendo-se a expressão com o auxílio de uma calculadora financeira, chega-se à *IRR* que representa o custo equivalente composto periódico da operação:

   IRR (i) = 2,47% ao mês.

   Usando a HP 12 C

   126.900   CHS   g   CF0

   25.000   g   CFj

   38.000   g   CFj

   45.000   g   CFj

   27.000   g   CFj

   f   IRR   (Resp: 2,47%)

2. Uma aplicação financeira envolve uma saída de caixa de $ 47.000,00 no momento inicial, e os seguintes benefícios esperados de caixa ao final dos três meses imediatamente posteriores: $ 12.000,00; $ 15.000,00 e $ 23.000,00. Determine a rentabilidade (*IRR*) mensal efetiva dessa operação.

Solução:

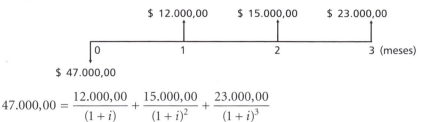

$$47.000,00 = \frac{12.000,00}{(1+i)} + \frac{15.000,00}{(1+i)^2} + \frac{23.000,00}{(1+i)^3}$$

Resolvendo-se:

IRR (i) = 2,84% ao mês,

que representa a rentabilidade equivalente composta mensal da aplicação.

Mediante esse exemplo ilustrativo, é possível ressaltar-se, uma vez mais, que a IRR de 2,84% assume implicitamente o pressuposto de que, para ser verdadeira, devem todos os fluxos intermediários de caixa serem reinvestidos à própria taxa interna de retorno calculada para a aplicação (2,84% a.m.).

Em verdade, o método da IRR adota a hipótese de que os vários fluxos de caixa gerados da aplicação devem ser reaplicados, até o final do prazo da operação, em alternativas que rendam, pelo menos, os 2,84% a.m. obtidos de rentabilidade. Na situação de não se conseguir aplicar os valores de caixa a esse percentual, a taxa interna de retorno se modificará.

Ilustrativamente, ao se admitir que os dois fluxos iniciais de caixa sejam reinvestidos às taxas mensais de 2,0% e 1,5%, respectivamente, apuram-se os seguintes resultados:

- *Montante Acumulado ao Final do Período*:
  $FV_3 = 12.000,00 \times (1,02)^2 + 15.000,00 \times (1,015) + 23.000,00$
  $FV_3 = 12.484,80 + 15.225,00 + 23.000,00$
  $FV_3 = \$ 50.709,80$
- *Rentabilidade Total do Investimento*:

  $$IRR\ (i) = \frac{\$\ 50.709,80}{\$\ 47.000,00} - 1 = 7,89\%\ \text{para os três meses}$$
- *Taxa Equivalente Composta de Rentabilidade Anual (IRR)*:

  $\sqrt[3]{1,0789} - 1 = 2,56\%$ ao mês

Observe que, mesmo que os fluxos de caixa ocorram exatamente como o previsto para cada ano, a impossibilidade de reinvesti-los à IRR calculada de 2,84% ao mês promove a redução da rentabilidade da aplicação para 2,56% ao mês.

Assim, para que a taxa de rentabilidade calculada seja verdadeira, todos os fluxos de caixa gerados devem ser reaplicados pela própria IRR da operação até o final do prazo.

Muitas alternativas de aplicações financeiras economicamente atraentes em determinado momento poderão ter seus retornos reduzidos em épocas posteriores. Para tanto, basta tão somente ocorrer uma diminuição nos percentuais das taxas de reaplicação dos fluxos de caixa ao longo do tempo. Se a decisão de aceitar determinado investimento for tomada

220 CAPÍTULO 8

exclusivamente a partir do método da *IRR*, é importante que se esteja atento com relação ao reinvestimento dos fluxos intermediários de caixa.

8.3 Valor presente líquido (*NPV*)[2]

O método do *NPV* para análise dos fluxos de caixa é obtido pela diferença entre o valor presente dos benefícios (ou pagamentos) previstos de caixa e o valor presente do fluxo de caixa inicial (valor do investimento, do empréstimo ou do financiamento).

A identidade de cálculo do *NPV* é expressa da forma seguinte:

$$NPV = \left[\frac{FC_1}{(1+i)} + \frac{FC_2}{(1+i)^2} + ... + \frac{FC_n}{(1+i)^n} \right] - FC,$$

$$NPV = \sum_{j=1}^{n} \frac{FC_j}{(1+i)^j} - FC_0$$

onde: FC_j: representa o valor de entrada (ou saída) de caixa previsto para cada intervalo de tempo;

FC_0: fluxo de caixa verificado no momento zero (momento inicial), podendo ser um investimento, empréstimo ou financiamento.

Comparativamente ao método da *IRR*, o valor presente líquido exige a definição prévia da taxa de desconto a ser empregada na atualização dos fluxos de caixa. Na verdade, o *NPV* não identifica diretamente a taxa de rentabilidade (ou custo) da operação financeira; ao descontar todos os fluxos de entradas e saídas de caixa por uma taxa de desconto mínima aceitável, o *NPV* denota, em última análise, o resultado econômico da alternativa financeira expressa em moeda atualizada.

O *NPV* é caracteristicamente referenciado ao momento inicial (data zero).

Critério de Decisão: o investimento é economicamente atraente sempre que produzir um *NPV* ≥ 0.

- *NPV* > 0 Indica que: Taxa de Retorno (*IRR*) > Taxa Exigida de Retorno
- *NPV* < 0 Indica que: Taxa de Retorno (*IRR*) < Taxa Exigida de Retorno
- *NPV* = 0 Indica que: Taxa de Retorno (*IRR*) = Taxa de Retorno Exigida

Ilustrativamente, admita que uma empresa esteja avaliando um investimento no valor de $ 750.000,00 do qual esperam-se benefícios anuais de caixa de $ 250.000,00 no primeiro ano, $ 320.000,00 no segundo ano, $ 380.000,00 no terceiro ano e $ 280.000,00 no quarto ano.

Admitindo-se que a empresa tenha definido em 20% ao ano a taxa de desconto a ser aplicada aos fluxos de caixa do investimento, tem-se a seguinte representação e cálculo do *NPV*:

---

[2] NPV: *Net Present Value* (Valor Presente Líquido).

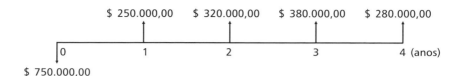

$$NPV = \left[\frac{250.000,00}{(1,20)} + \frac{320.000,00}{(1,20)^2} + \frac{380.000,00}{(1,20)^3} + \frac{280.000,00}{(1,20)^4} \right] - 750.000,00$$

$NPV = (208.333,33 + 222.222,22 + 219.907,41 + 135.030,86) - 750.000,00$

$NPV = 785.493,82 - 750.000,00$

$NPV = \$ 35.493,82$

Usando a HP 12 C

750.000   CHS   g   CF0
250.000   g   CFj
320.000   g   CFj
380.000   g   CFj
280.000   g   CFj
20   I
f   NPV   (Resp: 35.493,82)

Observe que, mesmo descontando os fluxos de caixa pela taxa de 20% ao ano, conforme definida previamente, o *NPV* é superior a zero, indicando que a alternativa de investimento oferece uma taxa de rentabilidade anual superior aos 20%. Nesta situação, evidentemente, o investimento apresenta-se atraente, indicando sua aceitação econômica.

Ao se elevar a taxa de desconto para 30% ao ano, por exemplo, o valor presente líquido apresenta-se negativo, indicando que a rentabilidade implícita do investimento é inferior à taxa de desconto mínima exigida. Ou seja:

$$NPV = \left[\frac{250.000,00}{(1,30)} + \frac{320.000,00}{(1,30)^2} + \frac{380.000,00}{(1,30)^3} + \frac{280.000,00}{(1,30)^4} \right] - 750.000,00$$

$NPV = (192.307,69 + 189.349,11 + 172.963,13 + 98.035,78) - 750.000,00$

$NPV = 652.655,71 - 750.000,00$

$NPV = \$ 97.344,29$

A Figura 8.1, a seguir, ilustra graficamente o comportamento do *NPV* do investimento admitindo diferentes taxas de desconto.

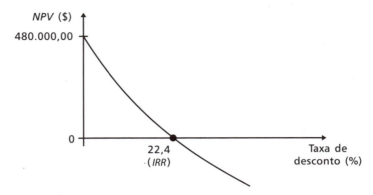

FIGURA 8.1 *NPV* para diferentes taxas de descontos.

Observe na figura que o *NPV* decresce à medida que se eleva a taxa de desconto dos fluxos de caixa do investimento. Admitindo uma taxa de desconto de 0%, o *NPV* é determinado pela simples diferença entre os benefícios anuais totais de caixa e o montante do investimento inicial, isto é:

$NPV\ (i = 0\%) = (250.000,00 + 320.000,00 + 380.000,00 + 280.000,00) - 750.000,00$
$NPV\ (i = 0\%) = 1.230.000,00 - 750.000,00 = \$\ 480.000,00$

À medida que a taxa de desconto vai se distanciando de 0%, o valor presente dos fluxos de caixa decresce, proporcionando, consequentemente, um *NPV* cada vez menor.

Até a taxa de 22,4% ao ano, verifica-se que o *NPV* é positivo, indicando atratividade do investimento. A partir desta taxa o valor presente líquido passa a ser negativo, demonstrando que o projeto é incapaz de produzir uma riqueza econômica positiva para uma taxa de desconto superior aos 22,4% ao ano.

A taxa de desconto de 22,4%, que produz um *NPV* igual a zero (o valor presente das entradas de caixa iguala-se ao das saídas no momento zero), representa a taxa interna de retorno do investimento, conforme demonstrado no item anterior. Dessa maneira, o interesse econômico pela alternativa existe desde que a taxa de desconto definida como mínima aceitável seja inferior (ou igual) a 22,4% ao ano. Se a taxa exceder esse percentual, a alternativa é considerada sem atratividade econômica; o resultado do *NPV* é negativo, sugerindo que a taxa de rentabilidade (*IRR*) oferecida pela decisão é inferior àquela definida como mínima aceitável.

Dessa maneira, pode-se generalizar o critério de decisão do método do *NPV* pela seguinte regra: toda vez em que o *NPV* for igual ou superior a zero, o investimento pode ser aceito; caso contrário, existe indicação de rejeição.

8.3.1 Comparações entre valor presente líquido e taxa interna de retorno

Com o intuito de melhor compreender a relação entre o *NPV* e a *IRR*, é interessante descrever no gráfico os resultados dos fluxos de caixa da operação financeira descrita e interpretada sob dois ângulos: aplicação de capital e empréstimo de capital.

ANÁLISE DE INVESTIMENTOS E REPOSIÇÃO DE ATIVOS   223

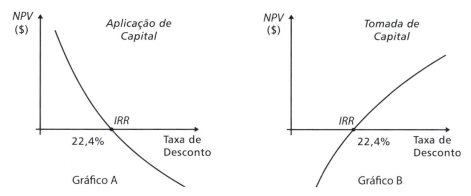

FIGURA 8.2 Extensões dos métodos do *NPV* e da *IRR*.

O *gráfico A*, conforme demonstrado na Figura 8.2, é representativo de um aplicador de capital que apura uma taxa de retorno de 22,4% ao ano. O *gráfico B*, por outro lado, reflete a posição de um tomador de capital que obtém emprestados recursos a um custo de 22,4% ao ano.

A taxa interna de retorno, definida como a taxa de juros que iguala o *NPV* a zero, é representada graficamente pelo ponto em que a linha do valor presente líquido corta o eixo horizontal. Nas duas ilustrações gráficas, a *IRR* é igual a 22,4%.

No gráfico *A*, o *NPV* decresce à medida que a taxa de desconto se eleva, representando valores positivos até 22,4%. Para uma taxa de desconto igual a 22,4%, o *NPV* anula-se, indicando a *IRR* do fluxo de caixa.

Apesar de o gráfico *B* ter sido elaborado com base no mesmo exemplo, os valores de caixa apresentam sinais invertidos, resultando em curva também inversa em comparação ao gráfico *A*. Essa taxa periódica de 22,4% para quem toma capital emprestado é a taxa mínima que deve ser auferida na aplicação desses recursos. Taxas de desconto menores que 22,4% ao ano produzem *NPV* negativo, e maiores que 22,4% ao ano, *NPV* positivo. Em conclusão, a *IRR* de 22,4% é a menor taxa de desconto que produz um valor presente líquido positivo do tomador do empréstimo.

Exemplo:

1. Uma empresa está avaliando um investimento em uma nova unidade de negócios. O valor a ser investido no momento zero atinge $ 1.000.000,00, prevendo-se os seguintes fluxos de caixa ao final dos próximos 4 anos: $ 150.000,00, $ 200.000,00, $ 900.000,00 e $ 1.100.000,00.

   Admitindo que a empresa tenha definido em 20% ao ano a taxa de desconto dos fluxos esperados de caixa, determine o valor presente líquido.

   Solução:

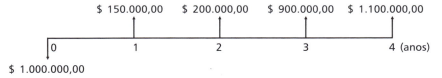

$$NPV = \left[\frac{150.000,00}{(1,20)} + \frac{200.000,00}{(1,20)^2} + \frac{900.000,00}{(1,20)^3} + \frac{1.100.000,00}{(1,20)^4} \right] - 1.000.000,00$$

$$NPV = (125.000,00 + 138.888,89 + 520.833,33 + 530.478,40) - 1.000.000,00$$

$$NPV = \$\ 315.200,62$$

O NPV é positivo, indicando a atratividade econômica do projeto. Sendo o $NPV > 0$, pode-se concluir que a rentabilidade do investimento, medida pela IRR, é superior à taxa de desconto exigida de 20% ao ano. Mais especificamente, a IRR do investimento alcança:

$$1.000.000,00 = \frac{150.000,00}{(1+i)} + \frac{200.000,00}{(1+i)^2} + \frac{900.000,00}{(1+i)^3} + \frac{1.100.000,00}{(1+i)^4}$$

Resolvendo-se com o auxílio de uma calculadora financeira:

$IRR\ (i) = 31,2\%$ ao ano

Dessa forma, os dois métodos de análise dos fluxos de caixa indicam a aceitação do investimento. O NPV oferece resultados atualizados maiores que zero, significando que o ganho oferecido pela proposta excede ao mínimo desejado pela empresa. O método da IRR indica que o investimento produz uma taxa de rentabilidade periódica superior à taxa de desconto mínima aceitável.

Deve ser ressaltado, ainda, que o método do NPV, identicamente ao da IRR, pressupõe implicitamente que os fluxos intermediários de caixa da alternativa devem ser reinvestidos à taxa de desconto utilizada. No entanto, por trabalhar com uma taxa de juros definida pelo próprio investidor, o método, nesse aspecto, é mais seguro que o anterior, em que a taxa de reinvestimento é a própria IRR do projeto, e não a taxa de desconto mínima aceitável estabelecida para o investimento.

8.4 Índice de lucratividade (*IL*) e taxa de rentabilidade (*TR*)

Esses métodos de análise de investimentos consideram também a metodologia do fluxo de caixa descontado. O *índice de lucratividade* (*IL*) é medido pela relação entre o valor presente dos fluxos de entrada de caixa e os de saída de caixa.

No exemplo ilustrativo dado, pode-se calcular o valor presente dos benefícios de caixa do investimento, para a taxa de atratividade de 20% a.a., da forma seguinte:

$$PV\ (\text{Entradas}) = \frac{150.000,00}{(1,20)} + \frac{200.000,00}{(1,20)^2} + \frac{900.000,00}{(1,20)^3} + \frac{1.100.000,00}{(1,20)^4}$$

$$PV\ (\text{Entradas}) = \$\ 1.315.200,62$$

Sendo de $\$\ 1.000.000,00$ o desembolso previsto para o investimento, apura-se o índice de lucratividade de 1,315, ou seja:

$$IL = \frac{\$\ 1.315.200,62}{\$\ 1.000.000,00} = 1,315$$

ANÁLISE DE INVESTIMENTOS E REPOSIÇÃO DE ATIVOS

Esse resultado indica, para cada $ 1 aplicado na alternativa, quanto o projeto produziu de retorno, expressos todos os resultados de caixa em valores atualizados pela taxa mínima de atratividade.

Quando o índice de lucratividade apresenta um valor maior que 1,0, indica a atratividade econômica do investimento. O valor presente das entradas de caixa é *superior* ao dos desembolsos, movendo um *NPV* positivo. Ao contrário, ao assumir um valor *menor* que 1,0, o *IL* revela o desinteresse econômico pela alternativa de investimentos, a qual produz um valor presente líquido negativo.

A *taxa de rentabilidade* (*TR*), por outro lado, consiste na relação entre o *NPV*, determinado a partir da taxa de atratividade, e o valor presente dos desembolsos de capital.

No exemplo ilustrativo em consideração, a taxa de rentabilidade do investimento atinge 31,52%, ou seja:

$$TR = \frac{NPV}{\text{Desembolso de Capital}} = \frac{\$ 315.200,62}{\$ 1.000.000,00} = 31,52\%$$

Os dois métodos são bastante próximos, promovendo as mesmas decisões com relação à atratividade de uma alternativa de investimento.

8.4.1 *Payback* Descontado

O *Payback Descontado* considera em seu cálculo o valor do dinheiro no tempo, trazendo a valor presente os fluxos futuros esperados de caixa do investimento. Os fluxos de caixa são atualizados por meio de uma taxa de desconto que representa a taxa de atratividade (custo de oportunidade) do investimento. O prazo de recuperação atualizado é calculado pela relação entre o valor do investimento e o valor presente dos fluxos futuros esperados de caixa, descontados por uma taxa que remunera o valor do dinheiro no tempo.

Como ilustração, considere o seguinte projeto de investimento:

Anos	0	1	2	3	4	5
Fluxos de Caixa (FC)	($ 600,0)	$ 120,5	$ 145,6	$ 175,0	$ 190,1	$ 220,4

A taxa de atratividade do investimento é de 14,0% a.a.

Pede-se calcular *o Payback* Descontado.

Solução:

Payback Descontado

$$PV \text{ dos Fluxos de Caixa} = \frac{\$ 120,5}{1,14} + \frac{\$ 145,6}{(1,14)^2} + \frac{\$ 175,0}{(1,14)^3} + \frac{\$ 190,1}{(1,14)^4} + \frac{\$ 220,4}{(1,14)^5}$$

PV dos Fluxos de Caixa = $ 562,88

$$Payback \ Descontado = \frac{Capital \ Investido - \$ 600,0}{Valor \ Atualizado \ dos \ Fluxos \ de \ Caixa - \$ 562,88} = \textbf{1,066 ano}$$

Prazo de Recuperação = 5 anos × 1,066 = 5,33 anos

226 CAPÍTULO 8

O *Payback Descontado* é maior que 1,0 (1,066), indicando que o investimento não é economicamente atraente. Não é capaz de produzir uma taxa de retorno que cubra ao custo de oportunidade de 14% a.a. O prazo de recuperação do capital investido (5,33 anos) excede o prazo do projeto (5,0 anos).

Exercício – Análise Comparativa de Investimentos

A seguir, são apresentados os fluxos de caixa de dois projetos de investimentos: "A" e "B". A taxa de retorno exigida dos investimentos é igual a 16% a.a.

A partir dessas informações, calcular o *Payback* Descontado de cada investimento.

Ano	0	1	2	3	4	5
"A" – Fluxos de Caixa	($ 1.700)	$ 720	$ 600	$ 550	$ 500	$ 400
"B" – Fluxos de Caixa	($ 1.200)	$ 500	$ 350	$ 300	$ 250	$ 200

Solução:

Investimento "A"

$$PV \text{ dos Fluxos de Caixa} = \frac{\$\,720}{1,16} + \frac{\$\,600}{(1,16)^2} + \frac{\$\,550}{(1,16)^3} + \frac{\$\,500}{(1,16)^4} + \frac{\$\,400}{(1,16)^5} = \$\,1.885,54$$

$$Payback \text{ Descontado} = \frac{\$\,1.700,0}{\$\,1.885,5} = \mathbf{0{,}9016}$$

Payback Descontado < 1,0: o investimento revela um retorno acima da taxa de desconto (taxa de retorno requerida), sendo economicamente atraente. O valor presente dos benefícios de caixa ($1.885,54) supera ao valor do capital investido ($ 1.700,0).

Investimento "B"

$$PV \text{ dos Fluxos de Caixa} = \frac{\$\,500}{1,16} + \frac{\$\,350}{(1,16)^2} + \frac{\$\,300}{(1,16)^3} + \frac{\$\,250}{(1,16)^4} + \frac{\$\,200}{(1,16)^5} = \$\,1.116,6$$

$$Payback \text{ Descontado} = \frac{\$\,1.200,0}{\$\,1.116,6} = \mathbf{1{,}075}$$

Payback Descontado > 1,0: o investimento não é capaz de remunerar o capital investido no período, não sendo economicamente atraente.

8.5 Comparação entre os métodos de análise de investimentos – Projetos independentes

Uma alternativa de investimento de capital, quando tratada individualmente, é considerada como economicamente atraente ao apresentar um *NPV* positivo, ou uma *IRR* superior (no mínimo, igual) à taxa mínima de retorno requerida, ou um *IL* maior (ou igual) a 1,0, ou ainda uma *TR* positiva.

Para um único projeto de investimento, ou para projetos classificados como independentes (que podem ser implementados ao mesmo tempo), os métodos de análise que levam em conta os fluxos de caixa descontados convergem sempre para a mesma decisão.

Admita o seguinte investimento:

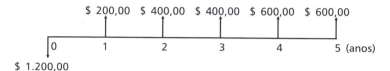

Sendo de 16% ao ano a taxa de atratividade definida para o investimento, são obtidos os seguintes resultados dos métodos de avaliação:

NPV	IRR	IL	TR
$ 143,00	20,2% a.a.	1,119	11,9%

$$NPV = \left[\frac{200,00}{1,16} + \frac{400,00}{(1,16)^2} + \frac{400,00}{(1,16)^3} + \frac{600,00}{(1,16)^4} + \frac{600,00}{(1,16)^5}\right] - 1.200,00$$

$NPV = 1.343,00 - 1.200,00$

$NPV = \$ 143,00$

$$1.200,00 = \frac{200,00}{(1+i)} + \frac{400,00}{(1+i)^2} + \frac{400,00}{(1+i)^3} + \frac{600,00}{(1+i)^4} + \frac{600,00}{(1+i)^5}$$

$IRR\ (i) = 20,2\%$

- $IL = \dfrac{\$\ 1.343,00}{\$\ 1.200,00} = 1,119$

- $TR = \dfrac{\$\ 143,00}{\$\ 1.200,00} = 11,9\%$

Pelos resultados dos métodos de avaliação econômica, o investimento proposto é considerado atraente por todos. Apresenta um *NPV* positivo, indicando um retorno em excesso em relação ao ganho mínimo exigido. A *IRR* supera a taxa de atratividade definida para a alternativa, revelando uma rentabilidade esperada acima da mínima desejada. O *IL* é maior que 1,0, que representa o ponto de corte entre aceitação-rejeição deste método. Um *IL* maior que 1,0 confirma, conforme foi comentado, os resultados positivos demonstrados pelo *NPV* e pela *IRR*. Em consequência, a *TR* é também positiva, atingindo 11,9%.

Dessa maneira, trabalhando-se com um único projeto de investimento, a aplicação dos métodos de avaliação é processada de maneira bastante simples, tendo como característica principal a total coincidência em termos de decisão aceitar-rejeitar.

Exemplo:

Admita três projetos de investimento com as seguintes estimativas de fluxos de caixa:

		Fluxos de caixa				
Projeto	Investimento	Ano 1	Ano 2	Ano 3	Ano 4	Ano 5
A	– $ 100,00	$ 30,00	$ 34,00	$ 35,00	$ 35,00	$ 38,00
B	– $ 200,00	$ 68,00	$ 68,00	$ 66,00	$ 64,00	$ 64,00
C	– $ 180,00	$ 50,00	$ 54,00	$ 58,00	$ 60,00	$ 62,00

As alternativas de investimento são independentes, isto é, não há restrições de serem aceitas ao mesmo tempo desde que haja atratividade econômica. A taxa de retorno requerida é de 18% a.a. Determinar os resultados pelos métodos de análise de investimento: *NPV*, *IRR*, *IL* e *TR*.

Solução:

Projeto	*NPV*	*IRR*	*IL*	*TR*	Decisão
A	$ 5,80	20,4% a.a.	1,058	5,8%	Aceitar
B	$ 7,60	19,7% a.a.	1,038	3,8%	Aceitar
C	– $ 5,50	16,7% a.a.	0,969	– 3,1%	Rejeitar

8.6 Comparação entre os métodos de análise de investimentos – Projetos mutuamente excludentes

Ao se considerar a comparação com alternativas de investimentos não independentes, podem ocorrer situações conflitantes, não revelando os métodos de análise a mesma indicação econômica. As razões que explicam essa divergência dos métodos são: disparidade de tamanho dos investimentos e diferenças com relação à evolução dos fluxos de caixa ao longo do tempo.

Na situação de conflito, o método do valor presente líquido é aceito como o que produz as melhores recomendações. A utilização da taxa interna de retorno identifica algumas limitações em relação à seleção das alternativas, não indicando necessariamente a melhor alternativa.

8.6.1 Investimentos com diferentes tamanhos

Para *ilustrar* as características dessa situação, admita as duas alternativas de investimento identificadas a seguir. A taxa de retorno requerida para esses investimentos é de 20% ao ano.

Investimento	Ano 0	Ano 1	Ano 2	Ano 3	*NPV*	*IRR*
A	($ 450)	$ 320	$ 230	$ 180	$ 80,6	32,5%
B	($ 900)	$ 360	$ 250	$ 900	$ 94,4	25,6%

ANÁLISE DE INVESTIMENTOS E REPOSIÇÃO DE ATIVOS 229

Ao considerar as duas alternativas como *independentes* (a decisão com relação a um investimento não afeta o outro), não há nenhum conflito nos resultados apurados. Todos os métodos (*NPV* e *IRR*) convergem para a atratividade econômica dos dois investimentos por meio do *NPV* positivo e da *IRR* maior que a taxa de retorno exigida.

Não se verificando restrições de natureza técnica ou orçamentária, os dois investimentos podem ser aceitos (implementados simultaneamente) como decorrência dos resultados positivos computados pelos métodos de avaliação.

Por outro lado, se os investimentos forem classificados como *mutuamente excludentes*, sabe-se que a escolha de uma alternativa elimina a possibilidade de se implementar a outra, mesmo que todas demonstrem atratividade econômica.

Avaliando-se os resultados calculados dos investimentos, evidencia-se uma situação decisorial de conflito. Pelo *método do NPV*, a alternativa *B* apresenta-se como a mais atraente diante de seu maior montante esperado de riqueza. O *método da IRR*, de maneira inversa, seleciona o investimento *A* como o mais atraente, proporcionando a melhor taxa percentual de retorno.

Essa dualidade de interpretação na seleção da melhor alternativa decorre em razão principalmente de o método da *IRR* ser expresso em termos relativos (taxa percentual), e não em valores absolutos, como é característica do valor presente líquido.

Observe que o desembolso de capital de *B* é o dobro de *A*, e a *IRR*, por se apresentar referenciada em porcentagem, não leva em conta essa disparidade de tamanho. Em termos de riqueza absoluta, inerente ao método do *NPV*, é mais atraente apurar-se um resultado de 25,6% sobre $ 900 do que de 32,5% sobre $ 450.

Outra maneira bastante esclarecedora de enfocar esse problema é efetuar uma análise incremental dos investimentos. A diferença entre os projetos é que *B* exige um investimento de $ 450 a mais, prometendo, consequentemente, fluxos de caixa adicionais de $ 40, $ 20 e $ 720, respectivamente, ao final dos próximos três anos, isto é:

	Ano 0	Ano 1	Ano 2	Ano 3
Invest. B	($ 900)	$ 360	$ 250	$ 900
Invest. A	($ 450)	$ 320	$ 230	$ 180
Valores Incrementais (B – A)	($ 450)	$ 40	$ 20	$ 720

Apurando-se o valor presente líquido e a taxa interna de retorno do investimento incremental, chega-se aos seguintes resultados positivos, em termos de atratividade dos investimentos:

- ΔNPV = $ 13,8 (valor presente líquido incremental);
- ΔIRR = 21,3% a.a. (taxa interna de retorno incremental).

O *NPV* incremental define a riqueza adicional acrescida pelo investimento *B* de maior escala. Em outras palavras, é o custo máximo a que o investimento *B* pode elevar-se para que mantenha sua preferência em relação ao investimento *A*.

A *IRR* incremental representa a taxa de juros que torna os dois investimentos equivalentes em termos de atratividade econômica, produzindo o mesmo valor presente líquido. Essa taxa é conhecida como *intersecção de Fischer* e, para a ilustração em desenvolvimento, têm-se:

$$NPV_A = \left[\frac{320}{1,213} + \frac{230}{(1,213)^2} + \frac{180}{(1,213)^3}\right] - 450 = \$\,71,00$$

$$NPV_A = \left[\frac{360}{1,213} + \frac{250}{(1,213)^2} + \frac{900}{(1,213)^3}\right] - 900 = \$\,71,00$$

Para uma taxa de desconto de até 21,3% a.a., o investimento *B* é preferível a *A*, apresentando maior riqueza líquida (maior *NPV*). A partir de 21,3% a.a., no entanto, o investimento *A* passa a ser a alternativa mais atraente.

Em termos gráficos, tem-se o seguinte comportamento dos investimentos *A* e *B* (Figura 8.3).

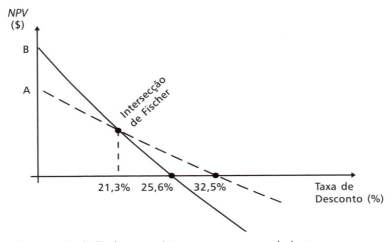

FIGURA 8.3 Intersecção de Fischer – projetos mutuamente excludentes.

Como a taxa mínima de retorno exigida para os investimentos é de 20% a.a., a alternativa *B* é a que promove, para esta taxa de desconto, o maior valor presente líquido, sendo, portanto, a melhor opção econômica de investimento.

Na situação descrita de conflito decisorial com disparidade de tamanho, o método do *NPV* é aceito como o que produz as melhores recomendações. A aplicação da *IRR* identifica algumas dificuldades em relação à seleção das alternativas, pois o método não leva em conta a escala do investimento.

8.6.2 Valor presente líquido e restrições de capital

Quando há disparidade de tamanho, a melhor decisão é tomada selecionando-se a alternativa com o maior valor presente líquido. Na ilustração anterior, demonstrou-se que o método do *NPV* leva em consideração a escala do investimento, destacando-se dos demais critérios de avaliação econômica.

ANÁLISE DE INVESTIMENTOS E REPOSIÇÃO DE ATIVOS **231**

Por outro lado, em situações que envolvem investimentos com disparidade, mas que produzem o mesmo valor presente líquido, a orientação de superioridade do método do *NPV* pode ser questionada.

Para *ilustrar* essa situação, são apresentados a seguir os investimentos C e D, para os quais está definida uma taxa mínima de atratividade de 20% ao período.

Investimento	Ano 0	Ano 1	Ano 2	Ano 3	Ano 4	NPV
C	– $ 300,0	$ 140,0	$ 160,0	$ 200,0	$ 43,5	$ 64,5
D	– $ 600,0	$ 220,0	$ 150,0	$ 615,2	$ 43,5	$ 64,5

Pelo método do *NPV*, os dois investimentos são atraentes e economicamente equivalentes, pois produzem o mesmo resultado líquido no momento presente (*NPV* = $ 64,5).

A comparação envolve dois investimentos com diferentes tamanhos (o investimento D exige um desembolso de capital duas vezes maior que C) que produzem o mesmo valor presente líquido.

Em condições de restrição de capital, é necessário levar em conta a relação do valor presente líquido com o volume de recursos demandado pelo investimento, de forma a apurar-se o retorno oferecido por unidade de capital aplicado.

8.6.3   Investimentos de mesma escala

Em algumas situações de seleção de investimentos, pode-se deparar com alternativas que apresentam diferentes e conflitantes resultados econômicos, mas demandam o mesmo valor de desembolso inicial. Nesses casos, não há investimento incremental, conforme foi discutido ao se tratar de projetos com disparidade de tamanho. A análise é efetuada sobre o comportamento dos fluxos de caixa ao longo do tempo.

Considere, *por exemplo*, os investimentos E e F descritos a seguir. A taxa mínima de retorno é fixada em 20% ao ano.

Investimento	Ano 0	Ano 1	Ano 2	NPV	IRR
E	– $ 500,0	$ 650,0	$ 100,0	$ 111,1	**43,9%**
F	– $ 500,0	$ 80,0	$ 820,0	**$ 136,1**	36,3%

Admitindo inicialmente que os investimentos sejam *independentes*, isto é, podem ser implementados ao mesmo tempo, a orientação dos métodos de análise diante dos resultados é de aceitação das duas propostas. As alternativas E e F apresentam *NPV* positivos e a *IRR* de cada investimento supera a taxa mínima requerida de retorno.

No entanto, ao se considerar os investimentos como *mutuamente excludentes*, surge uma divergência técnica de decisão. O método do *NPV* seleciona o investimento F como o mais atraente (maior riqueza absoluta), e o método da *IRR* indica *E* como o mais desejável (maior taxa percentual de retorno).

Os investimentos apresentam algumas características que os diferenciam da situação anterior com distintas escalas. Os dois projetos demandam o mesmo volume de desembolso inicial ($ 500), mas apresentam nítidas diferenças no perfil de formação de seus benefícios de caixa ao longo do tempo.

No projeto *E*, os fluxos de caixa comportam-se de maneira decrescente no tempo, e no projeto *F*, de forma oposta, os fluxos de caixa são crescentes.

Essa dualidade de comportamento explica a natureza do conflito proporcionada pelos métodos de análise no tocante à seleção da melhor alternativa de investimento. Os métodos quantitativos trazem implícito o pressuposto de reinvestimento dos fluxos de caixa pela taxa de desconto utilizada (método do *NPV*) ou pela própria taxa de retorno calculada (método da *IRR*).

Nessas condições de reinvestimento automático, o método que apresentar fluxos de caixa decrescentes (valores maiores no início) é levado a determinar a maior *IRR*. Em verdade, quanto mais elevados se apresentarem os fluxos de caixa nos momentos iniciais do investimento, maior é a *IRR* calculada, uma vez que se assume que os valores de caixa são reinvestidos a esta taxa de juros.

O mesmo não se verifica com o método do *NPV*. O método admite reinvestimento à taxa de desconto utilizada, geralmente inferior à *IRR* calculada. Fluxos de caixa mais elevados em períodos mais distantes promovem maior valor presente quando descontados pela taxa mínima de atratividade do que quando adotada a taxa interna de retorno.

Pela intersecção de Fischer, identificada pela taxa interna de retorno incremental [*F − E*], chega-se à taxa de juros de indiferença de 26,3% ao ano, ou seja:

	Ano 0	Ano 1	Ano 2	Δ *IRR*
Fluxo de Caixa Incremental (*F − E*)	0	− $ 570,0	$ 720,0	26,3%

Graficamente, tem-se a seguinte representação:

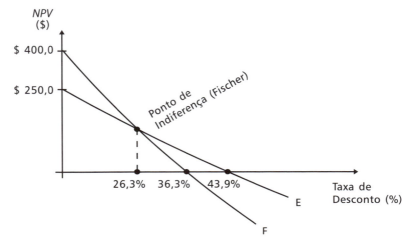

FIGURA 8.4   Decisões conflitantes.

ANÁLISE DE INVESTIMENTOS E REPOSIÇÃO DE ATIVOS

Até a taxa de investimento de 26,3% (ponto de indiferença), o projeto *F* é o mais desejável, apurando maior valor presente líquido. A partir dessa taxa até 43,9%, o investimento *E* passa a ser o mais atraente.

Se for de 20% ao ano a taxa de atratividade para as propostas, o projeto *F*, de maior *NPV*, se destacará como o mais desejável. No raciocínio da decisão, admite-se como mais provável o reinvestimento dos fluxos de caixa à taxa de retorno requerida do que à *IRR* calculada. Observe que, uma vez mais, a análise se desenvolve com base na taxa de reinvestimento dos fluxos de caixa.

8.7   Custo equivalente anual

O uso do método do custo equivalente anual é amplamente adotado nas decisões financeiras, citando-se principalmente aquelas envolvendo comprar ou arrendar, alternativas com diferentes vidas úteis, reposição de ativos, entre outras.

Considere, *ilustrativamente*, um investimento de $ 500.000,00 com uma vida útil esperada de 6 anos. Os fluxos de custos anuais que apresentam um valor presente de $ 500.000,00 são identificados como equivalentes anuais do investimento. Para uma taxa de 14% a.a., tem-se:

$$PV = PMT \times FPV \,(\boldsymbol{i, n})$$

$$500.000,00 = PMT \times FPV \,(14\%, 6)$$

$$500.000,00 = PMT \times \frac{1 - (1,14)^{-6}}{0,14}$$

$$PMT = 500.000,00 \times \frac{0,14}{1 - (1,14)^{-6}}$$

$$PMT = 500.000,00 \times 0,257157$$

$$PMT = \$\ 128.578,75$$

O investimento, para as condições estabelecidas, torna-se indiferente se realizado com um desembolso imediato de $ 500.000,00, ou implementado mediante seis aplicações anuais de $ 128.578,75, que representam o custo equivalente anual da alternativa.

Considere outro exemplo para tornar mais claras as aplicações do método do custo equivalente anual. *Admita* que uma empresa tenha adquirido um caminhão para entrega de suas mercadorias por $ 60.000,00. A vida útil estimada desse veículo é de 5 anos, apresentando depois um valor residual equivalente a 20% do valor de compra.

Os custos operacionais anuais de manutenção e operação do caminhão estão previstos em $ 8.200,00/ano.

Pelas informações, pode-se apurar o custo equivalente anual da decisão de compra do veículo, admitindo-se uma taxa de juro de 12% a.a.

Investimento Líquido

Valor Bruto do Caminhão: $ 60.000,00

Valor Residual Atualizado:

(20% × $ 60.000,00)/(1,12)⁵   6.809,10

Investimento Líquido: $ 53.190,90

Custo Equivalente Anual

Custo Anual do Investimento:

PMT = 53.190,90/FPV (12%, 5) $ 14.755,70

Custo Operacional $ 8.200,00

Custo Equivalente Anual: $ 22.955,70

A decisão de compra do caminhão promove, pelos resultados apurados, um custo equivalente de $ 22.955,70/ano para a empresa. Uma eventual alternativa de "terceirização" das atividades de transporte deve ser avaliada pela comparação destes custos equivalentes e os desembolsos periódicos exigidos pelos serviços contratados.

Exemplo:

Determine os fluxos de caixa constantes (equivalentes) a partir da série de valores de caixa não uniformes, conforme ilustração a seguir.

Considere uma taxa de juros de 16% ao ano.

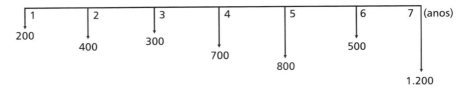

Solução:

Para o cálculo do fluxo equivalente anual de caixa, é necessário, inicialmente, apurar-se o valor presente da série, obtendo-se posteriormente o *PMT* equivalente.

$$PV = \frac{200}{1,16} + \frac{400}{(1,16)^2} + \frac{300}{(1,16)^3} + \frac{700}{(1,16)^4} + \frac{800}{(1,16)^5} + \frac{500}{(1,16)^6} + \frac{1.200}{(1,16)^7}$$

PV = $ 2.059,19

Logo, o fluxo equivalente anual atinge:

PMT = 2.059,19/FPV (16%, 7)

$$PMT = 2.059,19 \times \frac{0,16}{1 - (1,16)^{-7}}$$

PMT = 2.059,19 × 0,247613

PMT = $ 509,88

8.8 Substituição de ativos

A substituição refere-se, basicamente, à troca de ativos atualmente em uso (equipamentos, máquinas, veículos etc.), considerados de vida finita, por outros economicamente mais atraentes. A decisão de substituição pode ser justificada por inúmeras razões, citando-se altos custos de manutenção e operação, obsolescência tecnológica, perda de eficiência operacional, inadequação etc.

Como regra geral, um ativo deve ser mantido enquanto produzir um valor presente dos benefícios de caixa maior que o valor presente de seus desembolsos operacionais (custos). O custo total periódico de um ativo é formado pela soma do custo anual do investimento e de seus custos de operação e manutenção. Este custo total tende a reduzir-se com o passar do tempo, porém até certo limite. A partir deste ponto mínimo, é esperado que o custo total do ativo comece a elevar-se, mantendo normalmente esta tendência conforme for ficando mais velho. Dessa maneira, o uso econômico de um ativo deve estender-se enquanto seu custo total estiver diminuindo, de acordo com o ilustrado na Figura 8.5.

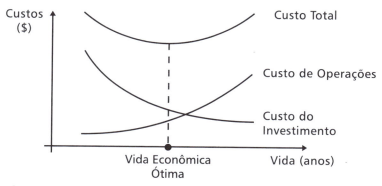

FIGURA 8.5   Comportamento esperado dos custos.

Ilustrativamente, admita um veículo utilitário cujo valor novo é de $ 42.000,00. O veículo é utilizado na distribuição de produtos de uma indústria alimentícia e apresenta os seguintes valores esperados para os próximos cinco anos:

	Valor de revenda	Custos operacionais
Ano 1	$ 35.000,00	$ 10.800,00
Ano 2	31.100,00	14.400,00
Ano 3	26.700,00	19.600,00
Ano 4	20.500,00	26.900,00
Ano 5	15.400,00	34.100,00

Para uma taxa de 12% a.a., é desenvolvida a seguir uma avaliação da vida econômica do veículo.

	(1) Investimento bruto (custo/ano)	(2) Valor de revenda (custo/ano)	(3) = (1) – (2) Investimento líquido (custo/ano)	(4) Custos operacionais ($/ano)	(5) = (3) + (4) Custo total anual ($/ano)
Ano 1	$ 47.040,00	$ 35.000,00	$ 12.040,00	$ 10.800,00	$ 22.840,00
Ano 2	24.851,32	14.669,81	10.181,51	12.498,11	22.679,62
Ano 3	17.486,60	7.912,52	9.574,08	14.602,75	24.176,83
Ano 4	13.827,85	4.289,31	9.538,54	17.175,76	26.714,30
Ano 5	11.651,21	2.424,11	9.227,10	19.839,80	29.066,90

(1) *Investimento Bruto*: representa o custo equivalente anual do valor do bem ($ 42.000,00). É obtido, para cada ano considerado, pela expressão:

$42.000,00 = PMT \times FPV (12\%, n)$

(2) *Valor de Revenda*: equivalente anual do valor residual do veículo. É determinado pela expressão do montante (*FV*), ou seja:

$FV = PMT \times FFV (i, n)$

Valor de Revenda $= PMT \times FFV (12\%, n)$

(3) *Custos Operacionais*

- *1º ano*: $ 10.800,00/ano
- *2º ano*:

$$PV = \frac{10.800,00}{1,12} + \frac{14.400,00}{(1,12)^2} = \$ 21.122,45$$

$PMT = 21.122,45/FPV$

      (12%, 2): $ 12.498,11

- *3º ano*:

$$PV = \frac{10.800,00}{1,12} + \frac{14.400,00}{(1,12)^2} + \frac{19.600,00}{(1,12)^3} = 35.073,34$$

$PMT = 35.073,34/FPV (12\%, 3): \$ 14.602,75$

e assim por diante.

A coluna (5) demonstra o custo equivalente anual do veículo, o qual atinge seu valor mínimo no segundo ano. A decisão de manter o veículo por dois anos é a mais econômica para a empresa, revelando a vida econômica ótima do ativo.

Exemplo:

Uma empresa está avaliando o melhor momento de venda de uma máquina. A máquina foi adquirida há dois anos, restando ainda mais três anos de vida física útil. Os resultados operacionais anuais projetados para a máquina são os seguintes:

	Ano 1	Ano 2	Ano 3
Benefícios de Caixa	$ 76.000,00	$ 44.000,00	$ 18.000,00
Valor Residual	$ 54.000,00	$ 23.000,00	nulo

ANÁLISE DE INVESTIMENTOS E REPOSIÇÃO DE ATIVOS 237

O preço de venda da máquina no mercado é de $ 113.000,00. É esperada uma forte depreciação de seu valor pelo uso. A taxa de atratividade considerada para a decisão é de 15% a.a. Em que momento deve a máquina ser vendida?

Solução:

A decisão deve levar em conta os resultados de caixa atualizados da máquina para cada uma das possíveis alternativas de venda.

a) *Vender a Máquina Imediatamente*

$PV = $ 113.000,00$

b) *Manter a Máquina por mais 1 Ano*

$$PV = \frac{76.000,00}{1,15} + \frac{54.000,00}{1,15} = \$ 113.043,50$$

c) *Manter a Máquina por mais 2 Anos*

$$PV = \frac{76.000,00}{1,15} + \frac{44.000,00}{(1,15)^2} + \frac{23.000,00}{(1,15)^2} = \$ 116.748,60$$

d) *Manter a Máquina por mais 3 Anos*

$$PV = \frac{76.000,00}{1,15} + \frac{44.000,00}{(1,15)^2} + \frac{18.000,00}{(1,15)^3} = \$ 111.192,60$$

A opção economicamente mais atraente é a de manter a máquina por mais dois anos, e depois vendê-la por $ 23.000,00. Essa decisão é a que apresenta o maior valor presente em excesso ao preço de venda imediato.

8.8.1 Cálculo do custo de manter um ativo usado

Nas decisões de substituição, é importante conhecer o custo de manter um ativo usado e comparar esse valor com o de adquirir um ativo novo.

Para *ilustrar*, admita um ativo adquirido há três anos que apresenta um valor residual (valor de venda previsto ao final de sua vida útil) de $ 14.000,00.

Esse ativo tem mais sete anos de vida útil e um custo equivalente anual de operação de $ 38.000,00. Seu valor atual está estimado em $ 20.000,00.

A taxa de desconto utilizada nessas decisões é de 12% a.a.

a) Determine o custo equivalente anual desse ativo.

Solução:

- **Custo Equivalente do Investimento**
  $20.000,00 = PMT \times FPV\,(12\%, 7)$
  $PMT = 20.000,00/FPV\,(12\%, 7)$
  $PMT = \$ 4.382,40/ano$
- **Valor Residual Equivalente Anual**
  $14.000,00 = PMT \times FFV\,(12\%, 7)$
  $PMT = \$ 1.387,60/ano$

- **Custo Total Equivalente** = $ 4.382,40 – $ 1.387,60 + $ 38.000,00
  Custo Total Equivalente = $ 40.994,80/ano
  O cálculo do custo total pode também ser obtido pela expressão:
  PMT = 20.000,00/FPV (12%, 7) – 14.000,00/FFV (12%, 7) – $ 38.000,00
  PMT = $ 4.382,40 – $ 1.387,60 + $ 38.000,00
  PMT = $ 40.994,80/ano

b) Admita que um fabricante ofereça à empresa um novo equipamento para substituição pelo valor de $ 110.000,00 e vida útil estimada de 10 anos. O valor residual desse novo ativo é de $ 8.000,00 e o custo anual de operação atinge $ 22.000,00. Determine o seu custo total equivalente.

Solução:
PMT = $ 110.000,00/FPV (12%, 10) – $ 8.000,00/FFV (12%, 10) + $ 22.000,00
PMT = $ 19.468,30 – $ 455,90 + $ 22.000,00
PMT = $ 41.012,40/ano

O custo anual equivalente de substituir o ativo usado é maior que o custo de manter o ativo em operação, justificando-se o desinteresse econômico pela substituição. O menor investimento e o maior valor residual do ativo usado compensaram o seu custo de operação mais elevado, proporcionando menor custo equivalente anual.

É importante destacar que o exemplo ilustrativo não considerou os efeitos fiscais sobre os resultados contábeis de alienação do bem fixo, assim como sobre as diferenças de despesas operacionais e depreciação. A demonstração visou preferencialmente destacar os cálculos de custo equivalente direcionados às decisões de substituição de ativos.

8.8.2   Vidas diferentes nas decisões de substituição de ativos

Para *ilustrar* os efeitos de diferentes vidas estimadas dos ativos sobre as decisões de substituição, admita que uma empresa esteja avaliando trocar duas máquinas velhas por uma nova, com maior agregação tecnológica. As informações básicas dos ativos são apresentadas a seguir:

Máquinas Usadas
- Valor Contábil Líquido (descontada a depreciação): $ 90.000,00
- Vida Útil Estimada: 3 anos
- Custos Operacionais: $ 450.000,00/ano
- Não se prevê valor residual dessas máquinas ao final da vida útil

Máquinas Novas
- Valor Total de Aquisição: $ 580.000,00
- Vida Útil Estimada: 5 anos
- Custos Operacionais: $ 250.000/ano
- Valor Residual: $ 50.000 ao final do 5º ano

A empresa adota a depreciação linear para seus ativos fixos. A taxa de desconto para esta decisão de substituição é de 12%.

ANÁLISE DE INVESTIMENTOS E REPOSIÇÃO DE ATIVOS

Pede-se calcular:

a) Custo equivalente anual das duas máquinas usadas.

Solução:

$PMT = \$ 90.000,00/FPV$ (12%, 3) + $\$ 450.000,00$

$PMT = \$ 37.471,40 + \$ 450.000,00 = \$ 487.471,40$/ano

b) Custo equivalente anual da máquina nova sem os efeitos fiscais.

Solução:

$PMT = \$ 580.000,00/FPV$ (12%, 5) + $\$ 50.000,00/FFV$ (12%, 5) + $\$ 250.000,00$

$PMT = \$160.897,64 - \$7.870,49 + \$250.000,00$

$PMT = \$ 403.027,10$/ano

c) Comparação entre os custos equivalentes.

$\Delta PMT = PMT$ (Máq. Nova) $- PMT$ (Máq. Usada)

$\Delta PMT = \$ 403.027,10 - \$ 487.471,40 = (\$ 84.444,30)$

O custo equivalente anual de adquirir uma máquina nova é $\$ 84.444,30$, maior que o das duas máquinas usadas.

A decisão de substituição de duas máquinas antigas por uma nova envolve, no exemplo ilustrativo, durações diferentes; as máquinas usadas têm vida prevista de 3 anos e a nova, de 5 anos. Assim, o custo de $\$ 487.471,40$/ano das máquinas usadas equivale a sua utilização por 3 anos, e o custo de $\$ 403.027,10$ da máquina nova equivale a 5 anos de duração.

Um enfoque geralmente usado para essa situação é o de admitir que o custo equivalente anual calculado para cada decisão se repita indeterminadamente, mantendo-se o uso das máquinas por um tempo indefinido. Em outras palavras, as opções de compra podem ser repetidas ao mesmo custo por um tempo bastante longo. Mantida essa hipótese, os valores podem ser comparados e tomada a decisão de escolha da alternativa de mais baixo custo equivalente anual.

Uma limitação desse enfoque mais simplificado é a possibilidade de surgimento no futuro de um maquinário mais eficiente, bem diferente dos atuais, trazendo relevantes alterações nos fluxos de caixa da empresa. Nesse caso de possível substituição futura dos ativos, deve a empresa incorporar em seus cálculos os novos resultados esperados.

8.8.3 Análise do momento da substituição

Admita que uma empresa esteja avaliando a atratividade de substituição de uma máquina usada por uma nova. Se decidir manter a máquina atual, anualmente incorrerá em custos crescentes para sua manutenção e reforma. A máquina em uso tem uma vida útil estimada de quatro anos e suas estimativas de resultados e custos estão a seguir:

Ano	Custos anuais	Valor residual
Atual	–	$ 12.500,00
1	$ 3.400,00	$ 8.100,00
2	$ 6.200,00	$ 4.400,00
3	$ 8.900,00	$ 3.000,00
4	$ 13.000,00	–

O preço efetivo de revenda de mercado da máquina usada segue o valor residual previsto. Considere, por simplificação, que não há Imposto de Renda.

A máquina nova é oferecida à empresa por $ 25.500,00, com vida útil prevista de oito anos. São esperados gastos anuais de manutenção de $ 3.000,00 durante toda a sua duração. O valor residual ao final do 8° ano está estimado em $ 6.400,00.

Para um custo de oportunidade de 12% a.a., em que momento deve a empresa substituir a máquina usada?

Solução:

- **Custo Equivalente Anual da Máquina Nova**
  Custo Equivalente Máquina
  $PMT = \$\,25.500,00/FPV\,(12\%, 8) \quad = \$\,5.133,2$
  Custo Equivalente Manutenção
  $PMT \qquad\qquad\qquad\qquad\qquad = \$\,3.000,0$
  Valor Residual
  $PMT = \$\,6.400,00/FFV\,(12\%, 8) \quad = \underline{(\$\,520,3)}$
  Custo Equivalente Anual $\qquad = \mathbf{\$\,7.612,9}$

- **Custo Equivalente da Máquina Usada**
  - *Venda daqui a 1 ano:*
    $$PV_0 = 12.500,00 + \frac{3.400,00}{1,12} - \frac{8.100,00}{1,12} = \$\,8.303,60$$
    Custo Final do 1° Ano = $ 8.303,60 × 1,12 = $ 9.300,00
  - *Venda daqui a 2 anos:*
    $$PV_1 = 8.100,00 + \frac{6.200,00}{1,12} - \frac{4.400,00}{1,12} = \$\,9.707,10$$
    Custo ao Final do 2° Ano = $ 9.707,10 × 1,12 = $ 10.872,00
  - *Venda daqui a 3 anos:*
    $$PV_2 = 4.400,00 + \frac{8.900,00}{1,12} - \frac{3.000,00}{1,12} = \$\,9.667,90$$
    Custo ao Final do 3° Ano = $ 9.667,90 × 1,12 = $ 10.828,00
  - *Venda daqui a 4 anos:*
    $$PV_3 = 3.000,00 + \frac{13.000,00}{1,12} = \$\,14.607,10$$
    Custo ao Final do 4° Ano = $ 14.607,10 × 1,12 = $ 16.360,00

ANÁLISE DE INVESTIMENTOS E REPOSIÇÃO DE ATIVOS **241**

Os custos de manter a máquina usada são crescentes e superiores aos da máquina nova durante toda a vida estimada de quatro anos. A recomendação é a de substituição imediata da máquina usada.

Exercícios resolvidos

1. Estão sendo avaliadas quatro propostas de investimento cujas informações básicas são apresentadas a seguir.

Proposta	Investimento na data zero ($)	Fluxos esperados de caixa			
		Ano 1 ($)	Ano 2 ($)	Ano 3 ($)	Ano 4 ($)
A	390.000,00	210.000,00	180.000,00	120.000,00	100.000,00
B	580.000,00	90.000,00	130.000,00	470.000,00	710.000,00
C	260.000,00	40.000,00	40.000,00	200.000,00	200.000,00
D	850.000,00	520.000,00	410.000,00	390.000,00	390.000,00

Pede-se:

a) Determinar a *IRR* e o *NPV* de cada projeto admitindo uma taxa de desconto mínima aceitável de 25% ao ano. Indique, com base nesse retorno exigido, as propostas economicamente aceitáveis;

b) Se a taxa de desconto exigida se elevar para 35%, quais propostas seriam aceitas?

Solução:

a)

Proposta	IRR	NPV ($)	Aceitar (A)/ Rejeitar (R)
A	24,3% a.a.	– 4.400,00	R
B	32,1% a.a.	106.656,00	A
C	22,0% a.a.	– 18.080,00	R
D	37,8% a.a.	187.824,00	A

As propostas *A* e *C*, com *NPV* negativos, indicam uma rentabilidade menor que a taxa mínima aceitável. As propostas *B* e *D* são as que apresentam atratividade econômica, tanto pelo método da *IRR* (*IRR* > 25%) como do *NPV* (*NPV* > 0).

b) Elevando-se para 35% a.a. a taxa de desconto a ser aplicada aos fluxos de caixa, somente a proposta *D* mantém a atratividade econômica, promovendo uma taxa de rentabilidade anual (*IRR* = 37,8%) maior que a desejada (35,0%). Observe que as *IRRs* dos investimentos *A*, *B* e *C* são menores que 35% a.a.

SOLUÇÃO NA HP 12C

	TECLAS	VISOR	SIGNIFICADO
	f REG f FIN	0,00	Limpa registradores
a)	390.000 CHS g CFo	–390.000,00	Fluxo de caixa no momento zero (investimento)
	210.000 g CFj	210.000,00	Valor do fluxo no 1º ano
	180.000 g CFj	180.000,00	Valor do fluxo no 2º ano
	120.000 g CFj	120.000,00	Valor do fluxo no 3º ano
	100.000 g CFj	100.000,00	Valor do fluxo no 4º ano
	25 i	25,00	Taxa de desconto ao ano
	f NPV	–4.400,00	Valor presente líquido
	f IRR	24,3	Taxa interna de retorno
b)	f REG f FIN	0,00	Limpa registradores
	580.000 CHS g CFo	–580.000,00	Fluxo de caixa no momento zero (investimento)
	90.000 g CFj	90.000,00	Valor do fluxo no 1º ano
	130.000 g CFj	130.000,00	Valor do fluxo no 2º ano
	470.000 g CFj	470.000,00	Valor do fluxo no 3º ano
	710.000 g CFj	710.000,00	Valor do fluxo no 4º ano
	25 i	25,00	Taxa de desconto ao ano
	f NPV	106.656,00	Valor presente líquido
	f IRR	32,1	Taxa interna de retorno

2. Certa alternativa de investimento requer um dispêndio integral de capital de $ 150.000,00, estimando-se um retorno de $ 45.000,00, $ 60.000,00, $ 70.000,00, $ 80.000,00 e $ 100.000,00, respectivamente, ao final de cada um dos próximos 5 anos.
Admitindo-se que os quatro primeiros fluxos de caixa possam ser reinvestidos, até o prazo final de vida da alternativa, às taxas de 28%, 26%, 24% e 22%, respectivamente, pede-se determinar a *IRR* dessa operação considerando as diferentes taxas de reinvestimento.
Solução:
O montante acumulado dos fluxos de caixa ao final do 5º ano, considerando-se as taxas de reinvestimentos desses valores, atinge:

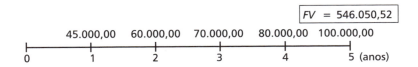

$FV = 45.000,00 \ (1,28)^4 + 60.000,00 \ (1,26)^3 + 70.000,00 \ (1,24)^2 + 80.000,00 \ (1,22) + 100.000,00$

$FV = 120.795,96 + 120.022,56 + 107.632,00 + 97.600,00 + 100.000,00$

$FV = \$ \ 546.050,52$

Logo, a alternativa assume a seguinte configuração:

$FV = PV \times (1 + i)^n$
$546.050,52 = 150.000,00 \times (1 + i)^5$
$(1 + i)^5 = \dfrac{546.050,52}{150.000,00}$
$(1 + i)^5 = 3,640337$
$\sqrt[5]{(1 + i)^5} = \sqrt[5]{3,640337}$
$1 + i = 1,295$
$i = 0,295$ ou $29,5\%$ ao ano

Essa taxa de rentabilidade representa a taxa interna de retorno da alternativa de investimento ajustada à remuneração prevista no reinvestimento dos fluxos intermediários de caixa. Esta taxa é geralmente denominada *MIRR – Taxa Interna de Retorno Modificada*.[3]

3. Determinada empresa transportadora está avaliando a compra de um caminhão por $ 60.000,00. O veículo será usado durante 5 anos, após o que se prevê um valor de revenda de $ 7.200,00. A empresa estima, ainda, um custo anual de manutenção, combustível etc. de $ 24.000,00, no primeiro ano, crescendo esse gasto aproximadamente 10% ao ano. Segundo avaliação da empresa, são esperados benefícios líquidos de caixa gerados pelo caminhão de $ 60.000,00, $ 56.000,00, $ 48.000,00, $ 40.000,00 e $ 36.000,00, respectivamente, nos próximos 5 anos.
Para uma taxa de desconto de 12% ao ano, demonstre se é economicamente interessante a compra desse caminhão.
Solução:
Com base no método do *NPV*, a aquisição do caminhão nas condições apresentadas é atraente, dado o seu resultado líquido atualizado ser positivo (*NPV* > 0). Em outras palavras, a compra do veículo produz uma riqueza econômica ao investidor. Ou seja:

→ **PV das Entradas (Benefícios Líquidos) de Caixa**

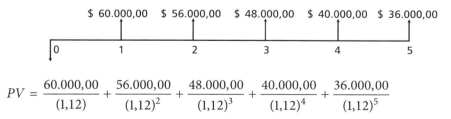

---

[3] MIRR: *Modified Internal Rate Return*.

$PV = 53.571,43 + 44.642,86 + 34.165,45 + 25.420,72 + 20.427,37$
$PV = \$\ 178.227,83$

→ PV das Saídas de Caixa

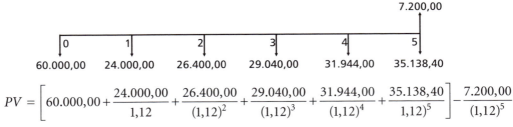

$$PV = \left[60.000,00 + \frac{24.000,00}{1,12} + \frac{26.400,00}{(1,12)^2} + \frac{29.040,00}{(1,12)^3} + \frac{31.944,00}{(1,12)^4} + \frac{35.138,40}{1,12)^5}\right] - \frac{7.200,00}{(1,12)^5}$$

$PV = [60.000,00 + 21.428,57 + 21.045,92 + 20.670,10 + 20.301,00 + 19.938,47] - 4.085,47$
$PV = 163.384,06 - 4.085,47$
$PV = \$\ 159.298,60$

A proposta é economicamente vantajosa. Esta conclusão está implícita no valor presente líquido positivo, indicando uma taxa de retorno maior que a taxa de remuneração mínima exigida (12%), ou seja:

$NPV = 178.227,83 - 159.298,60$
$NPV = \$\ 18.929,23$

A rentabilidade oferecida pelo caminhão excede a taxa de desconto mínima aceitável.

SOLUÇÃO NA HP 12C

TECLAS	VISOR	SIGNIFICADO
ƒREG ƒFIN	0,00	Limpa registradores
60.000 g CFj	60.000,00	Entrada de caixa no 1º ano
56.000 g CFj	56.000,00	Entrada de caixa no 2º ano
48.000 g CFj	48.000,00	Entrada de caixa no 3º ano
40.000 g CFj	40.000,00	Entrada de caixa no 4º ano
36.000 g CFj	36.000,00	Entrada de caixa no 5º ano
12 i	12,00	Taxa de desconto ao ano
ƒ NPV	178.227,83	**Valor presente das entradas de caixa**
ƒREG ƒFIN	0,00	Limpa registradores
60.000 g CFo	60.000,00	Valor de compra no momento zero
24.000 g CFj	24.000,00	Fluxo de caixa (custo) no 1º ano
26.400 g CFj	26.400,00	Fluxo de caixa (custo) no 2º ano
29.040 g CFj	29.040,00	Fluxo de caixa (custo) no 3º ano
31.944 g CFj	31.944,00	Fluxo de caixa (custo) no 4º ano
35.138,4 ENTER 7.200 −	27.938,40	Fluxo de caixa (custo) no 5º ano
12 i	12,00	Taxa de desconto ao ano
ƒ NPV	159.298,60	**Valor presente das saídas (custos) de caixa**

ANÁLISE DE INVESTIMENTOS E REPOSIÇÃO DE ATIVOS **245**

4. Uma empresa possui um equipamento em uso avaliado em $ 34.000,00, com vida útil estimada de 6 anos. Os custos anuais de manutenção desse ativo atingem $ 3.900,00/ano. Não há valor residual.

A direção da empresa está avaliando os custos de aquisição de um novo equipamento para substituir o usado. O preço é de $ 40.000,00 e seus custos anuais de operação são de $ 5.000,00. Também não se prevê valor residual para esse novo ativo. A vida útil estimada do novo equipamento é de 12 anos.

A empresa entende que, ao adquirir o novo ativo imediatamente, somente o fará ao final da vida útil do equipamento em uso.

Se você admitir que a alternativa de compra possa ser repetida indeterminadamente ao mesmo custo, indique a decisão economicamente mais atraente: manter o ativo atual ou adquirir o novo, conforme valores descritos. Admita um custo de oportunidade de 12% a.a.

Solução:

Custo Equivalente de Comprar Novo Ativo

$PMT = \$ 40.000,00/FPV (12\%, 12) + \$ 5.000,00 = \$ 11.457,50 - MENOR CUSTO$

Custo Equivalente do Ativo em Uso

$PMT = \$ 34.000,00/FPV (12\%, 6) + \$ 3.900,00 = \$ 12.169,70$

A aquisição do novo equipamento no momento atual é mais econômica (apresenta menor custo equivalente anual). Em verdade, a empresa, ao substituir o equipamento existente, irá incorrer num custo de $ 11.457,50/ano indeterminadamente. Por outro lado, ao protelar a decisão para o 6º ano (final da vida útil do equipamento em uso), assumirá custos de $ 12.169,70/ano por 6 anos, e a partir do 7º ano, $ 11.457,50/ano indeterminadamente.

SOLUÇÃO NA HP 12C

TECLAS	VISOR	SIGNIFICADO
ƒREG ƒFIN	0,00	Limpa registradores
40.000 CHS PV	−40.000,00	Valor presente do novo equipamento
12 i	12,00	Taxa de juro ao ano
12 n	12,00	Prazo (vida útil)
PMT	6.457,50	Custo equivalente anual do equipamento
5.000 +	11.457,50	**Custo equivalente anual total**
ƒREG ƒFIN	0,00	Limpa registradores
34.000 CHS PV	−34.000,00	Valor presente ativo em uso
12 i	12,00	Taxa de juro ao ano
6 n	6,00	Prazo (vida útil)
PMT	8.269,70	Custo equivalente anual ativo em uso
3.900 +	12.169,70	**Custo equivalente anual total**

Exercícios propostos

1. Pede-se determinar a taxa interna de retorno dos investimentos com os seguintes fluxos de caixa anuais:

	Ano 0	Ano 1	Ano 2	Ano 3
Projeto A	– $ 10.000,00	$ 5.000,00	$ 4.000,00	$ 3.000,00
Projeto B	– $ 30.000,00	$ 9.000,00	$ 12.000,00	$ 15.000,00
Projeto C	– $ 50.000,00	$ 30.000,00	$ 10.000,00	$ 20.000,00

2. Um imóvel é colocado a venda por $ 360.000,00 à vista, ou em 7 prestações mensais nos seguintes valores:
   - as duas primeiras parcelas de $ 50.000,00;
   - as duas parcelas seguintes de $ 70.000,00;
   - as três últimas parcelas de $ 80.000,00.
   Determine o custo mensal desta operação expresso pela taxa interna de retorno.

3. Uma empresa contrata um financiamento de $ 25.000,00 para ser pago em 6 prestações trimestrais, iguais e sucessivas no valor de $ 8.600,00 cada. Sabe-se que a primeira prestação será liquidada ao final do 9° mês (dois trimestres de carência). Determine a *IRR* dessa operação de financiamento.

4. Uma empresa leva quatro duplicatas para desconto junto a um banco nos valores de $ 28.000,00, $ 65.000,00, $ 47.000,00 e $ 88.000,00, vencíveis, respectivamente, em 17, 28, 34 e 53 dias. O banco credita a importância líquida de $ 218.720,00 na conta do cliente. Determine a taxa efetiva mensal de juros cobrada pelo banco.

5. Considere dois projetos de investimento com os seguintes fluxos anuais de caixa:

	Projeto A	Projeto B
Ano 0	– $ 25.000,00	– $ 70.000,00
Ano 1	$ 10.000,00	$ 40.000,00
Ano 2	$ 8.000,00	$ 20.000,00
Ano 3	$ 6.000,00	$ 20.000,00
Ano 4	$ 4.000,00	$ 10.000,00

   a) determinar a taxa interna de retorno de cada investimento;
   b) sendo de 10% a.a. a taxa de desconto sugerida, calcular o valor presente líquido de cada investimento. Indicar a alternativa que deve ser aceita.

6. A seguir são apresentados os *NPV* de quatro propostas de investimento admitindo-se diferentes taxas de desconto.

ANÁLISE DE INVESTIMENTOS E REPOSIÇÃO DE ATIVOS 247

Taxa de desconto	Projeto A ($)	Projeto B ($)	Projeto C ($)	Projeto D ($)
0%	25,2	50,0	40,0	50,0
4%	8,2	37,0	26,4	30,1
8%	(0,2)	25,9	14,9	13,7
12%	(9,9)	16,3	5,0	0,0
16%	(18,1)	7,9	(3,43)	(11,4)
20%	(25,2)	0,5	(10,8)	(21,0)

Pede-se:

a) se a taxa de desconto mínima aceitável atingir 16%, indicar as alternativas de investimento que podem ser aceitas;

b) qual a alternativa que apresenta a maior taxa de rentabilidade periódica?;

c) qual a *IRR* da alternativa *D*?;

d) o projeto *C* é mais rentável (apresenta maior *IRR*) que o projeto *D*?;

e) a *IRR* do projeto *B* é maior ou menor que 20%?;

f) a *IRR* do projeto *A* é menor que 8%?

7. Suponha os seguintes fluxos anuais de caixa de um investimento:

Ano	Fluxos de caixa
0	– $ 15.000,00
1	$ 7.000,00
2	$ 5.000,00
3	$ 3.000,00
4	$ 2.000,00
5	$ 1.000,00

Determine os *NPV* dos projetos correspondentes às taxas de desconto de 0%, 5%, 10%, 15% e 20% a.a.

8. Admita um ativo que tenha sido adquirido por $ 140.000,00. Este ativo tem vida útil estimada de 7 anos e valor residual de $ 15.000,00 ao final da vida. Os custos operacionais do ativo atingem $ 20.000,00 no 1º ano, crescendo à taxa aritmética constante de $ 10.000,00/ano.

Para uma taxa de juro de 12% a.a., determine o custo equivalente anual deste ativo.

9. A seguir são apresentados os fluxos de caixa de três projetos de investimentos.

Projetos	Investimento Ano 0	Fluxos de Caixa ($)				
		Ano 1	Ano 2	Ano 3	Ano 4	Ano 5
A	– $ 45.000	$ 9.000	$ 21.000	$ 30.000	$ 18.000	$ 24.000
B	– $ 45.000	$ 12.000	$ 15.000	$ 18.000	$ 33.000	$ 39.000
C	– $ 75.000	$ 24.000	$ 21.000	$ 15.000	$ 60.000	$ 135.000

Diante dessas informações, pede-se:

a) determinar a taxa interna de retorno de cada proposta;
b) admitindo-se uma taxa de retorno requerida de 25% ao ano, calcular o valor presente líquido de cada proposta;
c) se os projetos forem independentes, indicar o(s) projeto(s) selecionado(s);
d) se os projetos são mutuamente excludentes (somente um deles pode ser selecionado), discuta sobre aquele que você recomendaria.

10. Uma empresa está avaliando duas propostas de investimento cujas informações são apresentadas a seguir.

Projetos	Investimento inicial	Fluxos de caixa			
		Ano 1	Ano 2	Ano 3	Ano 4
I	$ 52.000	$ 36.000	$ 30.000	$ 24.000	$ 24.000
II	$ 52.000	$ 12.000	$ 16.000	$ 54.000	$ 68.000

A taxa de retorno exigida pelos investidores é de 30% a.a. Pede-se:

a) determinar o valor presente líquido e a taxa interna de retorno de cada projeto;
b) admitindo que os projetos possam ser implementados ao mesmo tempo (projetos independentes), você recomendaria os dois investimentos? E na hipótese de serem mutuamente excludentes, qual deles seria economicamente mais atraente?;
c) qual a taxa de desconto anual que determina o mesmo valor presente líquido para os dois projetos (intersecção de Fischer)?

11. Com base no investimento a seguir, pede-se determinar:

a) o valor presente líquido (NPV);
b) a taxa interna de retorno (IRR);
c) o índice de lucratividade (IL);
d) a taxa de rentabilidade (TR).

A taxa de retorno exigida do investimento é de 15% a.a.

Ano 0	Ano 1	Ano 2	Ano 3	Ano 4	Ano 5
– $ 12.000	$ 2.000	$ 4.000	$ 4.000	$ 6.000	$ 6.000

ANÁLISE DE INVESTIMENTOS E REPOSIÇÃO DE ATIVOS   249

12. Adiante são apresentados os fluxos de caixa dos investimentos W e Z. Pede-se determinar a taxa de desconto que torna os NPV dos investimentos iguais (intersecção de Fischer).

Investimento	Ano 0	Ano 1	Ano 2	Ano 3
W	– $ 280	$ 70	$ 110	$ 260
Z	– $ 280	$ 180	$ 120	$ 100

13. Uma empresa deve a um banco três pagamentos, vencíveis em 60, 90 e 100 dias, respectivamente de $ 4.700,00, $ 6.400,00 e $ 8.100,00. A dívida foi contraída com uma taxa de juro mensal de 1,8%.
    A empresa procura o banco para substituir sua dívida por seis pagamentos mensais e iguais, vencendo o primeiro em 90 dias e os demais sequencialmente. O banco define o valor de cada prestação em $ 3.432,20. Determine o custo efetivo mensal cobrado pelo banco na renegociação da dívida.

14. Uma determinada compra é efetuada mediante pagamento de $ 2.200,00 no ato, e mais três pagamentos no valor de $ 3.060,00 cada, vencíveis em 2, 3 e 5 meses. O valor da compra à vista é de $ 11.000,00. Determine o custo efetivo mensal considerado no financiamento.

15. Uma empresa está avaliando o seguinte projeto de investimento:

Ano 0	Ano 1	Ano 2	Ano 3	Ano 4	Ano 5
($ 700.000)	$ 140.000	$ 200.000	$ 250.000	$ 300.000	$ 500.000

A empresa avalia como elevar a rentabilidade do investimento para seu padrão de retorno de 15% ao ano. Pede-se calcular a IRR do investimento admitindo que possa reinvestir os fluxos intermediários de caixa à:

a) própria IRR apurada no investimento;
b) taxa padrão de retorno da empresa de 15% a.a.

16. Considere os seguintes fluxos de caixa de dois investimentos:

Ano	Projeto X	Projeto W
0	– $ 20.000,00	– $ 150.000,00
1	$ 15.000,00	$ 100.000,00
2	$ 10.000,00	$ 50.000,00
3	$ 5.000,00	$ 40.000,00

Pede-se determinar:
a) a IRR de cada investimento;

b) com base no método da *IRR*, a alternativa que se apresenta mais rentável;

c) na avaliação pelo método da *IRR*, a característica ignorada dos investimentos;

d) a *IRR* incremental dos investimentos;

e) se a taxa de desconto apropriada para os investimentos for de 12%, projeto que deve ser escolhido.

17. Uma máquina é adquirida por $ 45.000,00 e não se prevê valor residual. O fabricante dá garantia por um ano. A partir do segundo ano, o comprador deve proceder à manutenção da máquina, sendo previsto um desembolso de $ 6.000,00. Estima-se que este custo cresce à taxa de 50% ao ano. Outros custos de operar a máquina são de $ 3.200,00 por ano, devendo crescer de acordo com uma progressão aritmética de razão $ 2.000,00.

    Para uma taxa de juros de 10% a.a., pede-se demonstrar o custo total equivalente anual da máquina, admitindo-se uma vida útil de 8 anos.

18. Uma indústria está operando uma máquina há 3 anos, restando ainda uma vida útil prevista de 4 anos. O custo equivalente anual desta máquina está estimado em $ 6.711,60.

    A empresa recebe uma oferta para substituir sua máquina por uma mais moderna. O valor da máquina nova é de $ 28.000,00, tendo um valor residual de $ 4.200,00. A vida útil estimada é de 10 anos, e os custos anuais de manutenção e operação somam $ 1.000,00.

    Para uma taxa de retorno mínima de 12% a.a., pede-se determinar se a empresa deve efetuar a substituição da máquina usada.

19. Um equipamento industrial tem ainda previstos 5 anos de vida útil. Seu valor atual de venda é de $ 25.000,00. Os valores residuais e os custos operacionais para cada um dos próximos 5 anos são apresentados a seguir. Pede-se determinar o custo total equivalente anual (recuperação do investimento e operacional) para cada ano de sua vida útil restante, admitindo uma taxa de desconto de 14% a.a.

Ano	Valor residual	Custo operacional anual
1	$ 17.300,00	$ 4.800,00
2	$ 15.000,00	$ 5.200,00
3	$ 11.400,00	$ 5.800,00
4	$ 4.100,00	$ 6.700,00
5	–	$ 8.700,00

20. Uma empresa está avaliando a aquisição de uma máquina que será utilizada no processo de produção. A máquina custa $ 73.000,00, tem vida útil de 10 anos e valor residual previsto de $ 12.400,00. Os custos anuais de manutenção da máquina somam $ 11.000,00. Para operar a máquina é necessário somente um empregado com salário

ANÁLISE DE INVESTIMENTOS E REPOSIÇÃO DE ATIVOS 251

de $ 24,00/hora. A máquina tem capacidade de produção de 16 unidades por hora. A taxa de desconto utilizada para esta decisão é de 12% a.a.

a) desenvolver a formulação do custo equivalente anual total da máquina;

b) qual o custo equivalente da máquina para uma quantidade de produção de 33.200 unidades?

21. Uma empresa está avaliando a aquisição de uma nova máquina por $ 1.600.000,00. A estimativa é que essa máquina eleve os fluxos de caixa da empresa em $ 420.000,00 por ano ao final de cada um dos próximos 5 anos. A vida útil estimada da máquina é de 5 anos, sem previsão de valor residual. A taxa de desconto adequada para o investimento é de 12,5% a.a. Sabe-se ainda que ao final dos anos 2 e 4 serão necessários investimentos de $ 50.000 na máquina para manutenção. Pede-se avaliar a atratividade econômica em se adquirir a nova máquina.

22. Considere os seguintes rendimentos de dois títulos:

Título A: negociado no mercado por $ 73.980,00 com prazo de 3 anos. O título não prevê pagamento de juros durante sua vida de 3 anos, devolvendo somente o seu valor nominal de $ 100.000 ao final do 3º ano.

Título B: negociado no mercado por $ 97.500,00. Este título paga juros trimestrais de $ 9.620,00 durante sua duração de 3 anos.

Pede-se:

a) determinar a *IRR* anual de cada título;

b) admita que os fluxos de caixa do título *B* possam ser reinvestidos pela taxa de juro de 2,48% a.t. Determinar a nova *IRR* do título *B*.

Respostas

1. $IRR_A = 10,65\%$ a.a.

   $IRR_B = 8,90$ a.a.

   $IRR_C = 10,70\%$ a.a.

2. $IRR = 7,08\%$ a.m.

3. $IRR = 14,65\%$ a.t.

4. 0,111% a.d.; 3,39% a.m.

5. **a)** $IRR_A = 5,51\%$ a.a.

      $IRR_B = 13,91\%$ a.a.

   b) $NPV_A = -\$ 2.057,58$

      $NPV_B = \$ 4.748,99$ (indicado)

6. **a)** Somente *B*.

   b) *B*.

   c) 12%.

   d) Sim. *C* apresenta maior *IRR*.

   e) Maior.

   f) Sim.

7. $NPV (0\%) = \$ 3.000,00$

   $NPV (5\%) = \$ 1.222,26$

   $NPV (10\%) = - \$ 263,24$

   $NPV (15\%) = - \$ 1.519,09$

   $NPV (20\%) = - \$ 2.591,95$

8. $\$ 74.704,40$

9. a) $IRR_A = 30,78\%$ a.a.

      $IRR_B = 33,07\%$ a.a.

      $IRR_C = 39,45\%$ a.a.

   b) $NPV_A = \$ 6.237,12$

      $NPV_B = \$ 9.712,32$

      $NPV_C = \$ 34.132,8$

   c) Todos.

   d) Projeto C, de maior NPV.

10. a) $NPV_I = \$ 12.770,84$

       $NPV_{II} = \$ 15.085,89$

       $IRR_I = 45,59\%$ a.a.

       $IRR_{II} = 41,97\%$ a.a.

    b) Se independentes, os dois projetos são recomendados. Se mutuamente excludentes, o projeto mais atraente é o de maior valor presente líquido (projeto II).

    c) 34,95% a.a.

11. $NPV = \$ 1.807,35$

    $IRR = 20,2\%$ a.a.

    $IL = 1,1506$

    $IR = 15,06\%$

12. 16,14% a.a.

13. 2,25% a.m.

14. 1,28% a.m.

15. a) 22,39% a.a.

    b) 19,76% a.a.

16. a) $IRR_X = 28,86\%$ a.a.

       $IRR_W = 15,51\%$ a.a.

    b) Investimento X, com a maior IRR.

    c) Diferença de escala dos investimentos.

    d) IRR incremental $= 13,43\%$

    e) $NPV_X = \$ 4,92$

       $NPV_W = \$ 7,62$

ANÁLISE DE INVESTIMENTOS E REPOSIÇÃO DE ATIVOS — 253

17. CUSTOS EQUIVALENTES ANUAIS – ($)

Ano	Recuperação do investimento	Manutenção	Operação	Custo total
1	49.500,00	–	3.200,00	52.700,00
2	25.928,60	2.857,10	4.152,40	32.938,10
3	18.095,20	4.713,00	5.073,10	27.881,30
4	14.196,20	6.606,30	5.962,30	26.764,80
5	11.870,90	8.841,10	6.820,30	27.532,30
6	10.332,30	11.632,10	7.647,10	29.611,50
7	9.243,20	15.208,50	8.443,23	32.894,93
8	8.435,00	19.854,90	9.209,00	37.498,90

18. PMT (Máq. Velha) = $ 6.711,60
PMT (Máq. Nova) = $ 5.716,20
A máquina nova tem menor custo equivalente anual.

19.

Ano	Recuperação do investimento (1)	Custo operacional equivalente anual	Custo total equivalente anual
1	$ 11.200,00	$ 4.800,00	$ 16.000,00
2	$ 8.172,90	$ 4.986,90	$ 13.159,80
3	$ 7.454,00	$ 5.223,30	$ 12.677,30
4	$ 7.747,00	$ 5.523,40	$ 13.270,40
5	$ 7.282,10	$ 6.003,90	$ 13.286,00

(1) $25.000 \times FPV$ (14%, 5) – Valor residual $\times FFV$ (14%, 5)

20. a) $PMT = $ 23.213,24 + 1,5Q$
  b) $PMT = $ 73.013,24$
21. Não é interessante.
  $NPV = (175.282,22)$
  $IRR = 7,94\%$ a.a.
22. a) $IRR_A = 10,57\%$ a.a.
    $IRR_B = 11,24\%$ a.a.
  b) $IRR_B = 10,78\%$ a.a.

9

Sistemas de Amortização de Empréstimos e Financiamentos[1]

Os sistemas de amortização são desenvolvidos basicamente para operações de empréstimos e financiamentos de longo prazo, envolvendo desembolsos periódicos do principal e encargos financeiros.

Existem diversas maneiras de se amortizar uma dívida, devendo as condições de cada operação estarem estabelecidas em contrato firmado entre o credor (mutuante) e o devedor (mutuário).

Uma característica fundamental dos sistemas de amortização a serem estudados neste capítulo é a utilização exclusiva do critério de juros compostos, incidindo os juros exclusivamente sobre o saldo devedor (montante) apurado em período imediatamente anterior.

Para cada sistema de amortização é construída uma planilha financeira, a qual relaciona, dentro de certa padronização, os diversos fluxos de pagamentos e recebimentos.

São consideradas também modalidades de pagamento com e sem carência, conforme estudadas em capítulos anteriores. Na carência, não há pagamento do principal, sendo pagos somente os juros. Eventualmente, os juros podem ser capitalizados durante o prazo de carência.

O capítulo trata dos seguintes sistemas de amortização:

a) Sistema de Amortização Constante (*SAC*);
b) Sistema de Prestação Constante (*SPC*) – também conhecido por Sistema de Amortização Francês (*SAF*);
c) Sistema de Amortização Misto (*SAM*);

---

[1] O capítulo é, em grande parte, uma condensação do trabalho "Sistemas de Amortizações de Empréstimos e Financiamentos", elaborado pelo autor, e publicado no *Boletim de Temática Contábil do IOB*, n. 12, abr. 1984.

256 CAPÍTULO 9

d) Sistema de Amortização Americano (*SAA*);
e) Sistema de Amortizações Variáveis. Parcelas intermediárias.

9.1 Definições básicas

Os sistemas de amortização de empréstimos e financiamentos tratam, basicamente, da forma pela qual o principal e os encargos financeiros são restituídos ao credor do capital.

Antes do estudo desses vários sistemas, é importante que sejam definidos os principais termos empregados nas operações de empréstimos e financiamentos.

- **Encargos (Despesas) Financeiros**: representam os juros da operação, caracterizando-se como custo para o devedor e retorno para o credor.

  Os encargos financeiros podem ser prefixados ou pós-fixados. O que distingue essas duas modalidades é a correção (indexação) da dívida em função de uma expectativa (prefixação) ou verificação posterior (pós-fixação) do comportamento de determinado indexador.

  Em outras palavras, nas operações pós-fixadas, há um desmembramento dos encargos financeiros em juros e correção monetária (ou variação cambial, no caso de a dívida ser expressa em moeda estrangeira) que vier a se verificar no futuro; e nas prefixadas estipula-se uma taxa única, a qual incorpora evidentemente uma expectativa inflacionária, para todo o horizonte de tempo.

  Assim, para uma operação pós-fixada, a taxa de juros contratada é a taxa definida como *real*, isto é, aquela situada acima do índice de inflação verificado no período.

  Além do encargo real da taxa de juros, as operações pós-fixadas preveem também a correção monetária (ou variação cambial) do saldo devedor da dívida, o que representa normalmente a recuperação da perda de poder aquisitivo (desvalorização perante a inflação) da parte do capital emprestado e ainda não restituído.

  Nas operações prefixadas, os encargos financeiros são medidos por uma única taxa, a qual engloba os juros exigidos pelo emprestador e a expectativa inflacionária (correção monetária) para o período de vigência.

- **Amortização (AMORT)**: refere-se exclusivamente ao pagamento do principal (capital emprestado), o qual é efetuado, geralmente, mediante parcelas periódicas (mensais, trimestrais etc.). Alguns poucos tipos de empréstimos permitem que o capital emprestado seja amortizado por meio de um único pagamento ao final do período. Essa situação é descrita no denominado *Sistema de Amortização Americano*, a ser estudado mais adiante neste capítulo.

- **Saldo Devedor (*SD*)**: representa o valor líquido do principal da dívida, em determinado momento, após a dedução do valor já pago ao credor a título de amortização.

- **Prestação**: composta do valor da amortização mais os encargos financeiros devidos em determinado período de tempo. A Prestação é formada por parcelas periódicas (mensais, semestrais, anuais etc.). Assim:

  Prestação = Amortização + Encargos Financeiros

SISTEMAS DE AMORTIZAÇÃO DE EMPRÉSTIMOS E FINANCIAMENTOS **257**

- **Carência**: muitas operações de empréstimos e financiamentos preveem um diferimento na data convencional do início dos pagamentos. *Por exemplo*, ao se tomar um empréstimo por 4 anos, a ser restituído em prestações trimestrais, o primeiro pagamento ocorrerá normalmente três meses (um trimestre) após a liberação dos recursos, vencendo-se as demais ao final de cada um dos trimestres subsequentes. Pode, no entanto, ocorrer um diferimento (carência) no pagamento da primeira prestação, iniciando-se, por exemplo, 9 meses após o recebimento do capital emprestado. Neste caso, diz-se que a carência corresponde a dois trimestres, ou seja, ela equivale ao prazo verificado entre a data convencional de início de pagamento (final do primeiro trimestre) e a do final do 9º mês.

  É importante acrescentar, ainda, que a carência significa a postergação só do principal, não sendo incluídos necessariamente os juros. Os encargos financeiros podem, dependendo das condições contratuais estabelecidas, serem pagos ou não durante a carência. É mais comum o pagamento dos juros durante o período de carência. Na hipótese de se decidir pela carência de juros, os mesmos são capitalizados e pagos junto com a primeira parcela de amortização do principal ou distribuídos para as várias datas pactuadas de pagamento.

- **Exemplo Ilustrativo Geral**: visando ilustrar os principais sistemas de amortização normalmente adotados no mercado financeiro, admita, de uma maneira geral, um empréstimo com as seguintes condições básicas:

  - Valor do Empréstimo = $ 100.000,00
  - Prazo da Operação = 5 anos
  - Taxa de Juros = 30% ao ano (efetiva)

9.2 Sistema de Amortização Constante (*SAC*)

O *SAC*, como o próprio nome indica, tem como característica básica serem as amortizações do principal sempre iguais (ou constantes) em todo o prazo da operação. O valor da amortização é facilmente obtido mediante a divisão do capital emprestado pelo número de prestações.

Os juros, por incidirem sobre o saldo devedor, cujo montante decresce após o pagamento de cada amortização, assumem valores decrescentes nos períodos.

Em consequência do comportamento da amortização e dos juros, as prestações periódicas e sucessivas do *SAC* são decrescentes em progressão aritmética.

Admita que o empréstimo de $ 100.000,00 descrito no *Exemplo Geral* deva ser pago, dentro de um prazo de 5 anos, em dez prestações semestrais. Desconsiderando inicialmente a existência de um prazo de carência, pode-se elaborar a seguinte planilha financeira para a operação de empréstimo (*Quadro 9.1*).

258 CAPÍTULO 9

QUADRO 9.1 *SAC* sem carência

Períodos (semestres)	Saldo devedor ($)	Amortização ($)	Juros ($)	Prestação ($)
0	100.000,00	–	–	–
1	90.000,00	10.000,00	14.017,50	24.017,50
2	80.000,00	10.000,00	12.615,80	22.615,80
3	70.000,00	10.000,00	11.214,00	21.214,00
4	60.000,00	10.000,00	9.812,30	19.812,30
5	50.000,00	10.000,00	8.410,50	18.410,50
6	40.000,00	10.000,00	7.008,80	17.008,80
7	30.000,00	10.000,00	5.607,00	15.607,00
8	20.000,00	10.000,00	4.205,30	14.205,30
9	10.000,00	10.000,00	2.803,50	12.803,50
10	–	10.000,00	1.401,80	11.401,80
Total	–	100.000,00	77.096,50	177.096,50

Conforme foi comentado, o *SAC* determina que a restituição do principal (capital emprestado) seja efetuada em parcelas iguais. Assim, o valor de cada *amortização* constante devida semestralmente é calculado pela simples divisão entre o principal ($ 100.000,00) e o número fixado de prestações (10 semestres), ou seja:

$$\text{Amortização} = \frac{\text{Valor do Empréstimo}}{\text{N}^{\underline{o}} \text{ de Prestações}} = \frac{\$\ 100.000,00}{10} = \$\ 10.000,00/\text{semestre}$$

Os pagamentos desses valores determinam, como é natural, decréscimos iguais e constantes no saldo devedor em cada um dos períodos, ocasionando ainda reduções nos valores semestrais dos juros e das prestações.

Para o cálculo dos juros trabalhou-se, como é mais comum nessas operações de crédito de médio e longo prazos, com a taxa equivalente composta. Assim, para uma taxa nominal de 30% ao ano, conforme considerada no *Exemplo Ilustrativo Geral*, a taxa equivalente semestral atinge:

Taxa Equivalente Semestral de 30% a.a. = $\sqrt{1,30} - 1 = 14,0175\%$ a.s.

Os *juros*, por incidirem sobre o saldo devedor imediatamente anterior, apresentam valores aritmeticamente decrescentes, conforme são apurados na penúltima coluna do *Quadro 9.1*. Para o final do primeiro semestre, os encargos financeiros somam: $14,0175\% \times 100.000,00 =$ $ 14.017,50; para o final do segundo semestre: $14,0175\% \times 90.000,00 = \$\ 12.615,80$; para o final do terceiro semestre: $14,0175\% \times 80.000,00 = \$\ 11.214,00$; e assim por diante.

Somando-se, para cada período, o valor da amortização do principal com os respectivos encargos financeiros, tem-se o valor da *prestação* semestral do financiamento. Assim, para o primeiro semestre a prestação atinge: $ 10.000,00 + $ 14.017,50 = $ 24.017,50; para o segundo semestre: $ 10.000,00 + $ 12.615,80 = $ 22.615,80; e assim sucessivamente.

Pode ser observado, uma vez mais, que a diminuição de $ 1.401,70 no valor dos juros em cada período é explicada pelo fato de as amortizações (fixas) reduzirem o saldo devedor da dívida (base de cálculo dos juros) semestralmente em $ 10.000,00. Esta diminuição provoca, em consequência, uma redução nos juros equivalente: $14,017\% \times \$ 10.000,00 = \$ 1.401,70$.

9.2.1   Expressões de cálculo do *SAC*

São desenvolvidas a seguir expressões genéricas de cálculo de cada parcela da planilha do *SAC*.

- **Amortização (AMORT)**: os valores são sempre iguais e obtidos por:

$$\text{Amort} = \frac{PV}{n}.$$

onde: PV = principal (valor do financiamento);

n = número de prestações.

Logo:

$$\frac{PV}{n} = \text{Amort}_1 = \text{Amort}_2 = \text{Amort}_3 = ... = \text{Amort}_n$$

$$PV = \text{Amort}_1 + \text{Amort}_2 + \text{Amort}_3 + ... + \text{Amort}_n$$

- **Saldo Devedor (SD)**: é decrescente em *PA* (progressão aritmética) pelo valor constante da amortização. Logo, a redução periódica do *SD* é: PV/n.
- **Juros (J)**: pela redução constante do saldo devedor, os juros diminuem linearmente ao longo do tempo, comportando-se como uma *PA* decrescente. O valor periódico da redução é: $(P/n) \times i$, sendo i a taxa de juros.

As expressões de cálculo dos juros para cada período são:

- $J_1 = PV \times i$

- $J_2 = \left(PV - \dfrac{PV}{n} \right) \times i$

$J_2 = \left(\dfrac{PV \times n - PV}{n} \right) \times i$

$J_2 = \dfrac{PV(n-1)}{n} \times i$

$J_2 = \dfrac{PV}{n} \times (n-1) \times i$

- $J_3 = \left(PV - \dfrac{PV}{n} - \dfrac{PV}{n} \right) \times i$

$J_3 = \left(PV - \dfrac{2\,PV}{n} \right) \times i$

$$J_3 = \frac{PV(n-2)}{n} \times i$$

$$J_3 = \frac{PV}{n} \times (n-2) \times i$$

e assim por diante.

Para um período qualquer t, tem-se:

$$J_t = \left(PV - \frac{PV}{n} - \frac{PV}{n} - \ldots - \frac{PV}{n} \right) \times i$$

$$J_t = \left(PV - \frac{(t-1) \times PV}{n} \right) \times i$$

$$J_t = \left(\frac{PV \times n - (t-1) \times PV}{n} \right) \times i$$

$$J_t = \left(\frac{PV[n-(t-1)]}{n} \right) \times i$$

$$\boxed{J_t = \frac{PV}{n} \times (n-t+1) \times i}$$

Por exemplo, na ilustração geral, calcular o valor dos juros para o período $t = 7$.

$$J_7 = \frac{100.000,00}{10} \times (10 - 7 + 1) \times 0,140175$$

$$J_7 = 10.000,00 \times 4 \times 0,140175$$

$$J_7 = \$\ 5.607,00$$

- **Prestação (PMT)**: é a soma da amortização com os juros, isto é:

$$PMT = Amort + J$$

$$PMT = \frac{PV}{n} + \left[\frac{PV}{n} \times (n - t + 1) \times i \right]$$

$$\boldsymbol{PMT = \frac{PV}{n} \times [1 + (n - t + 1) \times i]}$$

Por exemplo, calcular, no exemplo ilustrativo geral, o valor da prestação no 5º semestre.

$$PMT_5 = \frac{100.000,00}{10} \times [1 + (10 - 5 + 1) \times 0,140175]$$

$$PMT_5 = 10.000,00 \times (1 + 6 \times 0,140175)$$

$$PMT_5 = 10.000,00 \times 1,84105 = \$\ 18.410,50$$

9.2.2 *SAC* com carência

Conforme foi comentado, a ilustração desenvolvida não previu a existência de prazo de carência para a amortização do empréstimo. Ao se supor uma carência de 2 anos (contada a partir do final do primeiro semestre), *por exemplo*, três situações podem ocorrer:

a) Os juros são pagos durante a carência;
b) Os juros são capitalizados e pagos totalmente quando do vencimento da primeira amortização;
c) Os juros são capitalizados e acrescidos ao saldo devedor gerando um fluxo de amortizações de maior valor.

Os *Quadros 9.2, 9.3 e 9.4*, apresentados a seguir, ilustram essas situações.

O *Quadro 9.2* demonstra uma situação em que os juros são pagos durante a carência estipulada. Assim, ao final dos quatro primeiros semestres, a prestação, constituída unicamente dos encargos financeiros, atinge $ 14.017,50, ou seja: 14,0175% × $ 100.000,00. A partir do quinto semestre, tendo sido encerrada a carência de 2 anos (4 semestres), inicia-se a amortização (devolução) do principal emprestado, sendo o fluxo de prestações, deste momento em diante, idêntico ao desenvolvido anteriormente no *Quadro 9.1*.

QUADRO 9.2   *SAC* com carência (2 anos) e pagamento dos juros

Períodos (semestres)	Saldo devedor ($)	Amortização ($)	Juros ($)	Prestação ($)
0	100.000,00	–	–	–
1	100.000,00	–	14.017,50	14.017,50
2	100.000,00	–	14.017,50	14.017,50
3	100.000,00	–	14.017,50	14.017,50
4	100.000,00	–	14.017,50	14.017,50
5	90.000,00	10.000,00	14.017,50	24.017,50
6	80.000,00	10.000,00	12.615,80	22.615,80
7	70.000,00	10.000,00	11.214,00	21.214,00
8	60.000,00	10.000,00	9.812,30	19.812,30
9	50.000,00	10.000,00	8.410,50	18.410,50
10	40.000,00	10.000,00	7.008,80	17.008,80
11	30.000,00	10.000,00	5.607,00	15.607,00
12	20.000,00	10.000,00	4.205,30	14.205,30
13	10.000,00	10.000,00	2.803,50	12.803,50
14	–	10.000,00	1.401,80	11.401,80
Total	–	100.000,00	133.166,50	233.166,50

CAPÍTULO 9

QUADRO 9.3 *SAC* com carência (2 anos) e capitalização dos juros

Períodos (semestres)	Saldo devedor ($)	Amortização ($)	Juros ($)	Prestação ($)
0	100.000,00	–	–	–
1	114.017,50	–	–	–
2	129.999,90	–	–	–
3	148.222,60	–	–	–
4	168.999,70	–	–	–
5	90.000,00	10.000,00	92.689,30	102.689,30
6	80.000,00	10.000,00	12.615,80	22.615,80
7	70.000,00	10.000,00	11.214,00	21.214,00
8	60.000,00	10.000,00	9.812,30	19.812,30
9	50.000,00	10.000,00	8.410,50	18.410,50
10	40.000,00	10.000,00	7.008,80	17.008,80
11	30.000,00	10.000,00	5.607,00	15.607,00
12	20.000,00	10.000,00	4.205,30	14.205,30
13	10.000,00	10.000,00	2.803,50	12.803,50
14	–	10.000,00	1.401,80	11.401,80
Total	–	100.000,00	155.768,30	255.768,30

QUADRO 9.4 *SAC* com carência (2 anos) com juros capitalizados e acrescidos ao saldo devedor

Períodos (semestres)	Saldo devedor ($)	Amortização ($)	Juros ($)	Prestação ($)
0	100.000,00	–	–	–
1	114.017,50	–	–	–
2	129.999,90	–	–	–
3	148.222,60	–	–	–
4	169.000,00	–	–	–
5	152.100,00	16.900,00	23.689,60	40.589,60
6	135.200,00	16.900,00	21.320,60	38.220,60
7	118.300,00	16.900,00	18.951,70	35.851,70
8	101.400,00	16.900,00	16.582,70	33.482,70
9	84.500,00	16.900,00	14.213,70	31.113,70
10	67.600,00	16.900,00	11.844,80	28.744,80
11	50.700,00	16.900,00	9.475,80	26.375,80
12	33.800,00	16.900,00	7.106,90	24.006,90
13	16.900,00	16.900,00	4.737,90	21.637,90
14	–	16.900,00	2.369,00	19.269,00
Total	–	169.000,00	130.292,70	299.292,70

O *Quadro 9.3* ilustra o plano de amortização da dívida na hipótese de os juros não serem pagos durante a carência. Neste caso, os encargos são capitalizados, segundo o critério de juros compostos, e devidos integralmente quando do vencimento da primeira parcela de amortização.

Assim, ao final do primeiro semestre, o saldo devedor acrescido dos juros de 14,0175% atinge $ 114.017,50, isto é: $ 100.000,00 × 1,140175.

Ao final do segundo semestre, de forma idêntica, são calculados os juros de 14,0175% sobre o saldo devedor anterior de $ 114.017,50 e acrescidos ao mesmo, gerando um novo saldo devedor atualizado de $ 129.999,90 ($ 114.017,50 × 1,140175).

Seguindo o mesmo raciocínio, no terceiro semestre o saldo devedor atinge $ 148.222,60 ($ 129.999,90 × 1,140175), e no quarto período, $ 169.000,00 ($ 148.222,60 × 1,140175).

No quinto semestre, o saldo devedor é novamente corrigido por 14,0175%, atingindo o montante de $ 192.689,20. No entanto, de acordo com as condições estabelecidas para o financiamento, neste semestre inicia-se o pagamento das amortizações periódicas ($ 10.000,00/semestre), sendo liquidado também o montante capitalizado dos juros, o qual atinge $ 92.689,20, ou seja:

- Saldo Devedor Capitalizado pelos juros
  durante a carência (5º *semestre*): $ 192.689,20
- Valor do Financiamento: (100.000,00)
      Juros: $ 92.689,20

A partir desse semestre, o esquema de cálculos da planilha financeira é idêntico ao apresentado anteriormente, no *Quadro 9.1*.

O *Quadro 9.4*, por outro lado, prevê uma situação em que os juros não pagos durante a carência são capitalizados e distribuídos uniformemente no fluxo de amortização do financiamento a partir do quinto semestre. De maneira contrária à situação descrita no *Quadro 9.3*, os encargos financeiros totais da carência (juros semestrais capitalizados durante a carência) não são pagos quando do vencimento da primeira parcela de amortização. Estes valores são capitalizados e acrescidos ao principal, produzindo novas parcelas semestrais de amortização.

Dessa forma, no quinto semestre (quando do término da carência), o saldo devedor, somado ao montante capitalizado de juros, atinge, conforme demonstrado anteriormente, $ 169.000,00. As parcelas semestrais de amortização totalizam, portanto, $ 16.900,00 ($ 169.000,00/10). Os valores dos juros e das prestações referentes aos demais semestres são apurados seguindo a metodologia de cálculo apresentada para o *SAC*.

É interessante notar, ainda, que nas três hipóteses de carência consideradas o valor total dos pagamentos semestrais (prestações) difere bastante. Na ilustração contida no *Quadro 9.2*, o total das prestações atinge $ 233.166,50; no *Quadro 9.3*, este valor sobe para $ 255.768,30; e no *Quadro 9.4*, o total atinge $ 299.292,70.

Na realidade, essas diferenças não estão efetivamente significando elevações no custo relativo da dívida. O que ocorre é um maior prazo na restituição do capital emprestado, o que determina maiores valores absolutos de juros. Ao se calcular a taxa interna de retorno (*IRR*)

264 CAPÍTULO 9

(que mede, com maior rigor, o custo efetivo do empréstimo) para as três ilustrações sugeridas, chega-se, evidentemente, a 14,0175% a.s. (ou: 30% a.a.), o que indica que o custo da operação não é alterado, apesar de os encargos financeiros assumirem valores monetários diferentes ao longo do tempo.

9.3 Sistema de Prestação Constante (*SPC*)

O *Sistema de Amortização Francês* (*SAF*) ou *Prestação Constante* (*SPC*), amplamente adotado no mercado financeiro do Brasil, estipula, ao contrário do *SAC*, que as prestações devem ser iguais, periódicas e sucessivas. Equivalem, em outras palavras, ao modelo-padrão de fluxos de caixa, conforme estudado no Capítulo 6.

Os juros, por incidirem sobre o saldo devedor, são *decrescentes*, e as parcelas de amortização assumem valores *crescentes*.

Em outras palavras, no *SPC* os juros decrescem e as amortizações crescem ao longo do tempo. A soma dessas duas parcelas permanece sempre igual ao valor da prestação.

Com o intuito de melhor desenvolver a compreensão do *SPC*, considere o exemplo ilustrativo geral proposto anteriormente. O *Quadro 9.5*, a seguir, identifica a planilha financeira deste sistema, a qual é mais bem elaborada partindo-se da última coluna para a primeira. Isto é, calculam-se inicialmente as prestações e, posteriormente, para cada período, os juros e, por diferença, as parcelas de amortização e o respectivo saldo devedor.

QUADRO 9.5 *SPC* sem carência

Períodos (semestres)	Saldo devedor ($)	Amortização ($)	Juros ($)	Prestação ($)
0	100.000,00	–	–	–
1	94.833,10	5.166,90	14.017,50	19.184,40
2	88.941,80	5.891,20	13.293,20	19.184,40
3	82.224,80	6.717,00	12.467,40	19.184,40
4	74.566,20	7.658,60	11.525,90	19.184,40
5	65.834,10	8.732,10	10.452,30	19.184,40
6	55.877,90	9.956,20	9.228,30	19.184,40
7	44.526,20	11.351,80	7.832,70	19.184,40
8	31.583,20	12.943,00	6.241,50	19.184,40
9	16.825,90	14.757,30	4.427,20	19.184,40
10	–	16.825,90	2.358,60	19.184,40
Total	–	100.000,00	91.844,00	191.844,00

As *prestações* semestrais são determinadas pela aplicação da fórmula de valor presente do modelo-padrão, conforme desenvolvida no item 6.1.1 do Capítulo 6, ou seja:

$$PV = PMT \times FPV\ (i,\ n)$$

onde: PV = valor presente
        PMT = valor da prestação periódica, igual e sucessiva
        FPV = fator de valor presente, sendo:

$$FPV = \frac{1-(1+i)^{-n}}{i}$$

Substituindo os valores do exemplo ilustrativo na equação, tem-se:

$$100.000,00 = PMT \times \frac{1-(1,140175)^{-10}}{0,140175}$$

$$100.000,00 = PMT \times 5,212555$$

$$PMT = \frac{100.000,00}{5,212555} = \$\ 19.184,40/\text{semestre}$$

Os demais valores da planilha são mensurados de forma sequencial em cada um dos períodos. Assim, para o primeiro semestre, tem-se:

- Juros (calculados sobre o saldo devedor imediatamente anterior):
  14,0175% × \$ 100.000,00   = \$ 14.017,50
- Amortização (obtida pela diferença entre o valor da prestação e
  o dos juros acumulados para o período):
  \$ 19.184,40 – \$ 14.017,50   = \$ 5.166,90
- Saldo Devedor (Saldo Anterior no Momento Zero – Parcela de
  Amortização do Semestre):
  \$ 100.000,00 – \$ 5.166,90   = \$ 94.833,10

Para o segundo semestre, os cálculos são os seguintes:

- Juros:
  14,0175% × \$ 94.833,70   = \$ 13.293,20
- Amortização:
  \$ 19.184,40 – \$ 13.293,20   = \$ 5.891,20
- Saldo Devedor:
  \$ 94.833,10 – \$ 5.891,20   = \$ 88.941,90

e assim por diante.

9.3.1   Expressões de cálculo do *SPC*

Conforme foi apresentado, no sistema de prestação constante as prestações são constantes, os juros são decrescentes e as amortizações são exponencialmente crescentes ao longo do tempo. As expressões básicas de cálculo destes valores são desenvolvidas a seguir.

- **Amortização (AMORT)**: é obtida pela diferença entre o valor da prestação (PMT) e o dos juros (J), ou seja:

$$\text{Amort} = PMT - J$$

A amortização do primeiro período expressa-se:

$\text{Amort}_1 = PMT - J_1$, o que equivale a:
$\text{Amort}_1 = PMT - (PV \times i)$

Como o seu crescimento é exponencial no tempo, o valor da amortização num momento t qualquer é calculado:

$$\text{Amort}_t = \text{Amort}_1 \times (1 + i)^{t-1}$$

Por exemplo, na ilustração geral desenvolvida, o valor da amortização no quarto semestre ($t = 4$) atinge:

$\text{Amort}_4 = 5.166,90 \times (1 + 0,140175)^{4-1}$
$\text{Amort}_4 = 5.166,90 \times (1,140175)^3 = 7.658,60$

conforme demonstrado na planilha financeira (*Quadro 9.5*).

- **Prestação (PMT)**: conforme foi demonstrado, o valor da prestação é calculado mediante a aplicação da fórmula do valor presente desenvolvida para o modelo-padrão de fluxos de caixa, isto é:

$$PMT = PV \times \frac{1}{FPV\,(i,\ n)}$$

onde:
$$FPV\,(i,\ n) = \frac{1 - (1 + i)^{-n}}{i}$$

- **Saldo Devedor (SD)**: calculado, para cada período, pela diferença entre o valor devido no início do intervalo de tempo e a amortização do período. Logo, para uma dada taxa de juros, o saldo devedor de qualquer período t é apurado da forma seguinte:

$$SD_t = PMT \times FPV\,(i,\ n - t)$$

Por exemplo, na ilustração geral desenvolvida no capítulo, o saldo devedor no 6º semestre do financiamento atinge:

$SD_6 = 19.184,40 \times FPV\,(14,0175\%,\ 10 - 6)$
$SD_6 = 19,184,40 \times FPV\,(14,0175\%,\ 4)$
$SD_6 = 19.184,40 \times 2,912667 = \$\ 55.877,90$

resultado que coincide com o demonstrado na planilha financeira (*Quadro 9.5*).

SISTEMAS DE AMORTIZAÇÃO DE EMPRÉSTIMOS E FINANCIAMENTOS

- **Juros (J)**: incide sobre o saldo devedor apurado no início de cada período (ou ao final de cada período imediatamente anterior). A expressão de cálculo de juros pode ser ilustrada da maneira seguinte:

- $J_1 = SD_0 \times i = PV \times i$
- $J_2 = SD_1 \times i = (PV - \text{Amort}_1) \times i$
- $J_3 = SD_2 \times i = (PV - \text{Amort}_1 - \text{Amort}_2) \times i$
- $J_4 = SD_3 \times i = (PV - \text{Amort}_1 - \text{Amort}_2 - \text{Amort}_3) \times i$

e assim sucessivamente.

Para um momento t qualquer:

$$J_t = SD_{t-1} \times i$$

Por exemplo, determinar os juros devidos no terceiro semestre do exemplo ilustrativo geral, conforme desenvolvido na planilha financeira do *Quadro 9.5*.

$SD_{t-1} = PMT \times FPV\,(i, n - t)$
$SD_{3-1} = 19.184,40 \times FPV\,(14,0175\%,\ 10 - 2)$
$SD_2 = \$\ 88.941,80$
$J_3 = SD_3 \times i$
$J_3 = 88.941,80 \times 0,140175$
$J_3 = \$\ 12.467,40$

e assim por diante.

9.3.2 *SPC* com carência

Identicamente aos demais sistemas, no *SPC* podem verificar-se períodos de carência, nos quais, ainda, os encargos financeiros podem ser pagos ou capitalizados. Os *Quadros 9.6* e *9.7* ilustram, respectivamente, para o *exemplo geral* considerado, situações em que os juros são pagos durante a carência e capitalizados para resgate posterior (junto às prestações).

QUADRO 9.6 *SPC* com carência (2 anos) e pagamento dos juros

Períodos (semestres)	Saldo devedor ($)	Amortização ($)	Juros ($)	Prestação ($)
0	100.000,00	–	–	–
1	100.000,00	–	14.017,50	14.017,50
2	100.000,00	–	14.017,50	14.017,50
3	100.000,00	–	14.017,50	14.017,50
4	100.000,00	–	14.017,50	14.017,50
5	94.833,10	5.166,90	14.017,50	19.184,40

(Continua)

(*Continuação*)

Períodos (semestres)	Saldo devedor ($)	Amortização ($)	Juros ($)	Prestação ($)
6	88.941,80	5.891,20	13.293,20	19.184,40
7	82.224,80	6.717,00	12.467,40	19.184,40
8	74.566,20	7.658,60	11.525,90	19.184,40
9	65.834,10	8.732,10	10.452,30	19.184,40
10	55.877,90	9.956,20	9.228,30	19.184,40
11	44.526,20	11.351,80	7.832,70	19.184,40
12	31.583,20	12.943,00	6.241,50	19.184,40
13	16.825,90	14.757,30	4.427,20	19.184,40
14	–	16.825,90	2.358,60	19.184,40
Total	–	100.000,00	91.844,00	191.844,00

QUADRO 9.7 *SPC* com carência (2 anos) e capitalização dos juros

Períodos (semestres)	Saldo devedor ($)	Amortização ($)	Juros ($)	Prestação ($)
0	100.000,00	–	–	–
1	114.017,50	–	–	–
2	129.999,90	–	–	–
3	148.222,60	–	–	–
4	169.000,00	–	–	–
5	160.267,60	8.732,20	23.689,50	32.421,70
6	150.311,40	9.956,20	22.465,50	32.421,70
7	138.959,70	11.351,80	21.069,90	32.421,70
8	126.016,70	12.943,00	19.478,70	32.421,70
9	111.259,40	14.757,30	17.664,40	32.421,70
10	94.433,50	16.825,90	15.595,80	32.421,70
11	75.249,10	19.184,40	13.237,20	32.421,70
12	53.375,50	21.873,70	10.548,00	32.421,70
13	28.435,70	24.939,80	7.481,90	32.421,70
14	–	28.435,70	3.986,00	32.421,70
Total	–	169.000,00	155.217,00	324.217,00

SISTEMAS DE AMORTIZAÇÃO DE EMPRÉSTIMOS E FINANCIAMENTOS

O *sistema francês* (prestação constante), com carência e pagamento dos juros no período, conforme ilustrado no *Quadro 9.6*, segue basicamente o mesmo esquema anterior (*SPC* sem carência), diferenciando-se unicamente nas prestações dos quatro primeiros semestres (carência). Nestes períodos estão previstos somente pagamentos de $ 14.017,50 referentes aos juros do principal não amortizado (14,0175% × $ 100.000,00). Para os demais semestres, o raciocínio é idêntico ao formulado anteriormente, apurando-se prestações com valores constantes, juros decrescentes e amortizações crescentes.

No *Quadro 9.7* está prevista a capitalização dos juros durante o período de carência de quatro semestres. Somando-se este montante ao saldo devedor tem-se um novo valor ao final do quarto semestre de $ 169.000,00, o qual serve de base para o cálculo das prestações com vencimento a partir do quinto semestre, ou seja:

- Saldo Devedor (4º semestre) que serve de base para o cálculo das prestações após o período de carência (5º semestre):

  $ 100.000,00 × $(1,140175)^4$ = $ 169.000,00

- Prestação (*PMT*) semestral a ser paga a partir do 5º semestre:

$$PV = PMT \times \frac{1 - (1 + i)^{-n}}{i}$$

$$169.000,00 = PMT \times \frac{1 - (1,140175)^{-10}}{0,140175}$$

$$169.000,00 = PMT \times 5,212555$$

$$PMT = \frac{169.000,00}{5,212555} = \$ 32.421,70/\text{semestre}$$

O preenchimento da planilha financeira a partir do final do período de carência é análogo ao proposto anteriormente.

9.4   *SPC* e taxa nominal de juros

Uma alternativa de cálculo do *SPC* é verificada quando os períodos das prestações (normalmente mensais, mas não necessariamente) se apresentarem menores que o da taxa de juros e tem como característica básica o uso da taxa proporcional (linear) simples em vez da taxa equivalente composta de juros (taxa efetiva).

No *exemplo ilustrativo geral* proposto, utilizou-se a taxa equivalente semestral de 14,0175% para o cálculo dos juros no sistema francês (e no *SAC* também). Este percentual, conforme estudado no Capítulo 3, quando capitalizado para um ano, é igual à taxa de 30% de acordo com o estabelecido na operação de empréstimo [$(1,140175)^2 - 1$ = 30%]. No entanto, se fosse utilizado o *SPC* com taxa nominal no plano de amortização da dívida, a taxa semestral a ser considerada seria a taxa proporcional simples de 15% (30%/2), a qual, quando capitalizada para um ano, resulta num percentual efetivo superior à taxa contratada, ou seja:

- Taxa de Juros Contratada   = 30% a.a.
- Taxa Linear Semestral   = 30%/2
    = 15% a.s.
- Taxa Efetiva Anual de Juros   = $(1,15)^2 - 1$
    = 32,25% a.a.

Deve ficar claro que o *SPC* com taxa nominal é o próprio sistema francês de amortização, introduzidas as observações comentadas. As alterações nos valores do plano de amortização são devidas, fundamentalmente, ao uso da taxa de juros proporcional simples em substituição à taxa equivalente composta.

Fica evidente, ainda, que se o período de amortização coincidir com o da taxa (prestações anuais e taxa de juros definidas também para ano, por exemplo), a taxa nominal de juros será a própria taxa efetiva da operação, e os valores do plano de amortização para o *SPC* com taxa nominal coincidirão com aqueles apurados pelo *SPC* com taxa efetiva.

9.5   Sistema de Amortização Misto (*SAM*)

O Sistema de Amortização Misto (*SAM*) foi desenvolvido originalmente para as operações de financiamento do Sistema Financeiro de Habitação. Representa basicamente a média aritmética entre o sistema francês (*SAF*) ou Sistema de Prestação Constante (*SPC*) e o Sistema de Amortização Constante (*SAC*), daí explicando-se a sua denominação. Para cada um dos valores de seu plano de pagamentos, deve-se somar aqueles obtidos pelo *SPC* com os do *SAC* e dividir o resultado por dois.

Os *Quadros 9.1* e *9.5* apresentados anteriormente ilustram o plano de amortização do exemplo ilustrativo geral por meio do *SAC* e do *SPC*, respectivamente. Ao se adotar o sistema misto de amortização para o empréstimo contraído tem-se, para o primeiro período (semestre), os seguintes valores:

$$PMT_{SAM} = \frac{24.017,50 + 19.184,40}{2} = \$ 21.600,95$$

$$Juros_{SAM} = \frac{14.017,50 + 14.017,50}{2} = 14.017,50$$

$$Amort_{SAM} = \frac{10.000,00 + 5.166,90}{2} = \$ 7.583,45$$

$$SD_{SAM} = \frac{90.000,00 + 94.833,10}{2} = \$ 92.416,55$$

Para os demais semestres segue-se o mesmo raciocínio. A planilha financeira do sistema misto, elaborada por meio do *SAC* (*Quadro 9.1*) e do *SPC* (*Quadro 9.5*), encontra-se demonstrada no *Quadro 9.8*.

SISTEMAS DE AMORTIZAÇÃO DE EMPRÉSTIMOS E FINANCIAMENTOS **271**

QUADRO 9.8   *SAM* sem carência

Períodos (semestre)	Saldo devedor ($)	Amortização ($)	Juros ($)	Prestação ($)
0	100.000,00	–	–	–
1	92.416,60	7.583,50	14.017,50	21.601,00
2	84.470,90	7.945,60	12.954,50	20.900,10
3	76.112,40	8.358,50	11.840,70	20.199,20
4	67.283,10	8.829,30	10.669,10	19.498,40
5	57.917,00	9.366,00	9.431,40	18.797,40
6	47.939,00	9.978,10	8.118,60	18.096,70
7	37.263,10	10.675,90	6.719,90	17.395,80
8	25.791,60	11.471,50	5.223,40	16.694,90
9	13.413,00	12.378,70	3.615,40	15.994,10
10	–	13.413,00	1.880,20	15.293,20
Total	–	100.000,00	84.470,80	184.470,80

9.6   Comparações entre *SAC, SPC* e *SAM*

Uma avaliação comparativa dos três sistemas de amortização estudados (*SAC, SPC* e *SAM*) é desenvolvida a partir do exemplo ilustrativo geral. Os valores correspondentes a cada um dos planos de pagamento estão transcritos, conforme foram calculados anteriormente, no *Quadro 9.9*.

A partir das planilhas financeiras expostas no *Quadro 9.9*, observa-se que as *prestações* do SAC decrescem linearmente à razão de $ 1.401,70 por semestre. Este valor constante representa, conforme discutido, os juros de 14,0175% aplicados sobre o valor da amortização semestral ($ 10.000,00). No *SAF*, as prestações são sempre iguais, atingindo a $ 19.184,40 em cada período.

Graficamente, o comportamento das prestações para os critérios de amortização considerados é ilustrado na Figura 9.1.

Optando-se pelo *SAC*, o mutuário começa a pagar valores (prestações) maiores que no *SPC*. Este comportamento se mantém até o momento em que as duas retas descritas na Figura 9.1 se cruzam, indicando o momento da reversão.

O ponto em que as retas se cruzam indica valores iguais para as prestações. Calculando-se analiticamente este ponto de intersecção, conforme demonstrado a seguir, verifica-se que as prestações se igualam por volta da 4ª prestação. A partir daí, as prestações pelo *SPC* tornam-se maiores que as determinadas pelos demais sistemas de amortização.

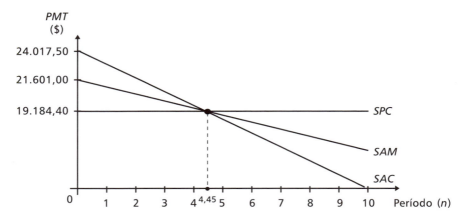

FIGURA 9.1 Comportamento das prestações.

PONTO DE IGUALDADE DAS PRESTAÇÕES

$PMT_{SPC} = \$\ 19.184,40$ (constante)

$PMT_{SAC} = \dfrac{PV}{n} \times [1 + (n - t + 1) \times i]$

$PMT_{SAC} = \dfrac{100.000,00}{10} \times [1 + (10 - t + 1) \times 0,140175]$

Igualando-se:

$PMT_{SPC} = PMT_{SAC}$

tem-se:

$\dfrac{100.000,00}{10} \times [1 + (10 - t + 1) \times 0,140175] = 19.184,40$

$10.000,00 \times [1 + 1,40175 - 0,140175 \times t + 0,140175] = 19.184,40$

$10.000,00 + 14.017,50 - 1.401,75 \times t + 1.401,75 = 19.184,40$

$1.401,75\ t = 6.234,85$

$t = \dfrac{6.234,85}{1.401,75} = 4,45$

Esse resultado pode ser confirmado no *Quadro 9.9* para as prestações calculadas. No 4º semestre, a prestação (*PMT*) pelo *SAC* de $ 19.812,30 é superior ao valor constante de $ 19.184,40 determinado pelo *SPC*, situando-se ligeiramente abaixo no 5º semestre. Logo, a intersecção se verifica entre estes dois períodos, verificando-se uma igualdade das prestações exatamente no semestre $t = 4,45$.

No que se refere à parcela de *amortização*, os valores são constantes no *SAC* e crescentes no *SPC*. No sistema francês a parcela cresce exponencialmente à taxa de juros admitida na operação. Observe no *Quadro 9.9* que o valor da amortização pelo *SPC* apresenta um crescimento composto de 14,0175% por semestre, taxa que representa os juros cobrados na operação.

QUADRO 9.9 Planilhas do SAC, SPC e SAM

Períodos (semestres)	SAC				SPC				SAM			
	SD	Amort	J	PMT	SD	Amort	J	PMT	SD	Amort	J	PMT
0	100.000,00	–	–	–	100.000,00	–	–	–	100.000,00	–	–	–
1	90.000,00	10.000,00	14.017,50	24.017,50	94.833,10	5.166,90	14.017,50	19.184,40	92.416,60	7.583,50	14.017,50	21.601,00
2	80.000,00	10.000,00	12.615,80	22.615,80	88.941,80	5.891,20	13.293,20	19.184,40	84.470,90	7.945,60	12.954,50	20.900,10
3	70.000,00	10.000,00	11.214,00	21.214,00	82.224,80	6.717,00	12.467,40	19.184,40	76.112,40	8.358,50	11.840,70	20.199,20
4	60.000,00	10.000,00	9.812,30	19.812,30	74.566,20	7.658,60	11.525,90	19.184,40	67.283,10	8.829,30	10.669,10	19.498,40
5	50.000,00	10.000,00	8.410,50	18.410,50	65.834,10	8.732,10	10.452,30	19.184,40	57.917,00	9.366,00	9.431,40	18.797,40
6	40.000,00	10.000,00	7.008,80	17.008,80	55.877,90	9.956,20	9.228,30	19.184,40	47.939,00	9.978,10	8.118,60	18.096,70
7	30.000,00	10.000,00	5.607,00	15.607,00	44.526,20	11.351,80	7.832,70	19.184,40	37.263,10	10.675,90	6.719,90	17.395,80
8	20.000,00	10.000,00	4.205,30	14.205,30	31.583,20	12.943,00	6.241,50	19.184,40	25.791,60	11.471,50	5.223,40	16.694,90
9	10.000,00	10.000,00	2.803,50	12.803,50	16.825,90	14.757,30	4.427,20	19.184,40	13.413,00	12.378,70	3.615,40	15.994,10
10	–	10.000,00	1.401,80	11.401,80	–	16.825,90	2.358,60	19.184,40	–	13.413,00	1.880,20	15.293,20
Total	–	100.000,00	77.096,50	177.096,50	–	100.000,00	91.844,00	191.844,00	–	100.000,00	84.470,80	184.470,80

274 CAPÍTULO 9

Pelos dados do *Quadro 9.9*, ainda, observa-se que os valores da amortização tornam-se iguais entre o 6º e o 7º semestre. Mais precisamente, este ponto é obtido da forma seguinte:

$Amort_{SAC} = 10.000,00$ (constante)

$Amort_{SPC} = Amort_1 (1 + i)^{t-7}$

Igualando-se as expressões:

$Amort_1 (1 + i)^{t-1} = 10.000,00$

$5.166,90 \times (1,140175)^{t-1} = 10.000,00$

$(1,140175)^{t-1} = \dfrac{10.000,00}{5.166,90}$

$(1,140175)^{t-1} = 1,935396$

Aplicando-se log:

$(t - 1) \times \log 1,140175 = \log 1,935396$

$t - 1 = \dfrac{\log 1,935396}{\log 1,140175} = \dfrac{0,286770}{0,056972}$

$t - 1 = 5,034$

$t = 5,034 + 1 = 6,034$

As amortizações igualam-se na prestação $t = 6,034$.

No que se refere aos *saldos devedores*, o decréscimo no *SAC* é mais acentuado que nos demais sistemas. Quando do pagamento da 5ª prestação no *SAC*, por exemplo, o saldo devedor corresponde a 50% da dívida. No *SPC*, ao se liquidar a metade das prestações, o saldo devedor totaliza ainda 65,8% da dívida, somente atingindo a marca dos 50% quando do pagamento da 7ª prestação (aprox.). Mais precisamente:

$SD_t = PMT \times FPV (i, n - t)$

$50.000,00 = 19.184,40 \times FPV (14,0175\%, 10 - t)$

$\dfrac{1 - (1,140175)^{-(10-t)}}{0,140175} = \dfrac{50.000,00}{19.184,40}$

$\dfrac{1 - (1,140175)^{-(10-t)}}{0,140175} = 2,606284$

$(1,140175)^{-10+t} = 0,634664$

$(1,140175)^{-10+t} = 0,634664$

$(1,140175)^{-10} \times (1,140175)^t = 0,634664$

$(1,140175)^t = 2,356454$

Aplicando-se logaritmo:

$t = \dfrac{\log 2,356454}{\log 1,140175} = 6,53$

SISTEMAS DE AMORTIZAÇÃO DE EMPRÉSTIMOS E FINANCIAMENTOS **275**

As parcelas de *juros* apuradas para os três sistemas são definidas, evidentemente, com base no comportamento dos respectivos saldos devedores. O total dos juros calculados no *SPC* é bastante superior ao do *SAC*, ficando os valores do *SAM* numa posição intermediária.

Por se tratar de uma média do *SAC* e do *SPC*, o *sistema misto* dispensa maiores comentários. As prestações do *SAM* decrescem linearmente (*PA* decrescente), sendo a razão igual à metade da razão do *SAC*. No *Quadro 9.9*, verifica-se que as prestações do *SAC* apresentam razão igual a $ 1.401,70, exatamente o dobro da razão apurada no *SAM*, de $ 700,85.

A prestação inicial no *SAM* é menor que a do *SAC*, porém maior que a do *SPC*. O inverso ocorre com a última prestação. Este comportamento das prestações encontra-se graficamente ilustrado na Figura 9.1.

É importante ser acrescentado, ainda, que o *SAM*, diante de suas características de formação, é um plano de amortização financeiramente equivalente ao *SAC* e ao *SPC*. Ao se descontar as prestações do *SAM*, à taxa de juros *i*, o valor presente encontrado é exatamente igual ao financiamento (principal).

9.7   Sistema de Amortização Americano (*SAA*)

O *SAA* estipula que a devolução do capital emprestado é efetuada ao final do período contratado da operação de uma só vez. Não se prevê, de acordo com esta característica básica do *SAA*, amortizações intermediárias durante o período de empréstimo. Os juros costumam ser pagos periodicamente.

Admita no *exemplo ilustrativo geral* descrito que os $ 100.000,00 captados devam ser amortizados pelo *SAA* mediante uma única parcela ao final do 3º ano. Os juros são pagos semestralmente à taxa efetiva de 14,0175%. O *Quadro 9.10*, a seguir, ilustra a planilha financeira desta operação.

QUADRO 9.10   *SAA* com pagamento periódico dos juros

Períodos (semestres)	Saldo devedor ($)	Amortização ($)	Juros ($)	Prestação ($)
0	100.000,00	–	–	–
1	100.000,00	–	14.017,50	14.017,50
2	100.000,00	–	14.017,50	14.017,50
3	100.000,00	–	14.017,50	14.017,50
4	100.000,00	–	14.017,50	14.017,50
5	100.000,00	–	14.017,50	14.017,50
6	100.000,00	100.000,00	14.017,50	114.017,50
Total	–	100.000,00	84.105,00	184.105,00

9.7.1 Fundo de amortização

Junto com o *SAA*, costuma ser constituído pelo mutuário um Fundo de Amortização no qual vão sendo acumuladas poupanças periódicas durante o prazo do empréstimo. O objetivo deste fundo é que o seu montante, ao final do prazo n, seja igual ao valor da dívida. Estes depósitos são remunerados por meio de uma taxa periódica de juros.

No *exemplo ilustrativo* considerado anteriormente, admita que o tomador do empréstimo constitua um fundo de amortização no qual deve depositar certa quantia semestralmente durante todo o prazo do empréstimo. Os depósitos periódicos são remunerados pela instituição financeira à taxa de 4% ao semestre.

O valor de cada depósito deve produzir um montante ao final dos 3 anos igual ao valor devido da dívida, ou seja:

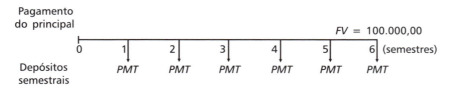

Conforme estudado no Capítulo 3, sabe-se que:

$FV = PMT \times FFV\,(i, n)$
$100.000,00 = PMT \times FFV\,(4\%, 6)$
$100.000,00 = PMT \times 6,632975$

$$PMT = \frac{100.000,00}{6,632975} = \$\,15.076,19$$

Dessa forma, $ 15.076,19 é o valor de cada depósito semestral que irá produzir um montante, ao final dos 3 anos, igual à amortização da dívida de $ 100.000,00.

9.8 Custo efetivo

Quando é cobrado unicamente juro nas operações de empréstimos e financiamentos, o custo efetivo, qualquer que seja o sistema de amortização adotado, é a própria taxa de juro considerada. O custo efetivo do exemplo ilustrativo geral, desenvolvido ao longo deste capítulo, é de 14,0175% a.s. (ou 30% a.a.), que representa a taxa contratada para a operação.

Por outro lado, é comum as instituições financeiras cobrarem, além do juro declarado, outros tipos de encargos, tais como IOF (Imposto sobre Operações Financeiras), comissões, taxas administrativas etc. Estas despesas adicionais devem ser consideradas na planilha de desembolsos financeiros, onerando o custo efetivo da operação.

Nessas condições, torna-se indispensável a apuração do custo efetivo de um empréstimo, permitindo melhores comparações com outras alternativas. O cálculo do custo efetivo é desenvolvido pelo método da *IRR*, conforme estudado no Capítulo 3 (item 3.6).

SISTEMAS DE AMORTIZAÇÃO DE EMPRÉSTIMOS E FINANCIAMENTOS **277**

9.8.1 Planilha com despesas adicionais

Admita que uma empresa tenha obtido um financiamento de $ 50.000,00 para ser amortizado em 4 prestações anuais de $ 12.500,00 cada. O financiamento foi concedido sem carência. O custo da operação é constituído ilustrativamente de juros de 20% ao ano e IOF de 4,5%, incidente sobre o valor do crédito e pago quando da liberação dos recursos. O banco cobra ainda uma taxa de 1,0% ao final de cada ano, incidente sobre o saldo devedor, a título de cobrir despesas administrativas de concessão do crédito.

Pelos dados apresentados, pode-se elaborar a planilha financeira do financiamento levando-se em consideração as despesas adicionais de IOF e taxa administrativa.

Período (anos)	Saldo devedor ($)	IOF ($)	Taxa admin. ($)	Amortização ($)	Juros ($)	Prestação ($)
0	50.000,00	2.250,00	–	–	–	2.250,00
1	37.500,00	–	500,00	12.500,00	10.000,00	23.000,00
2	25.000,00	–	375,00	12.500,00	7.500,00	20.375,00
3	12.500,00	–	250,00	12.500,00	5.000,00	17.750,00
4	–	–	125,00	12.500,00	2.500,00	15.125,00
Total	–	2.250,00	1.250,00	50.000,00	25.000,00	78.500,00

Conforme discutido no Capítulo 3, para se achar a *IRR* do fluxo de caixa deve ser determinado i de tal forma que:

Entradas 50.000,00

0 1 2 3 4 (anos)

Desembolsos 2.250,00 23.000,00 20.375,00 17.750,00 15.125,00

$$47.750,00 = \frac{23.000,00}{(1+i)} + \frac{20.375,00}{(1+i)^2} + \frac{17.750,00}{(1+i)^3} + \frac{15.125,00}{(1+i)^4}$$

Calculando-se:

$i = 23,7\%$ a.a.,

que representa o custo efetivo do empréstimo, levando-se em conta os encargos adicionais cobrados.

9.9 Taxa de Longo Prazo (*TLP*) e Taxa de Juros de Longo Prazo (*TJLP*)

Admita um financiamento Finame de $ 700.000,00 a ser liquidado em 24 meses. O primeiro ano é de carência, sendo pagos somente os encargos financeiros ao final de cada trimestre.

Após a carência, o tomador deve efetuar 12 pagamentos mensais pelo sistema francês de amortização, vencendo a primeira no 13º mês e as demais sequencialmente.

A taxa de juros contratada para essa operação é a efetiva de 5% a.a., que equivale a 0,4074% a.m., mais a *TJLP* (*Taxa de Juros de Longo Prazo*).

A *TJLP* é uma taxa de juros de longo prazo, instituída pelo Conselho Monetário Nacional, que tem como base de cálculo as médias de juros dos títulos públicos federais.

O prazo de vigência desta taxa é de três meses, sendo seu percentual geralmente divulgado pelo Banco Central no primeiro dia útil do período de vigência. A *TJLP* foi regulamentada pela Resolução nº 2.121, de 30 de novembro de 1984, do Banco Central do Brasil.

Admita, ilustrativamente, que as taxas de Longo Prazo (*TLP*) para cada um dos trimestres do prazo do financiamento sejam as seguintes:

1º Trim.: 6,8%	3º Trim.: 7,7%	5º Trim.: 4,8%	7º Trim.: 7,0%
2º Trim.: 6,2%	4º Trim.: 6,0%	6º Trim.: 6,0%	

O *Quadro 9.11*, apresentado a seguir, representa a planilha de pagamentos desse financiamento.

Durante o período de carência, os valores da planilha são calculados da forma seguinte:

QUADRO 9.11   Planilha financeira com juros e *TJLP*

Mês	Saldo devedor	Amortização	Juros	Prestação
0	700.000,00	–	–	–
3	700.000,00	47.600,00	9.174,60	56.774,60
6	700.000,00	43.400,00	9.123,00	52.523,00
9	700.000,00	53.900,00	9.251,90	63.151,90
12	700.000,00	42.000,00	9.105,80	51.105,80
13	642.962,20	57.037,80	2.851,80	59.889,60
14	585.692,10	57.270,10	2.619,40	59.889,60
15	528.188,60	57.503,50	2.386,10	59.889,60
16	493.032,40	60.509,20	2.255,10	62.764,30
17	432.276,70	60.755,70	2.008,60	62.764,30
18	371.273,50	61.003,20	1.761,10	62.764,30
19	328.623,10	64.926,80	1.603,30	66.530,10
20	263.431,80	65.191,30	1.338,80	66.530,10
21	197.974,90	65.456,90	1.073,20	66.530,10
22	141.508,80	70.324,30	863,00	71.187,30
23	70.898,00	70.610,80	576,50	71.187,30
24	–	70.898,00	288,80	71.187,30
Total	–	948.387,60	56.281,00	1.004.668,60

SISTEMAS DE AMORTIZAÇÃO DE EMPRÉSTIMOS E FINANCIAMENTOS **279**

- **Saldo Devedor**: permanece constante ($ 700.000,00), pois os encargos financeiros são pagos ao final de cada trimestre;
- **Amortização**: representa, para cada trimestre, a *TJLP* do período aplicada sobre o saldo devedor de $ 700.000,00, ou seja:

  1º Trim.: $ 700.000,00 × 6,8% = $ 47.600,00
  2º Trim.: $ 700.000,00 × 6,2% = $ 43.400,00
  3º Trim.: $ 700.000,00 × 7,7% = $ 53.900,00
  4º Trim.: $ 700.000,00 × 6,0% = $ 42.000,00

- **Juros**: taxa efetiva de 5% a.a., equivalendo a 1,2272% a.t.

  Esse percentual é aplicado trimestralmente sobre o principal corrigido pela *TJLP*. Assim:

  1º Trim.: ($ 700.000,00 × 1,068) × 1,2272% = $ 9.174,60
  2º Trim.: ($ 700.000,00 × 1,062) × 1,2272% = $ 9.123,00
  3º Trim.: ($ 700.000,00 × 1,077) × 1,2272% = $ 9.251,90
  4º Trim.: ($ 700.000,00 × 1,06) × 1,2272% = $ 9.105,80

Ao final da carência, o financiamento prevê 12 pagamentos mensais, corrigidos trimestralmente pela *TJLP*.

Dessa maneira, para o 5º trimestre, as prestações são calculadas com base na formulação do fluxo de caixa padrão, conforme descrito no Capítulo 6, isto é:

$$PV = PMT \times FPV\ (i,\ n)$$
$$700.000,00 = PMT \times FPV\ (0,4074\%,\ 12)$$

Resolvendo-se:

$$PMT = \$\ 59.889,60$$

No início dos próximos três trimestres (16º mês, 19º mês e 22º mês), as prestações, e também os demais valores da planilha financeira, são corrigidos pela *TJLP* publicada para o período, conforme consta do *Quadro 9.11*. Por exemplo, no 16º mês, tem-se:

- Prestação: $ 59.889,60 × 1,048 = $ 62.764,30
- Juros: ($ 528.188,60 × 1,048) × 0,4074% = $ 2.255,10
- Amortização: $ 62.764,30 − $ 2.255,10 = $ 60.509,20
- Saldo Devedor: ($ 528.188,60 × 1,048) − $ 60.509,20 = $ 493.032,40

Para os demais trimestres, segue-se a mesma metodologia de cálculo.

9.9.1 Taxa de Longo Prazo

A *TLP* é uma taxa de longo prazo, adotada pelo BNDES em substituição à *TJLP* e utilizada pela instituição em suas operações de crédito desde 2018. A taxa é formada a partir dos juros reais médios de títulos públicos (*NTN – B*).

Fórmula de cálculo da *TLP*:

$$TLP = [(1 + IPCA) \times (1 + \alpha \times Juros\ Real\ NTN\text{-}B)] - 1$$

Sendo:

– Fator Alfa (α): fator anual de redução da taxa real divulgado pelo BNDES. O fator é crescente e válido até 2023, quando assumirá um valor igual a 1,0. Este fator foi adotado para melhor ajustar a transição da taxa antiga (*TJLP*) para a nova taxa de juros (*TLP*). Em 2023, a *TLP* será igual a *TJLP* vigente.

– A taxa de juro real é calculada pela média de 3 meses dos juros reais do título público NTN-B de 5 anos. Esta taxa é divulgada mensalmente pelo Banco Central.

– A parcela de Juro Real da *TLP* será fixa por todo o prazo da operação (contrato) de financiamento, variando somente a inflação (IPCA) considerada na formação da taxa.

Exercícios resolvidos[2]

1. Um empréstimo no valor de $ 420.000,00 foi concedido a uma empresa nas seguintes condições:
   - Taxa de juros: 5% a.t.;
   - Amortização: pagamentos trimestrais;
   - Prazo de amortização: 3 anos.

Pede-se elaborar a planilha financeira para amortizações pelos sistemas *SAC* e *SPC*, admitindo que:

a) Não haja carência;

b) Haja carência de 2 trimestres.

Solução:

a) *Planilha pelo SAC com e sem carência*

Período (trimestres)	Sem carência				Carência = 2 trimestres			
	Saldo devedor ($)	Amortização ($)	Juros ($)	Prestação ($)	Saldo devedor ($)	Amortização ($)	Juros ($)	Prestação ($)
0	420.000,00	–	–	–	420.000,00	–	–	–
1	385.000,00	35.000,00	21.000,00	56.000,00	420.000,00	–	21.000,00	21.000,00
2	350.000,00	35.000,00	19.250,00	54.250,00	420.000,00	–	21.000,00	21.000,00
3	315.000,00	35.000,00	17.500,00	52.500,00	385.000,00	35.000,00	21.000,00	56.000,00
4	280.000,00	35.000,00	15.750,00	50.750,00	350.000,00	35.000,00	19.250,00	54.250,00
5	245.000,00	35.000,00	14.000,00	49.000,00	315.000,00	35.000,00	17.500,00	52.500,00
6	210.000,00	35.000,00	12.250,00	47.250,00	280.000,00	35.000,00	15.750,00	50.750,00
7	175.000,00	35.000,00	10.500,00	45.500,00	245.000,00	35.000,00	14.000,00	49.000,00

(Continua)

---

[2] Programas de cálculo estão disponíveis em: ASSAF N., Alexandre; LIMA, F. Guasti. *Investimentos no mercado financeiro usando a calculadora HP 12C*. 2. ed. São Paulo: Atlas, 2013.

SISTEMAS DE AMORTIZAÇÃO DE EMPRÉSTIMOS E FINANCIAMENTOS

(Continuação)

Período (trimes-tres)	Sem carência				Carência = 2 trimestres			
	Saldo devedor ($)	Amortização ($)	Juros ($)	Prestação ($)	Saldo devedor ($)	Amortização ($)	Juros ($)	Prestação ($)
8	140.000,00	35.000,00	8.750,00	43.750,00	210.000,00	35.000,00	12.250,00	47.250,00
9	105.000,00	35.000,00	7.000,00	42.000,00	175.000,00	35.000,00	10.500,00	45.500,00
10	70.000,00	35.000,00	5.250,00	40.250,00	140.000,00	35.000,00	8.750,00	43.750,00
11	35.000,00	35.000,00	3.500,00	38.500,00	105.000,00	35.000,00	7.000,00	42.000,00
12	–	35.000,00	1.750,00	36.750,00	70.000,00	35.000,00	5.250,00	40.250,00
13					35.000,00	35.000,00	3.500,00	38.500,00
14					–	35.000,00	1.750,00	36.750,00
Total	–	420.000,00	136.500,00	556.500,00	–	420.000,00	178.500,00	598.500,00

- $\text{Amortização} = \dfrac{\$\,420.000,00}{12\ \text{Trim.}} = \$\,35.000,00/\text{Trim.}$

b) *Planilha pelo SPC com e sem carência*

Período (trimes-tres)	Sem carência				Carência = 2 trimestres			
	Saldo devedor ($)	Amortização ($)	Juros ($)	Prestação ($)	Saldo devedor ($)	Amortização ($)	Juros ($)	Prestação ($)
0	420.000,00	–	–	–	420.000,00	–	–	–
1	393.613,30	26.386,70	21.000,00	47.386,70	420.000,00	–	21.000,00	21.000,00
2	365.907,30	27.706,00	19.680,70	47.386,70	420.000,00	–	21.000,00	21.000,00
3	336.816,00	29.091,30	18.295,40	47.386,70	393.613,30	26.386,70	21.000,00	47.386,70
4	306.270,10	30.545,90	16.840,80	47.386,70	365.907,30	27.706,00	19.680,70	47.386,70
5	274.197,90	32.073,20	15.313,50	47.386,70	336.816,00	29.091,30	18.295,40	47.386,70
6	240.520,10	33.676,80	13.709,80	47.386,70	306.270,10	30.545,90	16.840,80	47.386,70
7	205.159,60	35.360,70	12.026,00	47.386,70	274.197,90	32.073,20	15.313,50	47.386,70
8	168.030,80	37.128,70	10.258,00	47.386,70	240.520,10	33.676,80	13.709,80	47.386,70
9	129.045,70	38.985,10	8.401,50	47.386,70	205.159,60	35.360,70	12.026,00	47.386,70
10	88.111,30	40.934,40	6.452,30	47.386,70	168.030,80	37.128,70	10.258,00	47.386,70
11	45.130,20	42.981,10	4.405,60	47.386,70	129.045,70	38.985,10	8.401,50	47.386,70
12	–	45.130,20	2.256,50	47.386,70	88.111,30	40.934,40	6.452,30	47.386,70
13	–	–	–	–	45.130,20	42.981,10	4.405,60	47.386,70
14	–	–	–	–	–	45.130,20	2.256,50	47.386,70
Total	–	420.000,00	148.640,10	568.640,00	–	420.000,00	190.640,10	610.640,10

$$PMT = PV \times \frac{1}{FPV(i, n)}$$

$$PMT = PV \times \frac{1}{FPV(5\%, 12)}$$

$$PMT = \$ 47.386,70$$

2. Um empréstimo de $ 160.000,00 é concedido a uma empresa para ser liquidado em 2 anos e meio mediante pagamentos semestrais. A taxa de juros contratada é de 24% ao ano, e não há carência. Pede-se construir a planilha de desembolso deste empréstimo pelo sistema de amortização misto.

Solução:

Períodos (semestres)	SAC				SPC			
	Saldo devedor ($)	Amortização ($)	Juros ($)	Prestação ($)	Saldo devedor ($)	Amortização ($)	Juros ($)	Prestação ($)
0	160.000,00	–	–	–	160.000,00	–	–	–
1	128.000,00	32.000,00	18.176,00	50.176,00	134.492,00	25.508,00	18.176,00	43.684,00
2	96.000,00	32.000,00	14.540,80	46.540,80	106.086,30	28.405,70	15.278,30	43.684,00
3	64.000,00	32.000,00	10.905,60	42.905,60	74.453,70	31.632,60	12.051,40	43.684,00
4	32.000,00	32.000,00	7.270,40	39.270,40	39.227,70	35.226,00	8.458,00	43.684,00
5	–	32.000,00	3.635,20	35.635,20	–	39.227,70	4.456,30	43.684,00
Total	–	160.000,00	54.528,00	214.528,00	–	160.000,00	58.420,00	218.420,00

Juros = 24% a.a. ($\sqrt{1,24} - 1 = 11,36\%$ a.s.)

Períodos (semestres)	SAM			
	Saldo devedor ($)	Amortização ($)	Juros ($)	Prestação ($)
0	160.000,00	–	–	–
1	131.246,00	28.754,00	18.176,00	46.930,00
2	101.043,20	30.202,90	14.909,60	45.112,40
3	69.226,90	31.816,30	11.478,50	43.294,80
4	35.613,90	33.613,00	7.864,20	41.477,20
5	–	35.613,90	4.045,80	39.659,60
Total	–	160.000,00	56.474,00	216.474,00

3. Uma pessoa está negociando a compra de um imóvel pelo valor de $ 350.000,00. As condições de pagamento propostas são as seguintes:

SISTEMAS DE AMORTIZAÇÃO DE EMPRÉSTIMOS E FINANCIAMENTOS   283

1º mês:	$ 70.000,00
2º mês:	$ 50.000,00
3º mês:	$ 80.000,00
4º mês:	$ 60.000,00
5º mês:	$ 90.000,00

Sendo de 2,5% ao mês a taxa corrente de juros, determine o valor dos desembolsos mensais (amortização, juros e prestação) que devem ser efetuados caso o negócio seja realizado nessas condições.

Solução:

Períodos (meses)	Saldo devedor ($)	Amortização ($)	Juros ($)	Prestação ($)
0	350.000,00	–	–	–
1	280.000,00	70.000,00	8.750,00	78.750,00
2	230.000,00	50.000,00	7.000,00	57.000,00
3	150.000,00	80.000,00	5.750,00	85.750,00
4	90.000,00	60.000,00	3.750,00	63.750,00
5	–	90.000,00	2.250,00	92.250,00
Total	–	350.000,00	27.500,00	377.500,00

4. Um financiamento para capital de giro no valor de $ 2.000.000,00 é concedido a uma empresa pelo prazo de 4 semestres. A taxa de juros contratada é de 10% a.s. Sendo adotado o sistema americano para amortização desta dívida, e os juros pagos semestralmente durante a carência, calcular o valor de cada prestação mensal.

Admita, ainda, que a taxa de aplicação seja de 4% a.s. Calcule os depósitos semestrais que a empresa deve efetuar neste fundo de maneira que possa acumular, ao final do prazo do financiamento (4 semestres), um montante igual ao desembolso de amortização exigido.

Solução:

Planilha financeira pelo *SAA*				
Períodos (semestres)	Saldo devedor ($)	Amortização ($)	Juros ($)	Prestação ($)
0	2.000.000,00	–	–	–
1	2.000.000,00	–	200.000,00	200.000,00
2	2.000.000,00	–	200.000,00	200.000,00
3	2.000.000,00	–	200.000,00	200.000,00
4	–	2.000.000,00	200.000,00	2.200.000,00
Total	–	2.000.000,00	800.000,00	2.800.000,00

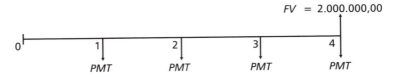

O valor de cada parcela a ser depositada semestralmente no fundo de amortização é de $ 470.980,00, isto é:

$PV = PMT \times FPV(i, n)$

$PV = PMT \times \dfrac{(1+i)^n - 1}{i}$

$PMT = PV \times \dfrac{i}{(1+i)^n - 1}$

$PMT = 2.000.000,00 \times \dfrac{0,04}{(1,04)^4 - 1}$

$PMT = 2.000.000,00 \times 0,235490 = \$\ 470.980,00$

5. Um empréstimo no valor de $ 80.000,00 será liquidado pelo sistema de amortização constante em 40 parcelas mensais. A taxa de juros contratada para a operação é de 4% ao mês. Determine:
   a) O valor de cada amortização mensal;
   b) O valor dos juros e da prestação referentes ao 22º pagamento;
   c) O valor da última prestação;
   d) O valor do saldo devedor imediatamente após o pagamento da 10ª prestação.

   Solução:

   a) $\text{Amort} = \dfrac{PV}{n}$

   $\text{Amort} = \dfrac{80.000,00}{40} = \$\ 2.000,00$

   b) • $J_t = \dfrac{PV}{n} \times (n - t + 1) \times i$

   $J_{22} = \dfrac{80.000,00}{40} \times (40 - 22 + 1) \times 0,04$

   $J_{22} = 2.000,00 \times 19 \times 0,04 = \$\ 1.520,00$

   • $PMT = \text{Amort} + \text{Juros}$
   $PMT = 2.000,00 + 1.520,00 = \$\ 3.520,00$

   ou

   $PMT_{22} = \dfrac{PV}{n} \times [1 + [n - t + 1] \times i]$

   $PMT_{22} = \dfrac{80.000,00}{40} \times [1 + (40 - 22 + 1) \times 0,04]$

   $PMT_{22} = 2.000,00 \times (1 + 0,76) = \$\ 3.520,00$

SISTEMAS DE AMORTIZAÇÃO DE EMPRÉSTIMOS E FINANCIAMENTOS · 285

c) $PMT_{40} = \dfrac{80.000,00}{40} \times [1 + (40 - 40 + 1) \times 0,04]$

$PMT_{40} = 2.000,00 \times (1 + 0,04) = \$ 2.080,00$

d) $SD_{10} = 80.000,00 - (2.000,00 \times 10) = \$ 60.000,00$

6. Um financiamento no valor de $ 900.000,00 é amortizado em 30 parcelas mensais pelo sistema francês. A taxa de juros contratada é de 2,8% ao mês. Determine:

   a) O valor de cada prestação mensal;

   b) O valor da amortização e dos juros referentes ao 19º mês.

   Solução:

   a) *Prestação Mensal (PMT)*

   $PMT = PV \times 1/FPV\,(i, n)$

   $PMT = PV \times \dfrac{i}{1 - (1 + i)^{-n}}$

   $PMT = 900.000 \times \dfrac{0,028}{1 - (1,028)^{-30}}$

   $PMT = 900.000 \times 0,049709 = \$ 44.738,10$

   b) Amort_{19} e J_{19}

   - $\text{Amort}_t = \text{Amort}_1 \times (1 + i)^{t-1}$
   - $\text{Amort}_1 = PMT - PV \times i$
     $\text{Amort}_1 = 44.738,10 - (900.000 \times 0,028) = \$ 19.538,10$

   Substituindo:

   $\text{Amort}_{19} = 19.538,10 \times (1,028)^{19-1} = \$ 32.118,70$

   - $J_t = SD_{t-1} \times i$
     $SD_{t-1} = PMT \times FPV\,(i, n - t)$
     $SD_{19-1} = 44.738,10 \times FPV\,(2,8\%, 30 - 18)$
     $SD_{18} = 44.738,10 \times 10,073898 = \$ 450.687,00$

   Substituindo:

   $J_{19} = 450.687,00 \times 0,028 = \$ 12.619,20$

7. Admita que em determinada data um banco conceda um financiamento a uma empresa com as seguintes condições:

   - Valor do financiamento: $ 600.000,00;
   - Prazo de Amortização: 12 meses com carência de 6 meses. Durante a carência, o mutuário paga trimestralmente somente os encargos de juros e comissão do banco;
   - Taxa de juros: 18% ao ano (taxa efetiva);
   - Sistema de amortização: *SAC*;
   - Comissão do banco: 0,2% a.m. calculado sobre o saldo devedor;

CAPÍTULO 9

- IOC: 6,9% sobre o valor do financiamento (principal) e descontado quando da liberação dos recursos ao mutuário.

Pede-se elaborar a planilha de desembolsos desse financiamento.

Solução:

Período (meses)	Saldo devedor ($)	Amortização ($)	Comissão ($)	IOC ($)	Juros ($)	Prestação ($)
0	600.000,00	–	–	41.400,00	–	41.400,00
3	600.000,00	–	3.600,00	–	25.348,00	28.948,00
6	600.000,00	–	3.600,00	–	25.348,00	28.948,00
7	550.000,00	50.000,00	1.200,00	–	8.333,00	59.533,00
8	500.000,00	50.000,00	1.100,00	–	7.638,60	58.738,60
9	450.000,00	50.000,00	1.000,00	–	6.944,20	57.944,20
10	400.000,00	50.000,00	900,00	–	6.249,80	57.149,80
11	350.000,00	50.000,00	800,00	–	5.555,40	56.355,40
12	300.000,00	50.000,00	700,00	–	4.861,00	55.561,00
13	250.000,00	50.000,00	600,00	–	4.166,50	54.766,50
14	200.000,00	50.000,00	500,00	–	3.472,10	53.972,10
15	150.000,00	50.000,00	400,00	–	2.777,70	53.177,70
16	100.000,00	50.000,00	300,00	–	2.083,30	52.383,30
17	50.000,00	50.000,00	200,00	–	1.388,80	51.588,80
18	–	50.000,00	100,00	–	694,40	50.794,40
Total	–	600.000,00	15.000,00	41.400,00	104.860,80	761.260,80

- **Comissão** = 0,2% a.m. ou 0,6% a.t.
  Mês 3 = Mês 6: 600.000,00 × 0,6% = $ 3.600,00
- **IOC** = 600.000,00 × 6,9% = $ 41.400,00
- **Juros** = 18% a.a.

$$\sqrt[12]{1,18} - 1 = 1,3888\% \text{ a.m.}; \quad \sqrt[4]{1,18} - 1 = 4,2247\% \text{ a.t.}$$

Exercícios propostos

1. Um banco concede um financiamento de $ 660.000,00 para ser liquidado em 8 pagamentos mensais pelo sistema *SAC*. A operação é realizada com uma carência de 3 meses, sendo somente os juros pagos neste período.

Para uma taxa efetiva de juros de 2,5% ao mês, elabore a planilha de desembolsos deste financiamento.

2. Um equipamento no valor de $ 1.200.000,00 está sendo financiado por um banco pelo prazo de 6 anos. A taxa de juros contratada é de 15% ao ano, e as amortizações anuais são efetuadas pelo sistema de prestação constante. O banco concede ainda uma carência de 2 anos para início dos pagamentos, sendo os juros cobrados neste intervalo de tempo.
Elabore a planilha financeira deste financiamento.

3. Um empréstimo no valor de $ 5.000.000,00 foi concedido a uma empresa para ser devolvido no prazo de 24 meses. A taxa de juros cobrada trimestralmente é de 3,6% e as amortizações são efetuadas pelo sistema americano.
Elabore a planilha financeira deste empréstimo.

4. Uma instituição empresta $ 850.000,00 a uma empresa para serem devolvidos em prestações quadrimestrais, pelo sistema americano, em 4 anos. A taxa de juros cobrada a cada quadrimestre é de 8,5%. Pede-se:
   a) elaborar a planilha financeira do empréstimo pelo *SAA*;
   b) sendo de 4,0% a.q. a taxa de aplicação, determinar os depósitos quadrimestrais para a constituição de um fundo de amortização.

5. Um banco concede um empréstimo de $ 480.000,00 para ser amortizado de acordo com as seguintes condições:

1º semestre:	$ 30.000,00
2º semestre:	$ 50.000,00
3º semestre:	$ 70.000,00
4º semestre:	$ 90.000,00
5º semestre:	$ 110.000,00
6º semestre:	$ 130.000,00

   O empréstimo é realizado com uma carência de um semestre.
   Sendo de 8% a taxa de juros paga semestralmente, determine os desembolsos periódicos exigidos por este empréstimo.

6. Um imóvel é colocado a venda por $ 60.000,00 de entrada mais seis prestações trimestrais de $ 24.000,00 cada. Sendo de 2,5% a.m. a taxa corrente de juros, determine a base de valor à vista do imóvel.

7. Um financiamento no valor de $ 240.000,00 deve ser saldado em 30 prestações mensais pelo sistema *SAC*. A taxa de juros contratada é de 4% ao mês. Determine o saldo devedor, os juros e a prestação referentes ao 19º mês.

8. Uma empresa levanta um financiamento de $ 4.000.000,00 sem carência para ser amortizado em 6 anos pelo *SPC*. Os pagamentos são efetuados trimestralmente e a taxa de juros contratada atinge 9% a.t. Pede-se determinar:
   a) valor de cada prestação trimestral;
   b) valor da amortização e dos juros referentes à 15ª prestação;
   c) saldo devedor no 7º trimestre (logo após o pagamento da prestação).

9. Um financiamento no valor de $ 2.000.000,00 é concedido para ser amortizado em 24 pagamentos mensais pelo *SPC* com taxa nominal. A taxa de juros (linear) contratada é de 24% ao ano. Com base nestas informações, pede-se determinar:

a) o valor de cada prestação mensal;

b) o saldo devedor ao final do 18º mês;

c) os valores de juro e amortização referentes ao 10º mês.

10. Um financiamento de $ 1.600.000,00 pode ser amortizado pelo *SAC*, *SPC* e *SAM*. O prazo é de 32 meses e a taxa de juros de 3% ao mês. Determine:

a) o valor da 10ª prestação de cada um dos sistemas de amortização;

b) o saldo devedor imediatamente após o pagamento da 20ª prestação pelos três sistemas de amortização;

c) os valores de amortização e juros contidos na 27ª prestação dos três sistemas de amortização;

d) em que momento as prestações do *SAC* e do *SPC* tornam-se iguais.

11. Um imóvel no valor de $ 500.000,00 está sendo financiado por um banco em 180 meses. A taxa de juros cobrada neste tipo de financiamento é de 1% ao mês e a amortização pode ser efetuada tanto pelo *SAC* como pelo *SPC*. Determine em que momento os valores das prestações apuradas pelos dois sistemas tornam-se iguais.

12. Seja um financiamento com prazo de amortização de 6 anos e juros de 48% ao ano. A operação é contratada pelo *SPC*. Pede-se determinar o momento em que o saldo devedor da dívida esteja reduzido à metade.

13. Um banco oferece um financiamento de $ 180.000,00 para ser liquidado em 24 pagamentos mensais, podendo na amortização ser usado tanto o *SAC* como o *SPC*. O financiamento não prevê carência e a taxa de juros é de 6% ao mês.

O tomador do empréstimo está em dúvida quanto ao sistema de amortização que deve escolher. Para tanto, necessita de informações adicionais com relação ao comportamento das parcelas de financiamento. Pede-se determinar:

a) em qual pagamento as parcelas das prestações se tornam iguais nos dois sistemas;

b) após o 12º pagamento, qual o percentual que o saldo devedor corresponde da dívida pelo *SAC* e pelo *SPC*.

14. Admita que uma empresa tenha captado um financiamento em moeda estrangeira (dólar) por meio de uma operação de repasse de recursos externos. As informações extraídas da operação são apresentadas a seguir:

- Valor do financiamento = US$ 600.000;
- Forma de pagamento = o principal é amortizado em 6 pagamentos trimestrais de US$ 100.000 cada;
- Taxa de juros = 20% ao ano;
- Comissão de repasse = fixada em 5% e calculada sobre o valor do repasse. A comissão é cobrada no ato da liberação dos recursos;

SISTEMAS DE AMORTIZAÇÃO DE EMPRÉSTIMOS E FINANCIAMENTOS 289

- Comissão de abertura de crédito = fixada em 1% sobre o valor do repasse e cobrada no momento da liberação dos recursos.

Elabore a planilha financeira em dólar e determinar o custo efetivo da operação.

Respostas

1.

Períodos (meses)	Saldo devedor ($)	Amortização ($)	Juros ($)	Prestação ($)
0	660.000,00	–	–	–
1	660.000,00	–	16.500,00	16.500,00
2	660.000,00	–	16.500,00	16.500,00
3	660.000,00	–	16.500,00	16.500,00
4	577.500,00	82.500,00	16.500,00	99.000,00
5	495.000,00	82.500,00	14.437,50	96.937,50
6	412.500,00	82.500,00	12.375,00	94.875,00
7	330.000,00	82.500,00	10.312,50	92.812,50
8	247.500,00	82.500,00	8.250,00	90.750,00
9	165.000,00	82.500,00	6.187,50	88.687,50
10	82.500,00	82.500,00	4.125,00	86.625,00
11	–	82.500,00	2.065,50	84.565,50
Total	–	660.000,00	123.753,00	783.753,00

2.

Períodos (anos)	Saldo devedor ($)	Amortização ($)	Juros ($)	Prestação ($)
0	1.200.000,00	–	–	–
1	1.200.000,00	–	180.000,00	180.000,00
2	1.200.000,00	–	180.000,00	180.000,00
3	1.062.915,70	137.084,30	180.000,00	317.084,30
4	905.268,80	157.646,90	159.437,40	317.084,30
5	723.974,80	181.294,00	135.790,30	317.084,30
6	515.486,70	208.488,10	108.596,20	317.084,30
7	275.725,40	239.761,30	77.323,00	317.084,30
8	–	275.725,40	41.358,80	317.084,30
Total	–	1.200.000,00	1.062.505,80	2.262.505,80

CAPÍTULO 9

3.

Períodos (trimestres)	Saldo devedor ($)	Amortização ($)	Juros ($)	Prestação ($)
0	5.000.000,00	–	–	–
1	5.000.000,00	–	180.000,00	180.000,00
2	5.000.000,00	–	180.000,00	180.000,00
3	5.000.000,00	–	180.000,00	180.000,00
4	5.000.000,00	–	180.000,00	180.000,00
5	5.000.000,00	–	180.000,00	180.000,00
6	5.000.000,00	–	180.000,00	180.000,00
7	5.000.000,00	–	180.000,00	180.000,00
8	–	5.000.000,00	180.000,00	5.180.000,00
Total	–	5.000.000,00	1.440.000,00	6.440.000,00

4. **a)** *Planilha financeira pelo SAA.*

Períodos (quadrimestres)	Saldo devedor ($)	Amortização ($)	Juros ($)	Prestação ($)
0	850.000,00	–	–	–
1	850.000,00	–	72.250,00	72.250,00
2	850.000,00	–	72.250,00	72.250,00
3	850.000,00	–	72.250,00	72.250,00
4	850.000,00	–	72.250,00	72.250,00
5	850.000,00	–	72.250,00	72.250,00
6	850.000,00	–	72.250,00	72.250,00
7	850.000,00	–	72.250,00	72.250,00
8	850.000,00	–	72.250,00	72.250,00
9	850.000,00	–	72.250,00	72.250,00
10	850.000,00	–	72.250,00	72.250,00
11	850.000,00	–	72.250,00	72.250,00
12	–	850.000,00	72.250,00	922.250,00
Total	–	850.000,00	867.000,00	1.717.000,00

b) *Depósitos quadrimestrais = $ 56.569,30.*

SISTEMAS DE AMORTIZAÇÃO DE EMPRÉSTIMOS E FINANCIAMENTOS

5.

Períodos (semestres)	Saldo devedor ($)	Amortização ($)	Juros ($)	Prestação ($)
0	480.000,00	–	–	–
1	480.000,00	–	38.400,00	38.400,00
2	450.000,00	30.000,00	38.400,00	68.400,00
3	400.000,00	50.000,00	36.000,00	86.000,00
4	330.000,00	70.000,00	32.000,00	102.000,00
5	240.000,00	90.000,00	26.400,00	116.400,00
6	130.000,00	110.000,00	19.200,00	129.200,00
7	–	130.000,00	10.400,00	140.400,00
Total	–	480.000,00	200.800,00	680.800,00

6. 172.003,50

7. $SD_{19} = \$ 88.000,00$

$J_{19} = \$ 3.840,00 \qquad PMT_{19} = \$ 11.840,00$

Amort $= \$ 8.000,00$

8. a) $PMT = \$ 412.090,20$

b) $\text{Amort}_{15} = \$ 174.071,40$

$J_{15} = \$ 238.018,80$

c) $SD_7 = \$ 3.520.746,80$

9. a) $PMT = \$ 105.742,20$

b) $SD_{18} = \$ 592.307,60$

c) $J_{10} = \$ 27.174,20$

$\text{Amort}_{10} = 78.568,00$

10. a) $PMT_{10} \, (SAC) = \$ 84.500,00$

$PMT_{10} \, (SPC) = \$ 78.474,60$

$PMT_{10} \, (SAM) = \$ 81.487,30$

b) $SD_{20} \, (SAC) = \$ 600.000,00$

$SD_{20} \, (SPC) = \$ 781.136,50$

$SD_{20} \, (SAM) = \$ 690.568,20$

c) $\text{Amort}_{27} \, (SAC) = \$ 50.000,00$

$J_{27} \, (SAC) = \$ 9.000,00$

$\text{Amort}_{27} \, (SPC) = \$ 65.721,30$

$J_{27} \, (SPC) = \$ 12.753,30$

$\text{Amort}_{27} \, (SAM) = \$ 57.860,60$

$J_{27} \, (SAM) = \$ 10.876,70$

d) Aproximadamente na 14ª prestação ($n = 14,016933$).

CAPÍTULO 9

11. Por volta da 65ª prestação ($n = 64,96976$).

12. Entre o 4º e o 5º pagamento ($n = 4,46$).

13. a) Em torno do 10º pagamento.

b) $SAC = 50\%$

$SPC = 66,8\%$

14. *Planilha em Dólar*

Períodos (trimestres)	Saldo devedor ($)	Amortização ($)	Juros ($)	Prestação ($)
0	600.000,00	–	–	–
1	500.000,00	100.000,00	27.960,00	127.960,00
2	400.000,00	100.000,00	23.300,00	123.300,00
3	300.000,00	100.000,00	18.640,00	118.640,00
4	200.000,00	100.000,00	13.980,00	113.980,00
5	100.000,00	100.000,00	9.320,00	109.320,00
6	–	100.000,00	4.660,00	104.660,00
Total	–	600.000,00	97.860,00	697.860,00

Custo Efetivo = 6,69% a.t. ou 29,6% a.a.

Apêndice A

Operações Básicas de Matemática

A.1 Regras de sinais nas operações matemáticas

a) Na soma de dois números com o mesmo sinal, efetua-se a operação e atribui-se ao resultado da soma o mesmo sinal.

Exemplos:

$18 + (+35) = 18 + 35 = 53$

$-60 + (-30) = -60 - 30 = -(60 + 30) = -90$

b) Na soma de dois números com sinais desiguais, subtrai-se do maior o de menor valor absoluto e atribui-se à diferença encontrada o sinal presente no de maior valor absoluto.

Exemplos:

$120 + (-70) = 120 - 70 = 50$

$40 + (-100) = 40 - 100 = -60$

$-80 + (+50) = -80 + 50 = -30$

c) Na subtração de um número negativo, o sinal é alterado e os valores somados.

Exemplos:

$120 - (-90) = 120 + 90 = 210$

$-150 - (-100) = -150 + 100 = -50$

$-200 - (-500) = -200 + 500 = 300$

294 APÊNDICE A

d) Na multiplicação ou divisão de dois números valem as seguintes regras:
- se os dois números tiverem o mesmo sinal, atribui-se ao resultado da operação sinal positivo;
- se os dois números tiverem sinais desiguais, atribui-se ao resultado da operação o sinal negativo.

Exemplos:

$140 \times 20 = 2.800$

$140 \times (-20) = -2.800$

$140 \div 20 = 7$

$-140 \div 20 = -7$

$-140 \div (-20) = 7$

Exercícios propostos

Efetuar as seguintes operações:

1) $-300 + 150 + 800 - 950$

2) $700 + (-300) + 2.000 - (-1.200) - 200$

3) $500 - (-900) - 600 - (+100) + 400$

4) $-1.000 - (+300) + 500 - (-200) + 0 - 900$

5) $18 \times (-5) \times 10$

6) $12 \times (-6) \times 4 \times (-5)$

Respostas

1)	-300	**4)**	-1.500
2)	3.400	**5)**	-900
3)	1.100	**6)**	1.440

A.2 Operações com frações

Frações são basicamente símbolos, representados por meio de sinais ($-$ ou $/$), utilizados para indicar operações de divisão que não produzem quocientes inteiros. Por exemplo, $4 \div 5 = 4/5$; $1 \div 3 = 1/3$; $2 \div (-3) = 2/-3$; e assim por diante.

Existem algumas regras úteis para o cálculo de operações com frações.

a) Nas operações de soma ou subtração, as frações devem inicialmente ser reduzidas (geralmente pelo mínimo múltiplo comum) a um mesmo denominador. Em seguida, os numeradores devem ser somados e mantido o denominador comum.

Exemplo:

$$\frac{3}{7} - 10 + \frac{35}{3} = \frac{9 - 210 + 245}{21} = \frac{44}{21}$$

b) Nas operações de multiplicação de fração, o resultado final é obtido pela multiplicação dos numeradores e denominadores.

Exemplo:

$$\frac{3}{7} \times (-10) \times \frac{35}{3} = \frac{3 \times (-10) \times 35}{7 \times 3} = \frac{-1.050}{21} = -50$$

c) Nas operações de divisão de frações, multiplica-se a fração do numerador pelo inverso da fração do denominador.

Exemplos:

$$\frac{3}{7} \div \frac{35}{3} = \frac{3}{7} \times \frac{3}{35} = \frac{9}{245}$$

$$\frac{3}{7} \div (-10) = \frac{3}{7} \times \frac{1}{-10} = \frac{3}{-70}$$

d) O resultado de uma fração não se altera ao multiplicar ou dividir o numerador e o denominador por um mesmo número não igual a zero.

Exemplos:

$$\frac{7}{20} = \frac{14}{40} = \frac{21}{60}$$

$$\frac{300}{500} \div \frac{100}{300} = \frac{3}{5} \div \frac{1}{3}$$

Exercícios propostos

Desenvolver as operações indicadas:

1) $\dfrac{2}{3} + \dfrac{7}{4} + \dfrac{5}{2}$

2) $2 + \dfrac{6}{9} - \dfrac{3}{4}$

3) $\dfrac{1}{3} \times \dfrac{3}{4} \times \dfrac{7}{8}$

4) $\dfrac{7}{12} \div \dfrac{1}{9}$

296 APÊNDICE A

5) $\dfrac{1/3 - 2/5}{4/7 - 9/12}$

Respostas

1) $\dfrac{59}{12}$ 4) $\dfrac{21}{4}$

2) $\dfrac{23}{12}$ 5) $\dfrac{28}{75}$

3) $\dfrac{7}{32}$

A.3 Expressões numéricas e pontuação

Com o intuito de se definir uma ordem na qual as operações indicadas numa expressão numérica devem ser calculadas, costuma-se utilizar certas pontuações, como parênteses, colchetes e chaves.

A forma como a pontuação é colocada na expressão exerce evidentemente influência decisiva sobre o resultado. *Por exemplo*, a expressão:

9 – 7 + 4

pode ser identificada de duas maneiras, com diferentes resultados:

(9 – 7) + 4 = 6 ou
9 – (7 + 4) = –2

A solução de uma expressão numérica deve ser efetuada obedecendo sempre a seguinte ordem:

a) operações indicadas entre parênteses;   ( )
b) operações indicadas entre colchetes;   [ ]
c) operações indicadas entre chaves.   { }

Por outro lado, nas expressões numéricas que não contêm sinais de pontuação, ou que apresentam mais de uma operação dentro da mesma pontuação, são estabelecidas certas prioridades para a sua solução, ou seja:

a) inicialmente, são efetuadas as operações de multiplicação e divisão;
b) posteriormente, são efetuadas, na ordem, as operações de adição e subtração.

Exemplo:

Calcular os resultados das seguintes expressões numéricas:

a) $18 - 3 \times 6 = 18 - 18 = \mathbf{0}$

OPERAÇÕES BÁSICAS DE MATEMÁTICA — 297

b) $24 + 10 \times 3 - 20 = 24 + 30 - 20 = 54 - 20 = \mathbf{34}$

c) $100 + \{6 \times [12 + 8 (6 - 1) - 15 \times 3]\}$

$100 + \{6 \times [12 + (8 \times 5) - 45]\}$

$100 + \{6 \times [12 + 40 - 45]\}$

$100 + \{6 \times 7\}$

$100 + 42 = \mathbf{142}$

Exercícios propostos

1) $\{300 - [(14 \times 5) - 20 - (60 - 72)]\}$

2) $120 - 70 + \{10 \times [30 - (17 - 7) + (2 \times 9 \times 5)] - 5\}$

3) $(40 + 90) \times 2 - \{8 + [9 \times (3 + 7) - 10 \times 6] \times 4\} + 40$

4) $\{140 - 30 \times [12 - (5 - 3) + 7 (2 + 1)]\} - (170 - 50 \times 3) \times 0$

5) $(165 \times 4) \div [22 + 70 - (40 - 60) + (12 \div 3) \times 5]$

6) $\{800 + [(170 \times 2 - 40) - (50 \times 4 - 1.200 \div 30) + 60 - 310] - 70 \times 5\}$

Respostas

1) 238

2) 1.145

3) 172

4) −790

5) 5

6) 340

A.4 Médias aritmética e geométrica

A *média* é um valor típico (medida de tendência central) de um conjunto de dados. Podem ser definidos diversos tipos de médias, sendo as mais utilizadas a média aritmética e a média geométrica. Os conceitos destas medidas são aplicados, respectivamente, no desenvolvimento de juros simples e juros compostos.

A *média aritmética* (x) de um conjunto de números $a_1, a_2, a_3, ..., a_n$, é obtida pelo somatório das quantidades consideradas dividido por n (quantidade de números):

$$\overline{x} = \frac{a_1 + a_2 + a_3 + ... + a_n}{n}$$

Por exemplo, os juros mensais dos quatro primeiros meses de um ano foram, respectivamente, 7%, 8%, 8% e 13%. A taxa média mensal dos juros no período atinge:

$$\overline{x} = \frac{7\% + 8\% + 8\% + 13\%}{4} = \frac{36\%}{4} = 9\% \text{ ao mês}$$

Por outro lado, a *média geométrica* (X_G) de um conjunto de números $a_1, a_2, a_3, ..., a_n$, é a raiz n do produto desses dados, ou seja:

$$X_G = \sqrt[n]{a_1 \times a_2 \times a_3 \times ... a_n}$$

Por exemplo, a média geométrica dos números 4, 9 e 6 é:

$$X_G = \sqrt[3]{4 \times 9 \times 6} = \sqrt[3]{216} = 6$$

A.5 Proporções

A proporção é entendida pela igualdade de duas razões, isto é:

$$\frac{a}{b} = \frac{c}{d}$$

Por exemplo, 3/5 e 6/10 são duas razões iguais e, portanto, proporcionais:

$$\frac{3}{5} = \frac{6}{10}$$

Em toda proporção, o produto dos meios ($b \times c$) é igual ao produto dos extremos ($a \times d$), ou seja:

$$b \times c = a \times d$$

Dessa maneira, se um dos termos da proporção for desconhecido, é possível calcular o seu valor mediante a propriedade apresentada.

Exemplo:

$$\frac{8}{9} = \frac{w}{18}$$

$$9 \times w = 8 \times 18$$

$$w = \frac{8 \times 18}{9} = \frac{144}{9} = 16$$

Apêndice B

Expoentes e Logaritmos

B.1 Expoentes

O produto $a \times a \times a \times a$ pode ser representado por a^4, no qual a denomina-se *base* e o número 4 é o *expoente*. Um expoente, em outras palavras, indica o número de vezes em que a base é multiplicada por si mesma.

De uma maneira geral, a potência n-ésima de um fator a é representada por:

$a^n = a \times a \times a \times a \times ... \times a$

$\qquad n$ fatores

Exemplos:

$b^5 = b \times b \times b \times b \times b$

$3^6 = 3 \times 3 \times 3 \times 3 \times 3 \times 3 = 729$

$4^2 \times 5^4 = 4 \times 4 \times 5 \times 5 \times 5 \times 5 = 10.000$

$(1 + i)^5 = (1 + i) \times (1 + i) \times (1 + i) \times (1 + i) \times (1 + i)$

$(1 - r)^3 = (1 - r) \times (1 - r) \times (1 - r)$

B.1.1 Propriedades dos expoentes

Se m e n forem números inteiros e positivos e a base diferente de zero, tem-se:

a) $a^m \times a^n = a^{m+n}$

Exemplo:

$5^3 \times 5^2 = 5^{3+2} = 5^5 = 3.125$

b) $\dfrac{a^m}{a^n} = a^{m-n}$ (desde que $m > n$)

Exemplo:

$$\dfrac{4^8}{4^5} = 4^{8-5} = 4^3 = 64$$

c) $(a^m)^n = a^{m \times n}$

Exemplo:

$$(3^3)^2 = 3^{3 \times 2} = 3^6 = 729$$

d) $(a \times b)^n = a^n \times b^n$

Exemplo:

$$(4 \times 6)^2 = 4^2 \times 6^2 = 16 \times 36 = 576$$

e) $\left(\dfrac{a}{b}\right)^n = \dfrac{a^n}{b^n}$

Exemplo:

$$\left(\dfrac{3}{5}\right)^4 = \dfrac{3^4}{5^4} = \dfrac{81}{625}$$

Exercícios propostos

Calcular as expressões a seguir.

1) $4^3 \times \dfrac{1}{8} \times 3^2 \times 1^5$

2) $10 \times 10^2 \times 10^3$

3) $\dfrac{a^4 \times a^6}{a^5}$

4) $\dfrac{(-5)^2}{\left(\dfrac{2}{4}\right)^3}$

5) $\dfrac{(1+r)^{10}}{(1+r)^4} \times (1+r)^8$

6) $\left(\dfrac{a^7 \times a^6}{a^9}\right)^5$

7) $\dfrac{a^3 \times b^6 \times a^5 \times b^4}{a^2 \times b^4}$

8) $\dfrac{(5 \times r^2)^3}{i^5}$

9) $5^3 - 25 \times [(3^4 \times 2) - (12^2 \div 3)] - (3^2 - 4^4 \times 2 + 1^6) \div 2$

Respostas

1) 72

2) 1.000.000

3) a^5

4) 200

5) $(1 + r)^{14}$

6) a^{20}

7) $a^6 \times b^6$

8) $\dfrac{125 \times r^6}{i^5}$

9) $- 2.474$

B.1.2   Expoentes zero, negativo e fracionário

Esses expoentes obedecem às seguintes definições:

a) $a^0 = 1 \ (a \neq 0)$

b) $a^{-n} = \dfrac{1}{a^n} \ (n \text{ inteiro e positivo})$

c) $a^{m/n} = \sqrt[n]{a^m} \ (m \text{ e } n \text{ inteiros e positivos})$

Exemplos:

- $(2^3 + 3^5) \times 6^0 = (8 + 243) \times 1 = \mathbf{251}$

- $6^{-3} = \dfrac{1}{6^3} = \dfrac{\mathbf{1}}{\mathbf{216}}$

- $\dfrac{1}{5^{-2}} = 5^2 = \mathbf{25}$

- $\dfrac{4^3}{2^{-2}} = 4^3 \times \dfrac{1}{2^{-2}} = 4^3 \times 2^2 = 64 \times 4 = \mathbf{256}$

- $\sqrt[4]{1,9} = (1,9)^{1/4} = \mathbf{1,174}$

- $27^{1/3} = \sqrt[3]{27} = \mathbf{3}$

- $9^{3/4} = \sqrt[4]{9^3} = \sqrt[4]{\mathbf{729}}$

- $280\,(1 + i)^{10} = 560$

  $(1 + i)^{10} = 2$

  $\sqrt[10]{(1 + i)^{10}} = \sqrt[10]{2}$

  $1 + i = \sqrt[10]{2}$

  $i = 2^{1/10} - 1$

  $i = \mathbf{0,07177}$

302 APÊNDICE B

Exercícios propostos

Resolver as expressões a seguir.

1) $\sqrt{1,092}$

2) $(1,073)^{2,31}$

3) $(-5)^3$

4) $(5)^{-3}$

5) $(1,195)^{1/12} - 1$

6) $(1,053)^{1/30} - 1$

7) $(2/3)^{3/4}$

8) $(2,175)^{4/5}$

9) $678 \times (1,09)^{-2/3}$

10) $(\sqrt[114]{1,782})^{30} - 1$

Respostas

1) 1,045   **6)** 0,0017

2) 1,177   **7)** 0,7378

3) – 125   **8)** 1,8619

4) 0,008   **9)** 640,15

5) 0,015   **10)** 0,1642

B.2   Logaritmos

A solução de uma equação cuja incógnita é o expoente pode ser apurada por logaritmo. Por exemplo, $3^x = 20$ revela que o valor do expoente (incógnita da expressão) situa-se entre 2 e 3, o qual poderá ser mais facilmente determinado com o uso de logaritmo.

A expressão básica do logaritmo é a seguinte:

$$L = \log_b N,$$

ou seja, o logaritmo de base b, de um valor positivo N, é igual à base b elevado ao expoente L. Em outras palavras, o logaritmo de N na base b é o expoente L que satisfaz a igualdade:

$$b^L = N$$

Exemplos:

- $\log_2 32 = 5,$ dado que: $2^5 = 32$
- $\log_3 81 = 4,$ dado que: $3^4 = 81$
- $\log_{10} 10.000 = 4,$ dado que: $10^4 = 10.000$
- $\log_{10} 1 = 0,$ dado que: $10^0 = 1$

- $\log_{10} 0,1 = -1,$ dado que: $10^{-1} = \dfrac{1}{10} = 0,1$

Os logaritmos de base 10 são denominados de logaritmos comuns ou decimais, sendo simplesmente identificados por $\log N = x$, em vez de $\log_{10} N = x$.

São enunciadas três leis fundamentais dos logaritmos:

a) O logaritmo da multiplicação de dois ou mais múltiplos positivos é a soma dos logaritmos dos números.
   - $\log (A \times B) = \log A + \log B$
   - $\log (A \times B \times C) = \log A + \log B + \log C$

b) O logaritmo do quociente de dois números positivos é o logaritmo do numerador menos o logaritmo do denominador.
   - $\log \dfrac{A}{B} = \log A - \log B$

c) O logaritmo da potência de um número positivo é o produto do expoente n da potência pelo logaritmo do número.
   - $\log A^n = n \times \log A$

Exemplos:

$\log (6 \times 9) = \log 6 + \log 9 = 0,778151 + 0,954243 = 1,732394$

$\log (3 \times 5^2) = \log 3 + \log 5^2 = 0,477121 + 1,397940 = 1,875061$

$\log (5 \times 10^{-3}) = \log 5 + \log 10^{-3}$
$$= \log 5 + (-3) \times \log 10 =$$
$$= 0,698970 + (-3) \times 1 =$$
$$= 0,698970 - 3 = -2,301030$$

$\log \sqrt[3]{5} = \log 5^{1/3} = \dfrac{1}{3} \times \log 5$
$$= \dfrac{1}{3} \times 0,698970 = 0,232990$$

Exercícios propostos

Resolver as operações a seguir.

1) $30 \times (1,125)^n = 270$

2) $1 + 3^x = 201$

3) $420 \times (1,09)^{-n} = 80$

4) $200 \times (1 + i)^{15} = 3.000$

5) $\dfrac{(1,485)^n - 1}{0,485} = 0$

6) $\dfrac{1 - (1,37)^{-n}}{0,37} = 2,35$

304 APÊNDICE B

7) $8^x = 14,5 \times 3^x$

8) $\sqrt{97,5} \times \log 9 \div 1/4$

Respostas

1) $n = 18,65$ **5)** $n = 0$

2) $x = 4,82$ **6)** $n = 6,47$

3) $n = 19,24$ **7)** $x = 2,7264$

4) $i = 0,1979$ **8)** $37,6895$

Apêndice C
Noções sobre Progressões

C.1 Progressão Aritmética

Progressão Aritmética (PA) é uma sucessão de números onde cada termo, considerado a partir do segundo, é exatamente igual ao termo anterior somado a um valor constante. Ou seja, a partir do segundo termo, a diferença existente entre cada termo imediatamente anterior é sempre igual (constante).

Sendo a_K um termo qualquer de uma PA, pela definição, tem-se:

Valor constante $= a_K - a_{K-1}$

Esse valor constante é definido na PA por *razão*, sendo representado por r. O primeiro termo da progressão é definido por a_1 e o último por a_n.

A sucessão apresentada a seguir, composta de 7 termos, é um exemplo de PA, ou seja:

3, 5, 7, 9, 11, 13, 15,

sendo:

$a_1 = 3$

$a_n = 15$

$r = 2$

$n = 7$

Observe ainda que:

- $a_1 = 3$
- $a_2 = a_1 + r$
  $a_2 = 3 + 2 = 5$
- $a_3 = a_2 + r = a_1 + 2r$

$a_3 = 5 + 2 = 3 + (2 \times 2) = 7$

- $a_4 = a_3 + r = a_1 + 3r$

$a_4 = 7 + 2 = 3 + (3 \times 2) = 9$

e assim por diante.

Pela sequência desse raciocínio pode-se apurar a expressão do *termo genérico* de uma *PA*, ou seja:

$$a_n = a_{n-1} + r$$

ou:

$$a_n = a_1 + (n - 1) \times r$$

Por exemplo, na ilustração numérica desenvolvida anteriormente, determinar, por meio da expressão do termo genérico:

a) *O 4º termo da PA*

$a_n = a_1 + (n - 1) \times r$

$a_4 = 3 + (4 - 1) \times 2$

$a_4 = 3 + 3 \times 2 = 3 + 6 = 9$

b) *O último termo da PA*

$a_n = a_1 + (n - 1) \times r$

$a_n = 3 + (7 - 1) \times 2$

$a_n = 3 + 6 \times 2 = 3 + 12 = 15$

ou:

$a_n = a_{n-1} + r$

$a_n = 13 + 2 = 15$

C.1.1 Soma dos termos de uma progressão aritmética

A soma dos termos de uma *PA* (S_n/PA) é obtida pela seguinte identidade:

$$S_n/PA = \frac{(a_1 + a_n) \times n}{2}$$

No exemplo ilustrativo, observa-se que a soma da sucessão de números atinge:

$S_n/PA = 3 + 5 + 7 + 9 + 11 + 13 + 15 = 63$

Pela fórmula:

$$S_{n/PA} = \frac{(3 + 15) \times 7}{2} = \frac{126}{2} = 63$$

Exemplo 1:

Calcular o último termo de uma progressão aritmética de 18 termos em que

$a_1 = 17$ e $r = 6$.

Solução:

$a_n = a_1 + (n - 1) \times r$

$a_n = 17 + (18 - 1) \times 6$

$a_n = 17 + 102 = 119$

Exemplo 2:

Calcular o décimo termo da *PA*:

7, 16, 25, 34, 43, ...

Solução:

Como $r = 9$, tem-se:

$a_{10} = a_1 + (n - 1) \times r$

$a_{10} = 7 + (10 - 1) \times 9$

$a_{10} = 7 + 81 = 88$

ou:

7, 16, 25, 34, 43, 52, 61, 70, 79, 88

Exemplo 3:

Determinar o primeiro termo de uma *PA* admitindo-se que o oitavo termo seja 101 e a razão igual a 14.

Solução:

$a_n = a_1 + (n - 1) \times r$

$a_1 = a_n - (n - 1) \times r$

$a_1 = 101 - (8 - 1) \times 14$

$a_1 = 101 - 98 = 3$

Exemplo 4:

Determinar o primeiro termo de uma *PA* de 66 termos, sendo os três últimos ilustrados a seguir:

..., 8.030, 8.019, 8.008

Solução:

$a_n = 8.008$

$r = 8.008 - 8.019 = -11$

$c = 66$

$a_n = a_1 + (n - 1) \times (-r)$

$a_1 = a_n - (n - 1) \times (-r)$

$a_1 = 8.008 - (66 - 1) \times (-11)$

$a_1 = 8.008 - (-715) = 8.723$

Exemplo 5:

Calcular a razão de uma *PA* de 15 termos, sendo o primeiro termo igual a 48 e o último igual a 118.

Solução:

$a_n = a_1 + (n - 1) \times r$

$a_n - a_1 = (n - 1) \times r$

$r = \dfrac{a_n - a_1}{n - 1}$

$r = \dfrac{118 - 48}{15 - 1} = \dfrac{70}{14} = 5$

Exemplo 6:

Calcular o número de termos de uma *PA* de razão igual a 22, sendo $a_1 = 12$ e $a_n = 254$.

Solução:

$a_n = a_1 + (n - 1) \times r$

$a_n - a_1 = (n - 1) \times r$

$n - 1 = \dfrac{a_n - a_1}{r}$

$n = \dfrac{a_n - a_1}{r} + 1$

$n = \dfrac{254 - 12}{22} + 1 = \dfrac{242}{22} + 1 = 12$

Exemplo 7:

Determinar a soma de uma *PA* representada pelos 50 primeiros números naturais ímpares.

Solução:

$a_1 = 1$

$r = 2$

$n = 50$

$a_n = a_1 + (n - 1) \times r$

$a_n = 1 + (50 - 1) \times 2$

$a_n = 1 + 98 = 99$

$S_n/PA = \dfrac{(a_1 + a_n) \times n}{2}$

$S_n/PA = \dfrac{(1 + 99) \times 50}{2} = 2.500$

Exemplo 8:

Calcular a soma dos 47 primeiros termos de uma *PA*, sendo $a_1 = 16$ e $a_{47} = 430$.
Solução:

$$S_n/PA = \frac{(a_1 + a_n) \times n}{2}$$

$$S_n/PA = \frac{(16 + 430) \times 47}{2} = \frac{466 \times 47}{2}$$

$$= 10.481$$

C.2 Progressão Geométrica

Progressão Geométrica (*PG*) é uma sucessão de números positivos em que a divisão de cada número, a partir do segundo, pelo termo imediatamente anterior, produz sempre um mesmo resultado. Em outras palavras, um termo de uma *PG* é sempre igual ao precedente multiplicado por um valor constante e positivo.

Ilustrativamente, a seguir é apresentada uma *PG* de 7 termos com razão igual a 2:

5, 10, 20, 40, 80, 160, 320

Em *PG* a razão é expressa por *q*. Na ilustração $q = 2$, podendo ser apurada pela seguinte expressão de acordo com o enunciado anterior:

$$q = a_K/a_{K-1}$$

Logo:

$$a_K = a_{K-1} \times q$$

a_K = termo qualquer de uma *PG*.

A formulação do *termo genérico* de uma *PG*, ilustrada pelos dados do exemplo ilustrativo considerado, é desenvolvida a seguir.

- $a_1 = a_1$
  $a_1 = 5$
- $a_2 = a_1 \times q$
  $a_2 = 5 \times 2 = 10$
- $a_3 = a_2 \times q = a_1 \times q \times q = a_1 \times q^2$
  $a_3 = 10 \times 2 = 5 \times 2 \times 2 = 5 \times 2^2 = 20$
- $a_4 = a_3 \times q = a_1 \times q \times q \times q = a_1 \times q^3$
  $a_4 = 20 \times 2 = 5 \times 2 \times 2 \times 2 = 5 \times 2^3 = 40$

e assim por diante.

Nessa sequência, o último termo da progressão é expresso da forma seguinte:

$$a_n = a_{n-1} \times q$$

ou:

$$a_n = a_1 \times q^{n-1}$$

Na *PG* ilustrada anteriormente, o último termo é igual a 320. Pela formulação apresentada, do valor desse termo é obtido:

$$a_n = 160 \times 2 = 320$$

ou:

$$a_n = 5 \times 2^{7-1} = 320$$

Se a razão for menor que 1 ($q < 1$), diz-se que a *PG* é decrescente. Por exemplo:

16.384, 4.096, 1.024, 256, 64, 16

Sendo:

$$q = \frac{a_K}{a_{K-1}} = \frac{4.096}{16.384} = 0,25$$

C.2.1 Soma dos termos de uma progressão geométrica

Para uma *PG* limitada, a soma dos termos é dada pela seguinte expressão:

$$S_n/PG = \frac{a_n \times q - a_1}{q - 1}$$

(*PG* Crescente)

$$S_n/PG = \frac{a_1 - a_n \times q}{1 - q}$$

(*PG* Decrescente)

Para o exemplo ilustrativo inicial de uma *PG* crescente com razão igual a 2, a soma de seus termos é determinada da seguinte forma:

$$S_n/PG = \frac{a_n \times q - a_1}{q - 1}$$

$$S_n/PG = \frac{320 \times 2 - 5}{2 - 1} = 635$$

ou:

$$S_n/PG = 5 + 10 + 20 + 40 + 80 + 160 + 320 = 635$$

A soma dos termos da *PG* decrescente, conforme apresentada, é apurada a seguir:

$a_1 = 16.384$

$a_n = 16$

$q = 0,25$

$$S_n/PG = \frac{a_1 - a_n \times q}{1 - q}$$

$$S_n/PG = \frac{16.384 - 16 \times 0,25}{1 - 0,25} = \frac{16.380}{0,75} = 21.840$$

ou:

$S_n/PG = 16.384 + 4.096 + 1.024 + 256 + 64 + 16 = 21.840$

Exemplo 1:

Determinar o último termo de uma *PG* sabendo-se que o primeiro termo é igual a 13, a razão igual a 6 e o número de termos igual a 12.

Solução:

$a_n = a_1 \times q^{n-1}$

$a_n = 13 \times 6^{12-1}$

$a_n = 4.716.361.728$

Exemplo 2:

Calcular o décimo termo da *PG*:

27, 135, 675 ...

Solução:

$a_n = a_1 \times q^{n-1}$

$a_{10} = 27 \times 5^{10-1}$

$a_{10} = 52.734.375$

Exemplo 3:

O primeiro termo de uma *PG* é 4, a sua razão também é 4, e o último termo é 16.777.216. Calcular o número de termos desta *PG*.

Solução:

$a_n = a_1 \times q^{n-1}$

$16.777.216 = 4 \times 4^{n-1}$

$16.777.216 = 4^{1+n-1}$

$16.777.216 = 4^n$

Por tentativa e erro ou aplicando-se o logaritmo, chega-se a $n = 12$, isto é:

$4^n = 16.777.216$

$$n \times \log 4 = \log 16.777.216$$

$$n = \frac{\log 16.777.216}{\log 4} = 12$$

Exemplo 4:

Determinar a razão de uma *PG* sabendo-se que:

$a_1 = 17$

$a_n = 11.262.492$

$n = 18$

Solução:

$a_n = a_1 \times q^{n-1}$

$11.262.492 = 17 \times q^{18-1}$

$\dfrac{11.262.492}{17} = q^{17}$

$662.499,53 = q^{17}$

$\sqrt[17]{662.499,53} = \sqrt[17]{q^{17}}$

$(662.499,53)^{1/17} = q$

$q = 2,2$

Exemplo 5:

Em uma *PG*, o último termo é igual a 15.309, a razão é igual a 3 e o número de termos é igual a 8. Calcular o primeiro termo.

Solução:

$a_n = a_1 \times q^{n-1}$

$a_1 = \dfrac{a_n}{q^{n-1}}$

$a_1 = \dfrac{15.309}{3^{8-1}} = \dfrac{15.309}{2.187} = 7$

Exemplo 6:

Achar a soma dos 15 primeiros termos da seguinte *PG*:

4, 12, 36, 108, ...

Solução:

$a_1 = 4$

$q = \dfrac{a_K}{a_{K-1}} = \dfrac{36}{12} = 3$

$a_n = a_1 \times q^{n-1}$

$$a_n = 4 \times 3^{15-1} = 19.131.876$$

$$S_n/PG = \frac{a_n \times q - a_1}{q - 1}$$

$$S_n/PG = \frac{19.131.876 \times 3 - 4}{3 - 1} = \frac{57.395.624}{2} = 28.697.812$$

Exemplo 7:

Calcular a soma de uma PG cujo primeiro termo é igual a 9, a razão é igual a 5 e o número de termos é igual a 10.

Solução:

$$S_n/PG = \frac{a_n \times q - a_1}{q - 1}$$

$$a_1 = 9$$

$$q = 5$$

$$a_n = a_1 \times q^{n-1}$$

$$a_n = 9 \times 5^{10-1} = 17.578.125$$

$$S_n/PG = \frac{a_n \times q - a_1}{q - 1}$$

$$S_n/PG = \frac{17.578.125 \times 5 - 9}{5 - 1} = \frac{87.890.616}{4} = 21.972.654$$

Exemplo 8:

Determinar o valor do último termo e da soma dos termos de uma PG com os seguintes dados:

$$a_1 = 700$$

$$a_2 = 70$$

$$n = 6$$

Solução:

$$a_1 = 700$$

$$q = \frac{70}{100} = 0,10 \; (PG \text{ decrescente})$$

$$a_n = a_1 \times q^{n-1}$$

$$a_n = 700 \times 0,1^{6-1} = 0,007$$

$$S_n/PG = \frac{a_1 - a_n \times q}{1 - q}$$

$$S_n/PG = \frac{700 \times 0,007 \times 0,10}{1 - 0,10} = 777,777$$

Bibliografia

ASSAF NETO, Alexandre. *Matemática financeira e suas aplicações*. 14. ed. São Paulo: Atlas, 2019.

ASSAF NETO, Alexandre. *Mercado financeiro*. 15. ed. São Paulo: Atlas, 2021.

ASSAF NETO, Alexandre; LIMA, F. Guasti. *Investimentos no mercado financeiro usando a calculadora HP 12C*. 4. ed. São Paulo: Atlas, 2019.

FABOZZI, Frank J. *Mercados, análise e estratégias de bônus*: títulos de renda fixa. Rio de Janeiro: Qualitymark, 2000.

FARO, Clóvis de. *Princípios e análise de cálculo financeiro*. Rio de Janeiro: LTC, 1990.

GRANT, Eugene L. *et al. Principles of engineering economy*. 7. ed. New York: John Wiley, 1982.

JUER, Nilton. *Matemática financeira*. 4. ed. Rio de Janeiro: IBMEC, 1987.

MATHIAS, W. Franco; GOMES, J. Maria. *Matemática financeira*. 6. ed. São Paulo: Atlas, 2009.

PUCCINI, Abelardo de Lima. *Matemática financeira*. 6. ed. Rio de Janeiro: LTC, 1998.

SHINODA, Carlos. *Matemática financeira para usuários do Excel*. São Paulo: Atlas, 1998.

SILVA, Armindo Neves da. *Matemática das finanças*. Lisboa: McGraw-Hill, 1993. v. 1 e 2.

VIEIRA SOBRINHO, J. Dutra. *Matemática financeira*. 8. ed. São Paulo: Atlas, 2018.

Sites

www.institutoassaf.com.br
www.bcb.gov.br
www.bmfbovespa.com.br
www.bondsonline.com
portal.ambima.com.br
www.tesouro.fazenda.gov.br

Índice Alfabético

A

Amortização (AMORT), 256, 259, 266
Análise
  comparativa de investimentos, 226
  de investimentos, 211
  do momento da substituição, 239
Aplicações práticas dos juros simples e
  compostos, 10
Apuração da taxa de desconto com base na
  taxa efetiva, 91

C

Cálculo
  da taxa de juros, 4
  do custo de manter um ativo usado, 237
  do montante admitindo diferentes taxas
   de juros, 41
Capitalização
  contínua, 11, 58
  descontínua (ou discreta), 11
  exponencial (composta), 38
Carência, 257
CDI (certificado de depósito
  interfinanceiro), 143

Coeficientes de financiamento, 193
  com carência, 199
  com entrada, 202
  para fluxos de caixa uniformes, 193
  para séries não periódicas, 196
Comportamento
  esperado dos custos, 235
  exponencial da taxa de inflação, 120
Conceitos gerais de matemática
  financeira, 1
Convenção
  exponencial, 52, 53
  linear, 52
Conversão de taxa efetiva em nominal, 46
Custo
  efetivo, 276
  equivalente anual, 233

D

Deflação, 113, 117, 118
Desconto(s), 77
  bancário, 80
  composto, 98
   "por dentro", 82, 102

"por fora", 82, 99
para vários títulos, 97
racional, 78
simples, 77
Desinflação, 117
Despesas bancárias, 83
Diagrama de fluxo de caixa, 5
Duração
de um fluxo de caixa, 169
indeterminada com crescimento, 171

E

Encargos (despesas) financeiros, 256
Equivalência
das taxas de aplicações financeiras, 141
financeira, 20, 163
em juros compostos, 48
Expoentes, 299
zero, negativo e fracionário, 301
Expressões
de cálculo do *SAC*, 259
de prestação constante, 265
numéricas e pontuação, 296
Extensões ao uso das fórmulas, 37

F

Fator de valor
futuro, 161
presente, 157
FGV (Fundação Getulio Vargas), 117, 118
FIPE (Fundação Instituto de Pesquisas
Econômicas), 117, 118
Fluxo(s)
antecipado, 203
de caixa, 155, 163
após o *payback*, 213
não convencionais, 166
postecipado, 205
Fórmulas de juros
compostos, 33
simples, 13
Fracionamento do prazo, 48
Frações, 294

Fundo de amortização, 276

I

IBGE (Instituto Brasileiro de Geografia e
Estatística), 117, 118
Índice(s)
de inflação na economia brasileira, 117
de lucratividade, 224
de preços, 113, 117
ao consumidor (IPC), 118
ao consumidor ampliado (IPCA), 118
geral de preços (IGP), 118
nacional de preços ao consumidor
(INPC), 118
Inflação, 113, 117
e prazo de pagamento, 124
Interpretação da taxa interna de retorno
por meio de planilha financeira, 215
Investimentos
com diferentes tamanhos, 228
de mesma escala, 231

J

Juro(s), 2, 259, 267
comercial, 19
compostos, 11, 33
exato, 19
fracionários, 19
negativos, 131
por dias úteis, 136
prefixados, 129
simples, 10, 13

L

Logaritmos, 302

M

Matemática financeira, 113
Média, 297
aritmética, 297
geométrica, 297
Método(s)
de análise de investimentos, 228
do *payback*, 211

ÍNDICE ALFABÉTICO 319

Modelo-padrão de um fluxo de caixa, 155, 156
Montante e capital, 15

N

Número de períodos de capitalização, 47

O

Operações
  básicas de matemática, 293
  com frações, 294
  de curto prazo, 77
  financeiras com taxa *over*, 139

P

Pagamentos ou recebimentos, 156
  constantes, 156
  limitados, 156
  periódicos, 156
  postecipados, 156
Payback
  descontado, 212, 225
  simples
    efetivo, 212, 213
    médio, 212, 213
Periodicidade, 168
Período(s)
  de capitalização, 33
  de ocorrência, 166
  não inteiros, 52
  singular de juros, 203
Planilha com despesas adicionais, 277
Poder de compra, 117
Prazo
  da taxa, 17
  de capitalização, 17
  e a taxa efetiva nas operações de desconto "por fora", 92
Prestação, 256, 260, 266
Processo inflacionário, 113
Progressão
  aritmética, 305
  geométrica, 309
Projetos mutuamente excludentes, 228

Proporções, 298
Propriedades dos expoentes, 299

R

Regime de capitalização composta, 8
Regras
  básicas, 7
  de sinais nas operações matemáticas, 293
Rentabilidade, 51
Reposição de ativos, 211
Restrições de capital, 230

S

Saldo devedor, 256, 259, 266
Selic (Sistema Especial de Liquidação e Custódia), 143
Série de valores monetários
  deflacionados, 122
Sistema(s)
  de amortização
    americano (*SAA*), 275
    constante (*SAC*), 257, 271
      com carência, 261
    de empréstimos e financiamentos, 255
    francês (*SAF*), 264
    misto (*SAM*), 270, 271
    de prestação constante (*SPC*), 264, 269, 271
      com carência, 267
Soma dos termos de uma progressão
  aritmética, 306
  geométrica, 310
Substituição de ativos, 235

T

Taxa(s)
  de desconto decrescentes para prazos crescentes, 94
  de desvalorização da moeda, 123
  de inflação, 113
  de juros, 2
    de longo prazo, 277
    pós-fixados, 130
    prefixados e pós-fixados, 129

de longo prazo, 277, 279
de reinvestimento, 217
de rentabilidade, 224
DI, 143
DI – CDI, 143
efetiva de juros, 43, 47, 89
equivalentes, 38
implícita de juros do desconto "por fora", 84
interna de retorno (*IRR*), 55, 211, 214, 217, 222
negativas de inflação, 118
nominal de juros, 43, 126, 269
  negativa, 131
  over, 136
over de juros, 113, 136
  anual efetiva, 136, 143
percentual, 2
proporcional e taxa equivalente, 16

real, 126
referencial, 131
Selic, 143
  meta, 143
  over, 143
unitária, 3

V

Valor(es)
  de caixa forem constantes, 173
  de caixa variáveis, 173
  descontado, 77, 78
  futuro, 161
  monetários em inflação, 119
  nominal, 77
  presente, 51, 157
    líquido (*NPV*), 211, 220, 222, 230
Vidas diferentes nas decisões de substituição de ativos, 238